大学生网民群体研究

曹银忠 著

College students'
Netizens

人民出版社

责任编辑:王艾鑫

装帧设计:石笑梦

图书在版编目(CIP)数据

大学生网民群体研究/曹银忠 著.—北京:人民出版社,2019.10

ISBN 978-7-01-020917-3

Ⅰ.①大… Ⅱ.①曹… Ⅲ.①互联网络-影响-大学生-研究

Ⅳ.①G645.5

中国版本图书馆 CIP 数据核字(2019)第 109798 号

大学生网民群体研究

DAXUESHENG WANGMIN QUNTI YANJIU

曹银忠　著

人民出版社 出版发行

(100706　北京市东城区隆福寺街 99 号)

北京中科印刷有限公司印刷　新华书店经销

2019 年 10 月第 1 版　2019 年 10 月北京第 1 次印刷

开本:710 毫米×1000 毫米 1/16　印张:15.5

字数:338 千字

ISBN 978-7-01-020917-3　定价:48.00 元

邮购地址:100706　北京市东城区隆福寺街 99 号

人民东方图书销售中心　电话:(010)65250042　65289539

目　录

第一章 大学生网民群体研究的
缘起、意义与学术史梳理

网络的迅猛发展催生出一个迥异于现实物理空间的人类新的生存空间——网络空间（或称为赛博空间），赋予了现实社会的公民以另一种身份标识——网民。网民因网而生，以网结缘，并因兴趣、爱好、信仰、价值观念等的相同而聚集成群，形成各种不同的网民群体。这些网民群体寄居于网络空间，谱写了人类新的生存与生活方式——网络化生存，拓展了人类社会实践的新样态——网络实践，人的网络化生存和网络实践，为实现人的全面发展提供了新的空间场域。当代大学生基本上是全员网民，大学生网民群体作为网络的先行者和生力军，是网络社会中一支不可忽视的重要力量。关注大学生网民群体实际上就是对学界研究热点的一种积极回应，也是作者开展网络思想政治教育对象研究的一种有益的尝试。

第一节 大学生网民群体研究的缘起

本节主要从四个方面阐述为什么要将大学生网民群体作为本文的研究对象。首先，大学生是网络社会的"原住民"。大学生网民群体是网络的先行者和生力军，是网络社会中一支不可忽视的重要力量；其次，深化理论研究之需。开展大学生网民群体研究是深化网络思想政治教育对象研究的需要；第三，党和国家高度重视。重视对大学生网民群体进行教育与引导已成为党和国家的明确要求；第四，应对现实挑战之需。应对网络的多元多向和干扰冲突已成为加强大学生网络思想政治教育的当务之急。青年大学生是祖国的未来，社会主义事业的建设者和接班人，他们今日网络生存的样态如何将直接关乎中国特色社会主义建设事业的前途和命运。

一、大学生是网络社会的"原住民"

20 世纪 90 年代以来，随着计算机技术和通信信息技术的迅猛发展，计算机和网络开始揭开了它们自身"神秘的面纱"，从昔日少数研究机构和高等院校的"宠儿"而成为普通老百姓的寻常物品，真可谓"旧时王谢堂前燕，飞入寻常百姓家"。十多年前，"在人们记忆中还显得十分前卫的上网冲浪、浏览网页、进入聊天室聊天、收发电子邮件、在 BBS 发帖、博客日志、网络游戏、电子商务等网络使用行为，已然变得十分稀松平常。而随着网络使用行为成为人们的日常生活的重要内容，隐蔽在这些逐渐被网络使用族所熟悉的行为后面的'网络社会'，也随之跃然成型。"由全球计算机的相互联结所构成的互联网络，正在形塑着一个人们社会生活和社会行为的全新场域——网络空间（cyberspace）。"网络空间不仅为网民的人际互动提供了全新的平台，而且为网民重新塑造自我认同提供了一个全新的空间，使网络用户能够在身体不在场的虚拟空间进行新的身份认同"。[①] 随着现代科技的发展，以网络为首的科技给人类带来新质的生活样态，网络空间逐渐成为人类生存的第二空间，网络的触角深入到人类社会各个层面，人类社会结构的新形态——网络社会悄然降临。曼纽尔·卡斯特在《网络社会的崛起》中提出网络社会（network society）的概念，并指出"作为一种历史趋势，信息时代的支配性功能与过程日益以网络组织起来，网络建构了我们社会的新社会形态，而网络化逻辑的扩散实质地改变了生产、经验、权力与文化过程中的操作和结果"。[②] 21 世纪，网络已成为人们日常生活中的一个重要组成部分，人类对全球互联网络的依赖程度越来越高，互联网将成为未来人类日常社会生活的核心。

人类现实世界是以社会性交往为生存基础的，其映射到网络社会中，衍

---

① 黄少华、翟本瑞：《网络社会学——学科定位与议题》，中国社会科学出版社 2006 年版，第 14 页。

② [美] 曼纽尔·卡斯特：《网络社会的崛起》，社会科学文献出版社 2006 年版，第 434 页。

生出近似共同体（gemeinschaft-like）的虚拟社群（virtual community），或称为网络社群（cyber-community）。寄居于网络空间的网民们可以借助像 BBS、电子邮件、讨论目录或新闻组以及 IRC、QQ、MUD、网络聊天室、微博、微信等异步或同步交流方式，建立起类似于真实社区那样的虚拟社群——人们根据自己的兴趣，选择一个电子空间建立自己的个人主页，有着相同兴趣的人因其相互之间强烈的认同感而住在一起——进行相互交流与互动。这些因缘而聚的各种网络社群，按技术层面分，有互动交流网站、BBS 论坛、网络会议、聊天室、QQ 群、博客、微信群等；按群体组织类别分，主要有正规社团组织、草根族群组织、实体族群组织、虚拟分享社群、显性族群组织、隐性族群组织等；按社群功能分，有娱乐休闲类、信息查询类、信息发布类（如晒客、秀客等）以及政治参与类（如网络问政、网络民主）等。

"在网络空间，每一个网民通常都以 ID 账号或匿名（化名）出现，个人可以隐匿部分甚至全部真实世界中的身份。多媒体世界提供了大量各种各样的面具，网民可以从中任意选择一个甚至几个作为自己身份的象征，更可以自己创造新的身份。""个体的角色扮演具有很大的自由性。不仅社会身份，甚至那些在现实中无法改变的先赋角色，如家庭出身、性别、外貌等，都可以在网络世界中轻易改变。互联网的这种匿名性特征，使人们在网上有一种摆脱压抑、无拘无束的感觉。网民可以一方面塑造出一个有别于其在真实世界中的人格认同，扮演各种角色与身份，在虚拟社区这一公共场域中与他人进行互动，以展示一个在真实世界中无法展示的自我。"[①] 正是由于网络空间有着诸多不同于现实社会的独特魅力，以至于吸引着无数青少年网民对其心向往之，甘愿被"一网打尽"。截至 2018 年 6 月，我国网民规模已达 8.02 亿。上半年新增网民2968 万人，较 2017 年末增加 3.8％，互联网普及率达 57.7％。手机网民规模达 7.88 亿。10—39 岁群体占整体网民的 70.8％。其中，10—19 岁群体占比为 18.2％，20—29 岁年龄段的网民占比最高，达 27.9％。受过大专、大学本科及以上教育的网民占比分别为 10.0％和 10.6％。[②] 由此可见，大学生

　① 黄少华、翟本瑞：《网络社会学——学科定位与议题》，中国社会科学出版社 2006 年版，第 16 页。
　② 中国互联网络信息中心（CNNIC），第 41 次《中国互联网络发展状况统计报告》，2018 年 8 月 20 日。

群体在全体网民中的规模较大，这其中就包括了 3100 多万的在校大学生网民。高等院校已成为中国社会"网络化"的发展前沿。

在我国网民群体中，大学生网民是一支不可忽视的重要力量，他们不仅人数庞大并且相对集中于高校校园，而且他们身处信息时代前沿，眼界开阔、思维敏捷，他们接受过专业知识理论的熏陶和系统的技能训练，创新思维活跃，创新实践意识和创新能力较强，他们掌握着先进的知识，总是走在时代的前列，是网络的先行者和主力军。对新事物和新思想充满无限热情的大学生们，之所以能够成为我国网络大军中的主体甚至中坚力量，这当然与他们自身的文化素养有着必然的、不可忽视的联系，而我国高校校园网络的建设和信息化的快速发展也为大学生触网、用网提供了便利。大学校园是我国互联网网民人口最密集的地方，可以说每一个大学生都是十分活跃的网民，大学生网民是整个网民群体中队伍最为庞大，素质最高的一个群体。大学生的生活已经从现实世界延伸到网络空间。网络这个虚拟的世界对大学生的学习、生活、社会交往甚至思想情感都产生了极大的影响，这已是不争的事实。

当今，我国高校的在校大学生基本上都是"90 后"，2018 年 9 月新入学的大学生则以"00 后"为主体。他们是生长于计算机和互联网基本上普及的时代，他们是最先在数字媒体环境下成长的一代，是中国的"网络世代"。这些沐浴在充满比特（bit）的世界中的人群，甚至会把数字化看作他们生活环境中不可或缺的自然景观。数字科技对这一群体来说就像是家常便饭，绝不会让他们感到陌生。他们对计算机和网络了如指掌并能熟练地操作与运用，通过网络他们不断地汲取新的知识、提升个人素养，从容地应对学习、生活和工作的新挑战；经由网络他们不断地拓展自己的社会交往空间，丰富和发展自己的社会关系。总之，他们已经将自己融入了网络世界，网络已成为他们生活中一个不可或缺的重要组成部分，他们将自己视为网络社会的"原住民"[①]。诚如唐·泰普斯科特所言，在"人类历史发展过程中，孩子首次比他们的父母更能轻松地面对客观环境，他们不断汲取知识，提高素养，来应付

---

① 参见 [美] 约翰·帕尔弗里、[瑞士] 厄尔斯·加瑟：《网络原住民》，高光杰，李露译，湖南科学技术出版社 2011 年版。作者注：网络原住民，又称"数字原生代"或"网虫"，指出生于 1980 年以后，伴随着数字技术而成长起来的一代人。

社会不断的创新。网络世代通过数字媒体的使用，不仅发展出自有的格局，也对社会的文化产生巨大的冲击。""这些孩子正以与他们父母截然不同的方式，积极地学习、玩乐、工作及创造社群。……他们将是未来社会变迁的一股动力。"① 大学生网民群体作为网络的先行者和主力军，他们的网络行为不仅会影响和决定着网络文化未来的发展方向，而且他们的一举一动也必将对社会文化带来巨大的影响。

　　成长于网络时代的大学生网民群体既影响着网络和社会文化，也必然受着网络的影响。早在 100 多年前，马克思就深刻地指出："在我们这个时代，每一种事物好像都包含有自己的反面。……技术的胜利，似乎是以道德的败坏为代价换来的。"② 正如任何新技术革命在带给我们便利的同时，也会给人类带来伦理道德上的困惑一样，网络对大学生网民群体也是一把双刃剑。一方面，它不仅给大学生的学习、生活、人际交往以及思维方式带来了深刻的影响，而且对大学生的世界观、人生观、价值观、政治倾向、行为规范、个性心理都产生了不可轻视的作用。另一方面，网上复杂多样的思想观念也给青年大学生带来困惑和迷茫，网上的信息超载会给青年大学生带来某种信息崇拜以及对冗余信息选择的焦虑，网上大量的暴力色情信息、反动言论也在侵蚀着青年大学生的思想和道德观念，网上的交往和交流方式也会导致大学生现实人际关系的疏离和交往障碍等种种问题。因此，加强对大学生网民群体的思想政治教育已成为一项刻不容缓的重要任务。这就需要我们高校思想政治理论教育工作者主动地、勇敢地对大学生网民群体开展研究。如何把握大学生网民群体的内涵与特征，探究其存在的场域，揭示大学生网民群体存在的价值，了解大学生网民的思想形成、发展特点；如何了解大学生网民群体的生成与发展机制，掌握其集群的原因和群体消长的规律；如何捕捉大学生网民网络行为的轨迹与活动特点，透视其群体互动的场域及其在互动过程中出现的问题，有效地防范网络群体性事件；如何消解大学生网民群体的负面影响，通过外在的引导和规范，促使大学生网民群体的网络自觉从而使大

---

　　①　[美]唐·泰普斯科特：《数字化成长——网络时代的生活主张》，陈晓开、袁世佩译，东北财经大学出版社 2003 年版，第 1—2 页。

　　②　《马克思恩格斯选集（第 1 卷）》，人民出版社 1995 年版，第 775 页。

学生网民的网络行为更为理性、和谐与健康等等。这一系列新的问题都需要学界从理论上给予回答、从实践上给予指导，这既是时代赋予我们高校思想政治理论教育工作者的伟大使命，也是我们义不容辞的重大责任。

二、深化理论研究之需

思想政治教育的对象是人，而人的思想和行为是复杂的、多面的，需要我们从多个视角去认识、去把握。俄国教育家乌申斯基说："如果教育者希望从一切方面去教育人，那么它就必须首先也从一切方面去了解人。""一个教育者应当力求了解人，了解他实际上是什么样，了解他的一切弱点和伟大之处，他的一切日常琐细的需要以及他的一切伟大的精神上的要求。"[①] 大学生作为高校网络思想政治教育的主要教育对象，他们思想活跃，易于接受新事物，并且具有较高的文化知识水平，掌握了一定的计算机知识和网络技术，是网络使用者的主要群体，他们与网络有一种天然的亲近性，触网、用网、恋网是他们生活中永恒不变的主题。不了解大学生在网络上的一面，就不能说是很全面地了解大学生这个群体，当然就不可能有针对性地开展网络思想政治教育。因此，只有了解和熟悉作为网络思想政治教育主要教育对象的大学生网民群体，才能更有针对性地开展网络思想政治教育，提高网络思想政治教育的针对性和实效性。这就需要将大学生的网络思想政治教育与日常或现实的思想政治教育紧密联系在一起，网上教育与网下教育有机地结合起来，这样才能形成合力，构建起全时空、多领域、宽频道的大学生思想政治教育体系。

三、党和国家高度重视

面对如火如荼的互联网信息时代，中央领导曾多次强调要关注、研究并利用好互联网。早在 1999 年 2 月 26 日，江泽民同志在全国对外宣传工作会

---

① ［苏联］乌申斯基：《人是教育的对象》，科学出版社 1959 年版，第 11 页。

议上的讲话中就强调："信息传播业正面临着一场深刻的革命，以数字压缩技术和卫星通信技术为主要标志的信息技术的发展，互联网的应用，使信息到达的范围、传播的速度与效果都有显著增大和提高。世界各国争相运用现代化信息技术加强和改进对外传播手段。我们必须适应这一趋势，加速信息传播手段的更新和发展，积极掌握和运用现代传播手段。"

从 1999 年以来，中央在一系列重要文件和领导人的重要讲话中，对宣传思想工作如何运用互联网技术、占领网络阵地，以及网络思想政治教育的活动开展，实际效果等问题提出了明确要求。从这些文件、讲话中不难看出，中央对互联网的认识和定位在不断深化，从 1999 年全国对外宣传工作会议上作为"传播手段"，到 2000 年 6 月在中央思想政治工作会议上作为"思想政治工作提供了现代化手段"，到 2001 年印发《公民道德实施刚要》作为"思想道德建设的新阵地"，到 2002 年十六大提出的"传播先进文化的重要阵地"，再到 2005 年 16 号文件印发时提出的思想政治教育的"新阵地""新空间""新途径"。同时，也可以看出，中央对利用互联网开展宣传思想工作的指导思想越来越明确，要求越来越具体，关心的重点也越来越突出。

1999 年 9 月，中共中央颁发的《关于加强和改进思想政治工作的若干意见》（中发［1999］17 号）指出："加强互联网上的信息分析，有针对性地加大网上宣传力度，提高宣传质量。"2001 年 7 月，江泽民同志在主持中共中央举办的法制讲座时强调指出："对信息网络化问题，我们的基本方针是积极发展，加强管理，趋利避害，为我所用，努力在全球信息网络化的发展中占据主动地位。"2004 年 10 月 14 日，中共中央国务院在《关于进一步加强和改进大学生思想政治教育的意见》（中发［2004］16 号）中强调："要高度重视对学生生活园区、学生公寓、网络虚拟群体等新型大学生组织的思想政治教育工作"。①

2005 年 1 月，胡锦涛同志在全国加强和改进青少年思想政治教育工作会议上明确提出网络思想政治教育、网络思想政治教育活动的概念，以及关于

---

① 中共中央、国务院：《中共中央、国务院关于进一步加强和改进大学生思想政治教育的意见》，载《人民日报》2004 年 10 月 15 日。

网络思想政治教育阵地建设、网络思想政治教育活动开展、吸引力和感染力等一系列论述。2007年1月，胡锦涛同志在主持中央政治局第三十八次集体学习的讲话中指出："能否积极利用和有效管理互联网，能否真正使互联网成为传播社会主义先进文化的新途径、公共文化服务的新平台、人们健康精神文化生活的新空间，关系到社会主义文化事业和文化产业的健康发展，关系到国家文化信息安全和国家长治久安，关系到中国特色社会主义事业的全局。"①

为了应对互联网带来的种种冲击，主管部门积极应对、主动作为。2011年5月，国家互联网信息办公室设立。2014年2月27日，中央网络安全和信息化领导小组成立，同年"维护网络安全"首次被写入《政府工作报告》。2016年4月19日，习近平总书记在京主持召开网络安全和信息化工作座谈会并发表重要讲话。他指出："要建设网络良好生态，发挥网络引导舆论、反映民意的作用。实现'两个一百年'奋斗目标，需要全社会方方面面同心干，需要全国各族人民心往一处想、劲往一处使。网民来自老百姓，老百姓上了网，民意也就上了网。群众在哪儿，我们的领导干部就要到哪儿去。各级党政机关和领导干部要学会通过网络走群众路线，经常上网看看，了解群众所思所愿，收集好想法好建议，积极回应网民关切、解疑释惑。对广大网民，要多一些包容和耐心，对建设性意见要及时吸纳，对困难要及时帮助，对不了解情况的要及时宣介，对模糊认识要及时廓清，对怨气怨言要及时化解，对错误看法要及时引导和纠正，让互联网成为了解群众、贴近群众、为群众排忧解难的新途径，成为发扬人民民主、接受人民监督的新渠道。对网上那些出于善意的批评，对互联网监督，不论是对党和政府工作提的还是对领导干部个人提的，不论是和风细雨的还是忠言逆耳的，我们不仅要欢迎，而且要认真研究和吸取。"习总书记强调："网络空间是亿万民众共同的精神家园。网络空间天朗气清、生态良好，符合人民利益。网络空间乌烟瘴气、生态恶化，不符合人民利益。我们要本着对社会负责、对人民负责的态度，依法加强网络空间治理，加强网络内容建设，做强网上正面宣传，培育积极健康、

---

① 胡锦涛：《胡锦涛主持中央政治局第三十八次集体学习的讲话》，新华社，2007年1月25日。

向上向善的网络文化，用社会主义核心价值观和人类优秀文明成果滋养人心、滋养社会，做到正能量充沛、主旋律高昂，为广大网民特别是青少年营造一个风清气正的网络空间。"习近平总书记在党的十九大报告中再次指出："加强互联网内容建设，建立网络综合治理体系，营造清朗的网络空间。"

与此同时，全国人大、国务院、中宣部、教育部、文化部等领导讲话以及出台的系列文件规定和相关的法律法规中，对互联网管理、互联网文化建设、高校思想政治教育进网络、校园网管理及其具体途径、手段和措施等做了明确规定。这些精神的实质就是要重视和加强网络文化建设和网络思想政治教育，特别要注重利用和切实加强网络阵地的建设、管理和引导，努力提高网络思想政治教育的针对性和时效性。上述文件、领导人讲话、党的会议文件和法律法规的精神为我们开展大学生网民群体研究提供了政策指引。

四、应对现实挑战之需

继报纸、广播、电视之后，网络被誉为第四媒体。网络新媒体兴起以后，信息的生产和传播模式发生了根本性的变化，普通网民已不再是传统媒体时代被动的信息接收者，也可以成为信息发布者和意见表达者。随着网络的迭代升级即从最早的 Web1.0 升级到现在的 Web4.0、QQ、MSN 等即时通信工具、SNS 社交网络尤其是微博、微信的出现和 3G、4G、5G 手机等新媒体的蓬勃发展，中国已经进入了网络舆论空前活跃的"大众麦克风时代"。"人人都是通信员，个个都是小记者"就是网络新媒体时代最生动和最真实的写照。

美国著名的未来学家阿尔温·托夫勒认为：电脑网络的建立与普及将彻底地改变人类生存及生活的模式，而控制与掌握未来的人就是人类未来命运的主宰。谁掌握了信息，控制了网络，谁就拥有整个世界。互联网在全球范围的普及，使得政治谣言似乎找到了最佳的孵化器和生存地。因此，网络越来越成为各种斗争的阵地和各种势力争夺的场所，在一定意义上可以说，谁拥有了网民，谁就拥有了未来。网上不良信息的泛滥，使大学生网民面临多元文化的长期并存和多种意识形态相互激荡所带来的严峻挑战，成为社会上各种政治力量倾力争夺的对象。正如曼纽尔·卡斯特所言："社会在冲突中变迁，并由政治支配。既然因特网正在人们活动的各个领域成为一种基本通信与组织媒介，很明显它将会在社会运动和政治进程中应用，并且将日益得到应用，因特网正在成为行动、告知、招募、组织、占领与反占领的优势工具。电脑空间变成竞争的疆域。"因此，他断言："21世纪的社会运动、有目的的集体行动用因特网并在其上把自己展示出来，目标是改变社会价值观和制度。劳工运动、工业化时代的幸运儿，使用并在因特网上进行联系，组织与动员。环保运动、妇女运动、各式人权运动、种族认同运动、宗教运动、民族主义运动和数不清的文化自卫工程/建议无不是如此。电脑空间已经变成了全球性电子集会的场所，在这儿五花八门的不满以不愉快的口音迸发了出来。"① 在我国，高校校园网站、政府新闻网站以及知名的商业门户网站越来越吸引大量高校师生的参与，也引起了广泛的社会关注，特别是作为其信息的集中地——BBS论坛更是吸引了大量的网民，是舆情舆论的集散地和社情民意的晴雨表，更是各种势力争夺的阵地和场所。大学生在校期间的年龄大多在17、18岁至21、22岁之间，他们可塑性强，世界观、人生观、价值观还没有完全定型。因为其意志薄弱，辨别是非的能力较差，上网后由于大量地接受了外界的信息，极易受到西方不良文化和思想的侵害，其世界观、人生观、价值观会发生偏移。这在现实中已经表现为个别经常上网的大学生对西方的文化思想、价值观念的肯定，对当今社会所弘扬的社会主旋律以及中国传统文化思想的怀疑与否定；他们思考问题时常常在潜意识中以西方（特别是美国）的价值观为准绳，行为上对学校的管理制度存在着较多的抵触现象。基于此，我们必须以积极的态度、创新的精神，大力发展和传播健康向上的网络文化，积极引导和教育好广大网民特别是作为祖国未来建设者和接班人的大学生网民群体，切实把互联网建设好、利用好、管理好。在这方面，我们有着成功的经验可资借鉴。比如，1999年5月8日，美国及北约袭击我驻南联盟大使馆"5·8"事件发生后，5月9日，《人民日报》网络版便开设了"强烈抗议北约暴行BBS论坛"。网民们对此反应十分强烈，他们以高度的爱

---

① ［美］曼纽尔·卡斯特：《网络星河：对互联网、商业和社会的反思》，郑波、武炜译，社会科学文献出版社2007年版，第150—151页。

国情怀参与其中，每天帖子上万条。6 月 19 日晚"抗议论坛"改版为"强国论坛"，聚集了一大批关心时政的网民，被海内外誉为"天下第一坛"。由此，网络成为在传统媒体之外使民意下情上达的又一个功能更为全面、强大和便捷的渠道。6 月 20 日，胡锦涛总书记来到人民网，做客强国论坛与网民在线交流，充分体现了党和国家对于互联网和网络民意的高度重视。胡锦涛指出："互联网已成为思想文化信息的集散地和社会舆论的放大器，我们要充分认识以互联网为代表的新兴媒体的社会影响力，高度重视互联网的建设、运用、管理，努力使互联网成为传播社会主义先进文化的前沿阵地、提供公共文化服务的有效平台、促进人们精神生活健康发展的广阔空间。"① 再如，2008 年的"3·14"事件、奥运圣火传递以及"5·12"汶川大地震等无一不吸引着广大网民特别是大学生网民群体的关注，他们的积极参与和理性言论，表现出了极大的爱国热情，从根本上改变了社会上对"80 后"和"90 后"大学生的偏见和错误认知，也引起中央领导高度的关注和积极肯定的评价。事实表明，及时占领网络阵地，了解和管控网络舆情，适时设置网络讨论议程，因势利导地引导网络舆情，对于化解社会矛盾和冲突，防范社会风险，凝聚民心民力等方面都具有不可替代的作用。

第二节 大学生网民群体研究的意义

对大学生网民群体开展研究不仅具有十分重要的理论意义，也具有十分重要的现实意义。

一、理论意义

随着网络的迅速普及和高校校园网的建设与日益完善，大学生网民已成为中国网民中的最主要群体，他们因网而结缘，与网共存，伴随着网络而成

① 《胡锦涛在人民日报考察工作时的讲话》，《人民日报》2008 年 6 月 21 日。

长，是网络的生力军，无疑也是网络思想政治教育的主要对象。因此，将大学生网民群体作为研究对象具有重要的理论意义，主要表现为：

首先，对大学生网民群体的研究拓宽了传统思想政治教育的研究领域。对教育对象的研究既属于教育学的基本范畴，也是思想政治教育学十分重要的内容。随着网络时代的降临，大学生群体广泛地活跃于网络空间，成为网络社会的一支最重要的不可忽视的力量。但是，由于网络自身的特点使得大学生网民群体有着不同于现实社会教育对象在思想和行为方面的诸多特征，因此，将大学生网民群体作为研究的课题无疑将会拓展传统思想政治教育的研究领域，实现其向网络的延伸与对接。

其次，对大学生网民群体的研究弥补了网络思想政治教育研究领域的不足。从现有的研究成果来看，更多的专著和论文还只是局限在对网络思想政治教育学科基本理论和基本范畴的构建，而缺少对网络思想政治教育对象做较为深入的、有益的探讨。本课题的研究至少可以在某种程度上弥补网络思想政治教育研究领域的不足，为深化网络思想政治教育研究做出一些有益的探讨、大胆的尝试。

二、现实意义

大学生是十分宝贵的人才资源，是祖国的未来，民族的希望，是中国特色社会主义未来的建设者和接班人。能否做好青年大学生的思想政治工作，是网络思想政治教育的关键，直接关系着网络文明乃至整个未来社会文明的进程；关系到祖国的未来和希望；关系到青年大学生的全面健康成长；关系到青年大学生能否充分发挥自己的创造力，全面施展自己的才华；关系到同西方发达国家意识形态领域斗争能否取得胜利。因此，对大学生网民群体进行研究，摸清其思想发展的轨迹，把握其网络行为的主要特征，进而有针对性地开展网络思想政治教育，净化网络环境，共建网络文明等，无疑都具有极大的现实意义。

第三节 大学生网民群体研究的学术史梳理

国外学者关于网络的研究开展较早，涉及的领域也十分广泛，有网络哲学、网络社会学、网络政治学、网络经济学、网络文化学、网络心理学、网络传播学等诸多学科。国内关于网络的研究开始于 20 世纪 90 年代初，最早起步于翻译与介绍国外学者关于网络方面的著作，为普及和推广互联网服务，之后逐渐将网络纳入各自的学科领域，从不同的视角进行独立的研究。

一、国外研究综述

网络研究作为一个新的学术领域，只有 20 多年的历史。国外学者对于网络的研究涉及的领域十分广泛，笔者只选择与本文研究高度相关的内容，即涉及网络空间、虚拟社区或虚拟社群、身份认同等方面的内容加以综述：

第一，赛博空间概念的提出。从 20 世纪 90 年代早期开始，就有一大批由连线的记者和早期的网络使用者所撰写的文章、专栏和书籍，大肆渲染互联网、虚拟空间和"信息高速公路"。20 世纪 80 年代，威廉·吉布森（William Gibson，1984）在他的科幻小说《神经巫师》（Necromancer）中描写了一位进行了神经移植术的患者，难以适应全球的计算机网络化把人、机器、信息源都联结起来的新阶段，难以适应新型的社会生活和社会交往。他写道："难以计数的合法的操作者每天所经历的一种亦真亦幻的感觉……在人类系统的每一个计算机银行中所提取出来的数字的图形化。一种不可思议的复杂。"在这本书中，他首先提出了著名的"赛博空间"（Cyberspace）概念，揭示了一种人们在信息时代进行社会生活和交往的新型空间正在成为现实，人们将活动、航行在这个虚拟空间。卡勃和巴洛（Kapor and Barlow，1990）也在一篇正式的论文《穿越电子蛮荒》（Across the electronic frontier）中这样描述网络："在现有的技术条件下，网络空间是一片'蛮荒'地带。这里只有一些身强体健的技术人员才能生存，只有他们能忍受这里的严酷现实：原始粗糙的人机界面，不兼容的通信协议，这里还充斥着只有网络中才会出现的障碍，以及文化与法律上的歧义性，这里缺乏有用的地图与向导。"①

第二，关注虚拟社区与身份认同。20世纪90年代中期，网络文化研究已经步入正轨，其研究视点主要集中在虚拟社区与网络身份认同上。霍华德·瑞恩高德（Howard Rheingold）是最早提出虚拟社区这一概念的人之一。他描述了下面这样一个虚拟社区："一群可以面对面也可以彼此不相见的人，通过电脑公告板系统或电脑网络来交流文字与思想。在网络空间里，人们闲谈，人们争论。有时参加聪明的讨论，有时做些商业化表演。人们交流知识，分享情感，共同规划未来，共同沐浴头脑风暴。也可以传闲话，调调情。有人兵戎相见，有人共坠爱河，有人找到朋友又失去。人们一起玩游戏，玩超游戏。这里也会迸发出闪亮的艺术火花，但更多的只是懒散的对话。这里所做的一切，都是人与人在现实中聚集在一起时会干的。只不过所用的是电脑屏幕上的文字，而人们的躯壳被抛在了一边。"② 1993年，他出版了《虚拟社区》（The Virtual Community）一书，在这本书中，瑞恩高德将虚拟社群界定为："一群主要凭借计算机网络彼此沟通的人们，彼此有某种程度的认识、持续的公开讨论，分享某种程度的适合信息，相当程度的如同对待友人般的关怀，通过网络建立个人关系，在虚拟实在中形成社会的集合体。"③ 他还以自己在旧金山湾区一个合作式电脑网络 WELL（Whole Earth'Lectronic Link）的经验为基础，勾勒了网络发展的简史或者说在线虚拟社区的历史。他认为网络上所建立的虚拟社群，其成员不仅仅局限于成为虚拟社群中的一员，也可以从网络中走向现实社会，比如两个人通过网络聊天之后就有可能进行现实的约会、共同参加宴会等，从而发展成为现实的社会关系，以获得实质的支持。同时，他用一章的篇幅指出过度沉迷网络的潜在危害，强调在线监视的重要性，认为网络沉迷导致对现实认知的混乱。

---

① ［英］戴维·冈特利特：《网络研究：数字化时代媒介研究的重新定向》，彭兰等译，新华出版社2004年版，第35页。

② ［英］戴维·冈特利特：《网络研究：数字化时代媒介研究的重新定向》，彭兰等译，新华出版社2004年版，第37页。

③ Rheingold, H., "The Virtual Community: Homesteading on the Electronic Frontier", *Reading*, *Massachusetts: Addison Wesley*, 1993, p. 4.

20 世纪 90 年代以后，伴随着万维网的出现，各种类型的虚拟社区雨后春笋般地冒出，且渗入商业气息。因而，约翰·哈格尔三世（John Hagel Ⅲ）和阿瑟·阿姆斯特朗（Arthur G. Armstrong）在《网络利益》一书中认为，虚拟社区不只是一种自发和自治的组织（供人们分享兴趣和经验），还有交易上的目的，也是某种商业模式。虚拟社区"通过网络以在线方式来创造社会和商业价值"。他们还认为，虚拟社区的互动基础是为了满足人类基本的四大需求，分别为兴趣、人际关系、幻想和交易，这也是诱发人们参与虚拟社区的潜在因素。埃瑟·戴森在其名著《2.0 版数字化时代的生活设计》一书中，依据虚拟社区得以维系所需要的成本以及该社区的目标为标准，划分了"营利性社区"和"非营利性社区"两种基本类型。波特认为："作为个体的聚合或者商业合作伙伴，他们围绕共同的兴趣在此互动，至少在一定程度上是由技术支持和（或）作为中介以及通过协议或规范加以引导。"①

另一个著名学者雪莉·特克（Sherry Turkle）则最早触及网络身份认同的问题。她在《屏幕上的生活：网络时代的身份认同》（Life on the Screen：Identity in the Age of the Internet，1995）一书中，通过人种学的方法，对一系列网络环境（包括 MUD）进行了探索，以对网络身份认同这个问题进行研究。她发现，"虽然有些人在网络空间里不愿意暴露自己的现实生活状况，但是大多数人在数字领地里是为了表现一个更真实的身份，或者多种身份。不管是哪种情况，人们都可以选择自己的性别、性取向和个性。"② 特克利用一系列的个案研究，揭示了 MUD 的用户是怎样利用网上的身份来改善他们的现实生活的。

第三，网络虚拟生存。随着研究的深入，许多学术的与大众的出版社为适应日益增长的网络文化研究，出版了大量的论文集、编著与专著。研究的繁荣，使学者们的视野更为开阔，他们对于网络文化的构成有了更多的认识。网络文化研究不仅仅关注虚拟社区和网上身份，而且将赛博空间看作一个各种文本相互交织的地域，人们在更深层次来思索网络技术给人类带来的一种

① 苏宏元：《网络传播学导论》，中国社会科学出版社 2010 年版，第 81—82 页。
② ［英］戴维·冈特利特：《网络研究：数字化时代媒介研究的重新定向》，彭兰等译，新华出版社 2004 年版，第 39 页。

新的生存方式——虚拟生存。主要包括线上互动中的文本交织、赛博空间的语言研究、使用网络的障碍及网络空间的界面设计等方面的研究。

这一时期，人们对互联网的认识进一步深化，认为互联网并非仅仅只是一种工具，而更是人类在 21 世纪将生存其中的全新社会平台，借助这个平台人们对现有的社会结构进行重组，建构了一个个新的虚拟社区，形成了诸多的虚拟社群。正如尼葛洛庞蒂所说，"互联网络用户构成的社区将成为日常生活的主流，其人口结构将越来越接近世界本身的人口结构。……网络真正的价值正越来越和信息无关，而和社区相关。信息高速公路不只代表了使用国会图书馆中每本藏书的捷径，而且正创造着一个崭新的、全球性的社会结构！"[①] 他还将生活在网络空间的一个新的特殊的社会群体——网民称之为"比特族"或"电脑族"，他说："今天，媒体实验室已经成为主流，而互联网络上的冲浪好手则成了在街头游荡的疯孩子，数字—族的行动已经超越了多媒体，正逐渐创造出一种真正的生活方式，而不仅仅是知识分子的故作姿态。这些网上好手结缘于电脑空间。他们自称为比特族（bitnik）或电脑族（cybraian），他们的社交圈子是整个地球。"[②]

唐·泰普斯科特（Don Tapscott）将生活在赛博空间的新居民称为"网络世代"（Net Generation）。泰普斯科特认为，"'网络世代'这个名词，所反映的是 1999 年时 2 岁至 22 岁间的孩子们，所以不仅仅包括了目前正活跃于网际网络空间者，事实上，该世代大部分孩子都还没有接触到网络，却多多少少都已受到网络的影响。"[③] 这些新生的网络世代利用电脑做几乎所有的事情。他们不仅利用数字媒体学习和娱乐，也使用数字媒体沟通，更积极地利用数字媒体购物。与此同时，网络世代也在网络上形成了各种类型的社群，这些社群不仅包括了他们在学校及现实生活中认识的朋友，他们还逐渐地将触角延伸到其他人。处在他们这个年纪的孩子，大多正试图寻求自主、创造认同，

---

①　［美］尼古拉·尼葛洛庞蒂：《数字化生存》，胡泳、范海燕译，海南出版社 1997 年版，第213—214 页。

②　［美］尼古拉·尼葛洛庞帝：《数字化生存》，胡泳、范海燕译，海南出版社 1997 年版，第 264 页。

③　［美］唐·泰普斯科特：《数字化成长：网络世代的崛起》，陈晓开、袁世佩译，东北财经大学出版社 2003 年版，第 4 页。

而网络在他们探索自我与成为独立、自我约束的个体的过程中，提供了牵引的动力。

尼尔·巴雷特（Neil Barrett）在《赛伯族状态》一书中则提出来另一个新概念——"赛伯族"（Cybernation）。① 在巴雷特看来，由于互联网的迅速崛起，将会有越来越多的人生活、活动和交往在网络平台上，从而导致一个全新的跨地域社会群体——赛伯族的形成。简单地说，赛伯族是一个受互联网或者类似的数字化系统影响的有共同信仰或人生观的部族，一个可以自行组织的社群。赛伯族的居民可以冲破地域的阻隔，跨越种族、性别或者身体状况的鸿沟，在共同的兴趣、爱好、价值观和信仰的基础上达成共识，正塑造一种独特的文化生态。换言之，赛伯族不是依附于以原子形式存在的物理空间之中，而是生存在以议题（issue）、共识与认同感所建构的以比特形式存在的网络空间之中。

网络社会学家曼纽尔·卡斯特针对 20 世纪 90 年代主宰了有关互联网之社会向度的辩论问题，亦即互联网会促进新兴社群、虚拟社群的发展，还是会导致个人孤立，使得个人与社会分离，并且最终与他们的"现实"世界分开？他在综合了许多学者关于虚拟社区的论述后写道："虚拟社群终究算是真实的社群吗？答案既是肯定，又是否定。虚拟社群确实是社群，但不是实质的社群，不会遵循实质社群的那种沟通和互动模式。"② 他认为，虚拟社区并不是实质的社群，因为他们在沟通和互动模式上不同于实质的社群。尽管虚拟社群和实质社群运作在两个不同的现实层面，但是，虚拟社群却是真实存在的，是一个以弱纽带为基础的十分多样化和专业化的人际关系的社会网络，其成员同样可因持续的互动而产生某种互惠和获得支持。

美国芝加哥大学教授凯斯·桑斯坦在《网络共和国——网络社会中的民主问题》一书中首次谈到网络群体极化的现象。他说"群体极化（group polarization）的定义极其简单：团体成员一开始即有某些偏向，在商议后，人们

---

① ［英］N. 巴雷特：《赛伯族状态：因特网的文化、政治和经济》，李新玲译，河北大学出版社 1998 年版，第 264 页。

② ［美］曼纽尔·卡斯特：《网络社会的崛起》，夏铸九等译，社会科学文献出版社 2006 年版，第 338 页。

朝偏向的方向继续移动，最后形成极端的观点。在网络和新的传播技术的领域里，志同道合的团体会彼此进行沟通讨论，到最后的想法和原先一样，只是形式上变得更极端了。"概言之，他认为"所谓群体极化就是这样一种趋势，即志趣相投者彼此强化他们的观点以至达到极端。"① 后来，桑斯坦又在《极端的人群：群体行为的心理学》中进一步讲到"网络极化"现象，他说："当人们身处由持相同观点的人组成的群体当中的时候，他们尤其可能会走极端。当这种群体中出现指挥群体成员做什么、让群体成员承担某些社会角色的权威人士的时候，很坏的事情就可能发生。"② 群体极化现象是导致大规模网络群体事件发生的重要原因。

"随着联网计算机不断变小，逐步瘦身成 iPhone、黑莓手机，这场盛宴已经变成移动的宴席，无时不有，无处不在。在家中，在单位，在车上，在教室，钱包里，口袋中，盛宴随时都有。"紧接着，尼古拉斯·卡尔忧心忡忡地指出："媒体提供思考的素材，同时它们也在影响思考的过程。互联网所做的似乎就是把我们的专注和思考能力撕成碎片，抛到一边。"③ 卡尔让人心悦诚服地认识到，所有的信息技术都会带来一种智能伦理。印刷图书让我们进入聚精会神的状态，从而促进深度思维和创造性思维的发展。相比之下，互联网鼓励我们蜻蜓点水般地从多种信息来源中广泛采集碎片化的信息。互联网正在按照自己的面目改造我们。我们变得对扫描和略读越来越得心应手，但是，我们正在丧失的却是专注能力、沉思能力和反省能力。不仅如此，"互联网精确地释放出某种类型的感官刺激和认知刺激——反复的、高强度的、交互式的、使人上瘾的，这种刺激已经导致大脑神经回路和大脑功能发生了强烈而迅速的改变"。④ 最后，他甚至得出结论：面对互联网，我们已经丧失了人性。

---

① ［美］凯斯·桑斯坦：《网络共和国——网络社会中的民主问题》，黄维明译，上海世纪出版社2003年版，第47、151页。

② ［美］凯斯·桑斯坦：《极端的人群：群体行为心理学》，尹宏毅等译，新华出版社2010年版，第3页。

③ ［美］尼古拉斯·卡尔：《浅薄——互联网如何毒化了我们的大脑》，刘纯毅译，中信出版社2010年版，序言和第5页。

④ ［美］尼古拉斯·卡尔：《浅薄——互联网如何毒化了我们的大脑》，刘纯毅译，中信出版社2010年版，第126页。

综上所述，国外学者关于网络领域的研究起步较早，涉及的领域较为宽广，甚至在某些方面的研究较为深入，这一切都为本文的研究提供了有益的借鉴和启迪。

二、国内研究综述

国内学界对于网络及其相关问题的研究虽然起步较晚，但是却能后来居上，成果丰硕，为本课题的研究提供了十分有益的借鉴。

（一）关于网络的多学科研究

1994 年 5 月 15 日，中国科学院高能物理研究所设立了国内第一个万维网服务器，推出中国第一套网页。1995 年 8 月国内首家 BBS "水木清华 BBS"正式开通。此后，网络才在中华大地如雨后春笋般地遍地盛开，正所谓"忽如一夜春风来，大街小巷网吧开"。随着网络这一新生事物在社会生活中的生根开花，对网络的研究也由此拉开帷幕。

学术界最早侧重于翻译、推介一些西方学者颇具代表性的网络著作，通过传播、学习西方学者的著作，填补了我们国内在计算机和网络方面的空白，弥补了我们知识方面的差距。比如，1996 年北京大学出版社翻译出版了比尔·盖茨著的《未来之路》，该书为中国读者了解信息高速公路乃至 21 世纪人类生活新貌提供了最佳的入门。1997 年 2 月，海南出版社出版了胡泳、范海燕翻译的美国麻省理工学院教授兼媒体实验室主任尼古拉·尼葛洛庞帝著的《数字化生存》，为中国读者普及了数字化时代的基本知识，也为中国民众大致勾勒出了未来数字化生活的美好图景，一时成为当时中国最畅销的网络书籍。1998 年 8 月，海南出版社又推出了号称"网络精英中最有影响力的女人""数字化时代的女先知"和"Internet 大师"埃瑟·戴森著的《2.0 版：数字化时代的生活设计》，作者给我们展示了数字化新生活精彩而令人眩晕的宝藏，刻画了正在飞速发展的数字化时代的全貌，并构造出一个框架让我们自主思考新事物对生活产生影响的各个层面。1998 年 7 月，中国水利水电出版社出版了美国学者卡拉·谢尔顿等人著的《虚拟社会》，该书是当时美国网络类书籍中最为畅销的一种，它覆盖了虚拟社会的建立、发展、管理以及如何利用它来赚钱或实现各种商业目标的各个方面，同时也为我们普及了计算机及网络使用的一些入门知识。1998 年 12 月台湾远流出版事业股份有限公司翻译出版了美国社会学家、心理学家雪莉·特克著的《虚拟化身——网络世代的身份认同》，特克关注的是人与人之间借着电脑网络的连接/隔离所构架出来的人际关系对自我认同的影响，也试图描绘网友们如何集体地穿过电脑荧屏，在网络空间里借着与他人的互动，探索自我认同的过程。同年，河北大学出版社策划出版了关于计算机文化的系列丛书《皇帝的虚衣：因特网文化实情》《超越计算：未来五十年的电脑》《赛伯族状态：因特网的文化、政治和经济》《机器的奴隶：计算机技术质疑》《混乱的连线：因特网上的冲突与秩序》《大师的智慧：十五位杰出电脑科学家的生平与发现》和《文化肌肤：真实社会的电子克隆》。上海译文出版社新世纪前沿丛书翻译出版的美国学者迈克尔·德图佐斯著的《未来的社会——信息新世界展望》、加拿大学者弗兰克·凯尔奇著的《信息媒体革命——它如何改变着我们的世界》等八本著作。1999 年，江西教育出版社三思文库·赛博文化系列翻译出版了《赛博犯罪：如何防范计算机犯罪》《赛博空间和法律：网上生活的权利和义务》《大冲突：赛博空间和高科技对现实的威胁》等以及三思文库·大众科学系列如《信息烟尘：在信息爆炸中求生存》等系列书籍。之后，西方学者关于网络方面的书籍陆续引进，其中比较有名的是曼纽尔·卡斯特著的"信息时代三部曲"即《网络社会的崛起》《认同的力量》《千年终结》以及《网络星河：对互联网、商业和社会的反思》，凯斯·桑斯坦著的《网络共和国：网络社会中的民主问题》和《极端的人群：群体行为的心理学》，迈克尔·海姆著的《从界面到网络空间》，马克·波斯特著的《信息方式》和《第二媒介时代》，丹·席勒著的《信息拜物教：批判与解构》，华莱士著的《互联网心理学》，亚当·乔伊森著的《网络行为心理学——虚拟世界与真实生活》，如此等等，不一而足。

国内学者在学习、借鉴西方学者专著的同时，也出版了一些颇具代表性的力作。比如，1997 年至 1998 年，中国人民大学出版社推出的网络文化丛书，包括郭良著的《网络创世纪——从阿帕网到互联网》，姜奇平著的《21

世纪网络生存术》，王晓东著的《信息时代的世界地图》，李河著的《得乐园·失乐园——网络与文明的传说》，吴伯凡著的《孤独的狂花——数字时代的交往》，严峰，卜卫著的《生活在网络中》等。1999年，北京出版社出版了《透视网络时代》丛书，包括冯鹏志著的《延伸的世界——网络文化及其限制》，陆俊著的《重建巴比塔——文化视野中的网络》，孙伟平著的《猫与耗子的新游戏——网络犯罪及其治理》和严耕著的《终极市场——网络经济的来临》，等等。除了上述这些具有知识普及性的丛书外，本土学者也从各自的学科背景出发，出版了一大批影响力很大的著作，如乔岗编著的《网络化生存》，胡泳著的《网络为王》和《众声喧哗：网络时代的个人表达与观众讨论》，陈劲松著的《数字化浪潮》，陈志良等主编的《网络社会》，常晋芳著的《网络哲学引论》，郭玉锦等著的《网络社会学》，黄少华等著的《网络社会学：学科定位与议题》，刘文富著的《网络政治学》，李钢等著的《网络文化》，鲍宗豪主编的《网络与当代社会文化》和《数字化与人文精神》，谢新洲等主编的《网络传播理论与实践》，张海鹰、藤谦编著的《网络传播概论》，钟瑛著的《网络传播伦理》，杨立英著的《网络思想政治教育论》，韦吉锋著的《网络思想政治教育研究》，等等。上述著作和研究，从各自的学科背景出发，深化、细化和实化了网络科学的研究，不仅为中国普通民众推广普及了计算机与网络等方面知识从而帮助他们融入互联网、成为亿万网民大军的一员，而且也为后来的研究者提供了极为有益的借鉴。

（二）关于网络对大学生的影响

早在2000年11月，由谢海光主编的《互联网与思想政治工作概论》问世，该书作者认为"互联网已经成为思想政治工作的一个新的主要阵地。国内外的敌对势力正竭力利用它同我们党和政府争夺群体、争夺青年"。"互联网乃是一把双锋的利刃，使用时若稍有不慎，就可能惨遭不测之祸害。目前互联网在给人类社会带来方便高效的同时，也给人类社会带来了消极和负面的冲击。"主要表现为：其一，人际关系的疏离。其二，黄色风暴席卷而来。其三，文化冲突毕现。其四，经济犯罪日增。其五，赌博的乐园。其六，贫富差距和知识鸿沟。其七，信息焦虑。这些论断，时至今日仍未过时。作者认为，应对这些挑战，做好互联网信息时代的思想政治工作，"首先要确立马克思主义的立场、观点和方法。其本质就是遵循教育规律，遵循学习规律，把握接受心理，关注时代特点。""要确立现代信息观念""要注意联系实际充分利用网络信息""要积极开发信息资源""要网上网下联动""要寓教育于管理之中""要形成网络管理组织"等等。① 这是国内第一本系统研究互联网与思想政治工作的有力之作。

2002 年 4 月，中共北京市委教育工作委员会编的《互联网对高校师生的影响及对策研究》出版，该书由四份专题研究报告和系列论文组成，反映了"北京高校校园网建设、管理及师生使用网络的情况，深入分析互联网对高校师生的具体影响，全面总结高校应对网络冲击特别是消极影响的经验以及工作中存在的问题和不足，以期做出更有说服力的结论，提出更有针对性和实效性的应对之策。"②

此后，关于大学生使用网络情况以及网络对大学生的影响等方面的调研报告、论文、专著大量涌现，呈爆炸式增长。其中代表性论著有张再兴等著的《网络思想政治教育研究》，其中有一章"网络心理行为与教育辅导"专门论述了网络对大学生心理和行为的影响。这是目前笔者所见到的国内学术界较为系统、完整地阐述网络对大学生思想和行为影响的研究成果，既富有学理性，也不乏实证分析。

（三）关于网民群体及其思想政治教育

我国国内对于网民群体的研究起步虽晚，但成果相当丰硕。2002 年，苏州大学的陈晓强在其硕士论文《网络发展与青少年网民群体研究》中较早提及"网民群体"这一概念。之后，胡新华和陈晓强在《中国青年政治学院学报》2002 年第 5 期上发表了题为《青少年网民群体的越轨及其社会控制》的论文。2008 年以后，国内学者谈论网民群体的话题逐渐多了起来，涉及网民群体的网络事件、网民群体负面情绪传播、网民群体极化现象、网民群体行

---

① 谢海光：《互联网与思想政治工作概论》，复旦大学出版社 2000 年版，前言。
② 中共北京市委教育工作委员会：《互联网对高校师生的影响及对策研究》，2002 年版，代序第6 页。

为和舆论的引导等等,其中较为活跃的学者就是电子科技大学的曹银忠,他于 2009 年至 2013 年相继发表了《网民群体研究综述》《论马克思主义人学理论对大学生网民群体研究的指导意义》《大学生网民群体:网络思想政治教育对象解析》《大学生网民群体思想和行为的研究》《大学生网民群体生成与发展动因分析》等多篇文章和博士论文《大学生网民群体研究》。

关于网民群体,笔者主要从以下三个方面加以概括:

首先,关于网民群体的概念和特征。

国内学界对于这样一个随着互联网崛起而形成的新的社会群体,其称谓目前尚不统一,有人将这一群体称为"网络社会群体"(或直接简称为"网络社群")"网络群体""网络虚拟群体""虚拟社群""网络族""数字一族""比特族"等,也有人将之称为"电子社群""电子共同体"或者"地图上没有的共同体"。

郭玉锦、王欢认为,有一种网民不同于一般的上网浏览者,他们"经常是与网络中的他人互动交往,并自然形成网络社会群体""网络社会群体的网络交流可能有两种目的:把网络交流当作工具,为某种目的而与网络的其他人来沟通;把网络沟通本身当作目的,即在网络沟通中感到愉快和充实。"[①]昝玉林认为,"网络群体有广义和狭义之分,广义的网络群体是指所有的网民。狭义的网络群体是指以电脑网络为沟通中介,以信息联系为纽带,因工作、兴趣、价值取向、信仰以及个人的特殊需要或者任何其他目的,主动与网络空间中特定的角色进行相对稳定、持续互动的多个数字化人的集合体。具体说来,包括两大类,一是现实群体的网络化,即现实群体在网络空间的延伸;二是基于网络而诞生的群体,即以网结缘和因网结缘的群体。"[②]刘毅则认为,"所谓网络群体,就是那些通过持续的上网活动而结合在一起,并因各类共同或相似的触网目的而构成的,形成了一定的集体心理的网民集合体。"[③]黄少华、陈文江认为,"'网络族'(或者称之为'网络世代')是随着互联网的出现而诞生的新型'连线'居民,他们出于自身的爱好、工作、

---

① 郭玉锦、王欢:《网络社会学》,中国人民大学出版社 2005 年版,第 167 页。

② 昝玉林:《网络群体:现代思想政治教育的新对象》,《思想·理论·教育》2005 年第 11 期。

③ 刘毅:《网络舆情研究概论》,天津人民出版社 2007 年版,第 173 页。

需求或其他目的，而与他人在网络空间进行互动，从而形成一个独特的'数字化'生存群体"。①

笔者认为，上述这些概念和界定尽管也从某一视角概括出该群体的部分特征，比如有的定义揭示了网络群体是通过网络互动而形成的，有的定义则指明了网络群体是以电脑网络为沟通中介以信息联系为纽带并基于特定目的而形成的特定的数字化人的集合体，还有的定义则强调了网络活动的持续性和群体形成的同质性等。但是它们都没有认识到这个群体的主体性特征，即这个群体是由众多网民基于各种需要和利益诉求并借助于电脑和网络中介而自发形成的。因此，要全面、准确地涵盖这一群体的全部，揭示其本质内涵，不如直接将其称为"网民群体"更为贴切。

在理解网民群体的内涵时需要注意：

第一，网民群体是通过电脑网络为沟通中介而形成的。网民来自天南地北，国内国外，如果没有电脑网络，也许他们一辈子都没有机会说上一句话，而现在他们借助于网络技术的发展，通过新闻组、电子邮件、BBS 以及网络游戏等进行交流互动，形成特定的网上社会关系，并在此基础上形成网民群体。

第二，网民群体以信息联系为连接纽带。网民通过网络与其他网友交流互动的主要目的是为了对信息的获取、占有和享有，并借助于信息载体表达思想、交流情感、分享彼此的经验，累积相关知识，以利于个人的全面发展。

第三，网民群体是一种趣缘群体。网民群体的形成原因不同于现实群体，网民们不是基于地缘、血缘、业缘关系而是基于网络趣缘关系而形成的，换言之，他们是在共同的兴趣、爱好、价值观和共同利益等的基础上集合而成的特定群体。最后，网民群体由数字化的人组成。网民登录某一网络空间场域，常常需要注册一个 ID 号码，无论该号码是其真名、假名或者匿名，甚至只是一组数字、一串字符、一张图片，这种 ID 总是以不同于原子的比特（bit）的形式出现的，这就意味着网络世界隐藏了现实生活中人的性别、年龄、身份、地位

---

① 黄少华、陈文江：《重塑自我的游戏——网络空间的人际交往》，兰州大学出版社 2002 年版，第 70 页。

等社会线索，而将其编码为数字化的信息，从而还原了人的平等。

关于网民群体的特征，昝玉林指出网络群体具有人员构成的复杂性、群体内部关系的松散性和建设性群体与破坏性群体共存三大特征（昝玉林，2005）。郭玉锦等人认为网络社会群体的特征主要有亲和性、交往空间大、成员自由度大（郭玉锦、王欢，2005）。刘毅认为网络群体的特征可从频繁的互动，共同的群体规范和群体凝聚力三个方面去研究（刘毅，2007）。赵坤指出网络群体具有更强的开放性、个体身份的虚拟化与符号化、交往以间接交流为主和缺乏相应的群体规范四大特征（赵坤，2009）。

从现有的研究来看，对网民群体特征的揭示还不一致，有些概括尚需斟酌。笔者认为，在对网民群体进行概括时应注意区分它与现实群体或其他青年同辈群体之间的本质差别，不能以网络自身所具有的特征来替代网民群体的特征。

其次，关于对网民群体价值的认识。

郑永廷等在《论网络群体与人的发展》中提出：网络群体是网络时代的人的发展的重要条件之一，网络群体对网络时代人的发展的价值表现在：首先，发展了现代人的社会本质；其次，丰富了现代人的精神需要；第三，促进了现代人的个性发展；第四，提升了现代人的发展阶段。同时，他认为"网络群体对人的发展的影响并不都是积极的，它的局限性及种种消极现象常常会对群体成员的发展产生负面影响甚至危害。"具体而言，这种负面的影响主要表现为：第一，沉溺网络，引发新的异化；第二，感情淡漠，暴力倾向突出；第三，多重人格，诱发认同危机。第四，郑先生提出了网络群体与网络时代人的全面发展互动共进的基本要求，即网络群体与现实群体的互动，增强人的主体性，正确认识和处理网络群体与人的全面发展的关系（郑永廷、昝玉林，2005）。

谢玉进在《网络趣缘群体与青少年发展》一文中，将网络趣缘群体的社会功能概括为社会化功能、情感功能、教育功能三个方面。他认为网络趣缘群体对青少年发展的影响有正反两个方面。就积极影响而言，有利于青少年的全面发展，有利于青少年个性的发展和创造力的培养，有利于青少年参与意识、民主意识、团队精神的养成；而消极的影响则表现为：冲击现实关系，滋生网络问题；危害青少年社会化；使青少年的主体性面临困境（谢玉进，2006）。

应该说，学者们对网民群体价值的探讨还比较少，内容主要聚焦在网民群体与人自身的发展方面。应该说这种研究虽然视角单一，但是值得我们借鉴，以便在今后的研究中进一步拓宽研究的视角，不仅关注网民群体与人自身的发展，更需要关注网民群体与社会的关系，从社会发展的角度来研究其价值。

最后，如何针对网民群体开展思想政治教育。

昝玉林提出，对网民群体进行思想政治教育，要遵循思想政治教育的基本原则。但是由于网民群体的特殊性，要特别强调疏导原则和自我教育原则。她认为，"对网络群体的思想观念进行引导，需要注意以下两个方面的问题。一是网络上的引导不适合讲大道理，不适宜做全面综合的分析，而是要求一事一议，有理有据，生动详细。不要希望通过网络进行快速引导，欲速则不达，潜移默化是必须遵循的规律。二是对网络群体的引导要勤，不能任之发展，否则会形成不良的网络舆论导向，进而影响现实社会的稳定。"同时，她认为，"网络群体的自我教育，既要强调群体内部个体成员的自律，更要发挥群体自我教育的功效。自我教育有两个层次，一是个体的自我教育，一是集体的自我教育。网络群体中个体的自我教育如能扩大为群体的自我教育，即集体的互帮互助，就会形成一种巨大而持久的教育力量。网络的特殊性决定了网络群体是高度自治的群体，所以对网络群体的思想政治教育要善于利用网络群体自身的教育能力"（昝玉林，2005）。

邱必震、王继武在《浅谈网络虚拟群体思想政治教育工作》一文中提出了开发性能完善的思想政治教育工作网络系统的观点，他们认为性能完善的思想政治教育工作网络体系应包括完善的技术支持系统、完善的安全系统和完善的信息管理系统三个方面。在此基础上，开展有广泛影响的网络虚拟思想政治教育，其策略有：构建精简高效的网络虚拟群体思想政治教育组织，加强网络舆论的引导，牢牢把握网络思想政治教育的主动权，加强大学生网络道德和网络心理教育，加强网络思想政治教育队伍建设，培养网络思想政治教育骨干力量五个方面（邱必震、王继武，2005）。

戴伶俐在《利用网络虚拟群体的特性加强高校思想政治工作》一文提出

了思想政治工作与大学生网络虚拟群体的对策。她认为，首先应利用虚拟群体的平等性和交互性特点，促进传统的高校思想政治工作模式的转变；第二，利用虚拟群体时效性特点，加强思想政治工作的针对性；第三，运用网络虚拟群体的内容的多样性和主体选择性特征，加强思想政治工作的网络创新；第四，利用虚拟群体的虚拟性特征，开展网络心理健康教育，拓展思想政治工作的新手段和新途径；第五，利用虚拟群体学生参与的广泛性特征，切实增强思想政治工作服务学生的功能（戴伶俐，2005）。

还有学者提出，对大学生网络虚拟群体开展思想政治教育有以下对策：采取换位法，促进师生间的双向互动，运用心理咨询法，凸显教育工作实效，通过"网语"说教法，增强沟通亲和力，采用舆论导向引导法，加强宣传感召力（张绍荣、刘显忠，2008）。

关于网民群体的思想政治教育，学者们见仁见智，各抒己见。笔者认为，这些研究虽然取得了一定的成果，具有一定的借鉴意义，但是从总体上讲还比较单薄，也不够深入。因此，还需要进一步研究深化。

除上述三个主要的方面外，还有学者就大学生网络虚拟群体存在的问题进行研究，提出在大学生网络虚拟群体中存在的问题主要有文化理念失根，教育管理失控，道德行为失范，人际交往失真，自我认知失实，网络依赖失控六个方面（李卫星、洪岑，2008）。

综上所述，从现有文献的梳理中，可以看出国内外学术界主要从传播学、社会学、心理学、文化学等学科视角来研究网络社会中的网民群体，他们对网民群体的概念、集群原因、网络发展对青少年自身成长的影响以及如何针对网络虚拟群体开展相应的思想政治教育工作等问题进行了一些有益的探索。但是，总体来说，这些研究还比较零散、不够系统和深入，表现在对网络社会中网民群体概念的使用上还没有统一的认识，网民群体的生成与发展机制有待深入，网民群体的功能与价值需要更深入地研究，网民群体内部成员之间的思想如何沟通与交流，其行为如何相互影响以及群际之间如何互动等问题仍需要做进一步的研究和探讨。①

---

① 曹银忠、石维富：《网民群体研究综述》，《攀枝花学院学报》2009 年第 4 期。

第二章 大学生网民群体研究
的理论基础与思想借鉴

"媒介是人的延伸"。网络作为第四媒体，催生出一种新型的社会群体——"网民群体"，它是以电脑网络为中介（Computer Mediated Communication，缩写为CMC），围绕着共享利益或目的而组织起来的，在网络世界进行共同活动的"人"的集合。随着互联网在中国的勃兴与高校的扩招，大学生网民的数量日益增多，越来越成为网络中最为庞大的网民群体。研究大学生网民群体，不仅需要以马克思主义人学理论为指导，而且还应继承中国传统文化中关于群己观思想的精髓，更应积极吸收借鉴西方思想史上群己观（即关于个人与整体的争论）研究的理论成果。

第一节 大学生网民群体研究的理论基础

"马克思主义人学理论蕴藏着浓厚的人文关怀，充盈着对人的现实的、科学的理解，它以人的'生存实践性'为基础，以'现实的人'为思想起点，以人的本质为思想核心，以人的全面自由发展为思想归宿，深刻揭示了历史进程中人的生存发展的基本规律，从而实现着对现实人生的观照。"[1] 马克思、恩格斯生活的时代虽然还没有"网络"这一新鲜事物，但其对人的生存、人的本质和人的发展问题的洞见已经被实践证明永远闪耀着真理的光芒，是我们探究思考人生问题道路上一座不可逾越的里程碑。大学生网民作为"现实

---

[1] 钟明华、李萍等：《人学视域中的现代人生问题》，人民出版社 2006 年版，第 4 页。

的人"，是从事着实践活动的人，他们的生存离不开群体与社会，他们的本质依然是"社会关系的总和"，他们的人生旨趣仍在于"自由而全面"的发展。因此，研究大学生网民群体问题必须以马克思主义人学理论为根本指南。

一、"现实的人"的存在形态：大学生网民群体研究的出发点

马克思主义哲学的出发点是"现实的人"。而"现实的人"，是指现实存在的、有血有肉的、在彼此结成一定社会关系中不断地从事着实践活动和社会生活的个人。马克思认为："任何人类历史的第一个前提无疑是有生命的个人的存在。"① 而"现实的人"存在的前提是他必须从事一定的劳动活动，进行社会的物质生产。马克思在他的著作中反复强调，"在社会中进行生产的个人，——因而，这些个人的一定社会性质的生产，当然是出发点。被斯密和李嘉图当作出发点的单个的孤立的猎人和渔夫，属于十八世纪的缺乏想象力的虚构，这是鲁滨逊一类的故事，这类故事决不像文化史家想象的那样，不过表示对极度文明的反动和要回到被误解了的自然生活中去。这同卢梭的通过契约来建立天生独立的主体之间的相互关系和联系的社会契约论一样，也不是这种自然主义为基础的。"② 任何人类个体，实际上都是属于一定的社会形式、处于一定的社会关系之中的。离开社会的纯粹抽象的个人，是从来就不存在的。并且越往前追溯历史，个人就越表现为不独立。因此个体之间必然以各种社会关系为纽带，组成各种不同的群体。群体是人类存在不可逃避的部分。无论你喜欢不喜欢，它们都不会消失。人们在群体中长大，有时被称作家庭；在群体中工作，作为同伴、同学、同事或组织的成员；在群体中学习；在群体中游戏；并且当然地，他们也在群体中竞争与合作。简而言之，人是合群性、群体性和社会性动物。

"现实的人"总是以群体的方式存在着的。中国古代思想家荀子讲：人"力不若牛，走不若马，而牛马为用，何也？曰：人能群，彼不能群也。"

---

① 《马克思恩格斯全集》第 3 卷，人民出版社 1960 年版，第 23 页。
② 《马克思恩格斯全集》第 46 卷上，人民出版社 1979 年版，第 18 页。

（《荀子·王制》）可见，在先贤们看来，"能群"是人区别于牛马并优于牛马的特征之一。不仅如此，人之所以聚群的原因在于：单个人在大自然和凶猛的野兽面前是十分渺小和柔弱的，只有聚集成群，才能得以生存下去，个体对群体具有天然的依赖。对此，先秦时人们就有所认识，"凡人之性，爪牙不足以自守卫，肌肤不足以捍寒暑，筋骨不足以从利避害，勇敢不足以却猛禁悍。然且犹载万物，制禽兽，服狡虫，寒暑燥湿弗能害；不唯先有其备，而以群聚邪？群之可聚也，相与利之也。"（《吕氏春秋·恃君览》）人既没有动物那样的天然毛发和皮肤来对付恶劣的气候环境，也没有锐利的牙齿和爪子来获取食物，更没有快速奔跑的机体器官和肌肉组织来逃避意外的伤害。因此，"人只有依赖社会，才能弥补他的缺陷，才可以和其他动物势均力敌，甚至对其他动物取得优势。"[①] 人类是一个只有在社会状态中才能生存的物种。正如奥地利心理学家、社会教育学家阿德勒所言："整个动物界都显示出这样一个基本法则，这就是：一个物种的个体如果没有能力面对为自我保存而进行的生存斗争，则其成员就会通过群居生活而获得新的力量。……社会生活之成为必需，是因为靠着社会中的劳动分工，每一个体都使自己从属于群体，这样整个物种才得以继续存在。"[②] 美国学者马斯洛也指出："社会生活之所以成为需要，是由于唯有通过群体生活和社会分工，使个人从属于群体，人作为种系才能够生存和延续。"[③]

（一）马克思主义关于人的存在形态理论的内涵

作为社会历史主体的人，其存在是二重化的：既是个体，又是群体和类（最大的群体即整个人类）的成员。前者意味着每个人生命存在的独特性，后者则意味着每个个体共有着群体或类的特性。作为一种现实的存在，人是普遍本质与个体存在的统一。马克思主义在其经典著作中，对人的存在形态理论有过许多精辟的论述：

人首先是一个自然的存在物。人的自然存在即有生命的个人存在，它包

① ［英］休谟：《人性论》（下册），商务印书馆 1980 年版，第 525 页。
② ［美］艾·阿德勒：《理解人性》，陈刚、陈旭译，贵州人民出版社 1991 年版，第 11—12 页。
③ ［美］马斯洛：《人的潜能和价值》，华夏出版社 1987 年版，第 46 页。

括人自身的自然存在和人身外的自然存在。人的自身存在能否成为人的自然存在，从根本上讲决定于人的物质生产劳动和社会关系。和其他动物一样，人源于自然而又依赖自然，是自然界的一部分，具有自然属性。但是，人又是一种特殊的自然存在物。因为，人只有生活在一定的社会关系之中，他的自然存在才成为属人的存在，人才能发展先天赋予自己的天性，提高生存技能。

其次，人是社会存在物。亚里士多德说："人是政治性动物。"就是说人在本性上要过一种社会群体生活。马克思更明确地指出："人是最名副其实的'社会动物'，不仅是一种合群的动物，而且是只有在社会中才能独立的动物。"[①] 一个人如果离群索居脱离人类的社会生活，那么他就无法获得语言、文化等使人能够成为人并优于其他动物的社会属性，即使鲁滨逊式的个人，也不能说明人可以离开社会而生存。群居性的社会生活是一个人从"自然人"向"社会人"转化的必要条件。否则，他就无法完成"社会化"，无法获得人的本质。此外，人的生存和发展也离不开社会为他所创造和提供的物质条件，即便是在原始社会和基本上可以自给自足的自然经济条件下，一个人也必须与他人、与社会发生这样或那样的联系，更不用说在当今社会分工高度发达的商品经济社会了，他的需要必须从社会中得到满足，同时他也在某种程度上满足社会上其他人的需要。因此，马克思说："个体是社会存在物。因此，他的生命表现，即使不采取共同的、同他人一起完成的生命表现这种直接形式，也是社会生活的表现和确证。"[②] 恩格斯在《家庭、私有制和国家的起源》中谈到古猿向人转化的过程时也指出："为了在发展过程中脱离动物状态，实现自然界中的最伟大的进步，还需要一种因素：以群的联合力量和集体行动来弥补个体自卫能力的不足"[③] 后来他又在《自然辩证法》中讲道："我们的猿类祖先是一种群居的动物，人，一切动物中最爱群居的动物。"[④]

再次，人是精神存在物。人类通过物质生产劳动，不仅认识到自己是有

① 《马克思恩格斯全集》第 12 卷，人民出版社 1962 年版，第 734 页。
② 《马克思恩格斯全集》第 42 卷，人民出版社 1979 年版，第 122—123 页。
③ 《马克思恩格斯选集》第 4 卷，人民出版社 1995 年版，第 30—31 页。
④ 《马克思恩格斯选集》第 4 卷，人民出版社 1995 年版，第 376 页。

意识的、不同于动物的、能够自由自觉地从事创造性活动的存在物，而且在物质生产劳动的过程中人们还结成各种社会关系，在这种关系中，个人通过他人意识到自己和他人同属一个类，都具有"人"这个类的共同性。更为重要的是人通过物质生产劳动不仅创造物质财富，也创造出精神财富，诸如文学、艺术、哲学、宗教等等精神领域的这些产品不仅构建了人类的精神家园，也使得人在更高层次上不同于和优越于动物。

最后，人是技术的存在物。现实的人总是应用一定的技术而开展实践活动的人，通过技术实践活动，人创造了包括物质生活、精神生活和社会生活等在内的整个现实生活世界。人既是技术的创造者，也受技术的制约。技术对人类实践活动的制约性具体表现在技术决定人的生存状况、延伸了人的器官，展现了人的本质力量，使得人越来越技术化。因此，可以说在某种程度上，人也是技术的存在物。

正因为人是自然、社会、精神和技术四位一体的存在，是一种凭借自身的活动超越其他存在物的自在给定性的一种特殊存在。这就决定了作为个体的人与群体的关系是对立统一的。一方面，个体与群体处于不可分割的相互依存、相互联系中。每个人都以个体而存在，同时又作为群体中的成员而存在。群体是由个体组成的，没有个体，就没有群体。个体是构成群体的基本细胞，是群体的组成部分。群体以个体为存在基础，是个体生存发展的必要条件和内在本质。而个体又不能脱离群体而存在，它要受到群体的制约。另一方面，个体与群体之间又是对立的。因为一个人要生存，首先他必须满足各种需要。任何需要都是一定的主体在一定的生产关系的基础上，在一定的客观条件下，对一定对象的需要，都必然通过一定的社会关系才能实现。但是由于每个人都是一个独立的、有着自主意识的个体，都有自己特殊的利益考量，从而导致其个人的、短期的利益的实现可能会与作为群体的整体利益、长远利益发生矛盾。要解决这个矛盾，就必须协调好个人和群体之间的关系。作为个人应自觉地维护社会群体的整体利益。当个人利益与社会群体利益发生矛盾时，个人利益要自觉服从社会群体整体的利益。

（二）现实人的存在形态理论对大学生网民群体研究的指导意义

马克思主义关于人的存在形态理论告诉我们：人是社会性的存在物。个体总是生活在各种各样的群体之中。大学生网民作为具体的现实的人，其存在同样离不开群体和社会。传统社会里，人类社会联系的形成主要是基于血缘、地缘和业缘关系。随着网络时代的降临，人类社会实践的形态和范围都得到极大的拓展与延伸，越来越多的人寄居于互联网上，人们不仅会将现实生活中的社会关系牵连至网络，而且还会因网络而结缘，形成各种各样的"网缘"关系。对此，有学者生动形象地描述道："当你坐在个人电脑前，按动鼠标，随即听到调制解调器发出远程'握手'的声音时，你就会意识到，在你面前蓝色屏幕的背后，一个有生命力的网络社群正在形成。"[①] 网络本来是由一台台孤立的电脑互相连接而形成的一个无中心、无权威的平等而又开放的世界，但是栖居于网络世界的网民却不是孤立的，来自世界各个国家和地区的网民们借助于电脑媒介沟通（CMC）彼此交换意见，联络感情，分享价值，建立彼此关系，从而形成一个个虚拟的网络社区。美国学者霍华德·莱茵戈德将虚拟社区界定为："一群主要借电脑网络彼此沟通的人们，彼此有某种程度的认识、分享某种程度的知识和资讯、相当程度如同对待友人般彼此关怀，所形成的团体。"[②] 网络虚拟社区的存在拓展了人们生活的场域，但它并没有从根本上改变人们的生存样态，网络绝不是离群索居者的孤岛，网民们在虚拟社区中，确立各种虚拟身份，建立各种与现实社会中的关系不同的虚拟关系，形成一个像现实社会一样真实的互动和生活空间，他们可以根据自己的兴趣、爱好和价值观，选择建立或加入一个个虚拟的网络社群。因此，网民的网络存在注定也是群体性的存在。

---

① 朱家聪：《"网缘"——管窥 e 时代人际关系》，《社会》2001 年第 1 期。
② 黄少华、翟本瑞：《网络社会学——学科定位与议题》，中国社会科学出版社 2006 年版，第 99 页。

二、人的本质理论：大学生网民群体研究的理论基石

对人或人的本质的论述几乎散见于马克思和恩格斯各时期的大量著作中，可以说"人的本质学说"在马克思和恩格斯的理论体系中占有十分显著的地位。系统地研究马克思主义关于人的本质理论是大学生网民群体研究的理论基石。

（一）人的本质理论的内涵

马克思主义认为，人有自然属性和社会属性两种属性。自然属性是指人的肉体存在及其特性；社会属性是指在社会实践活动中人与人结成的各种社会关系。自然属性是人存在的基础，但从根本上讲，人之所以为人，不在于人的自然属性，而在于人的社会属性。人的本质不是由人的自然属性决定的，而是由人的社会属性决定的。马克思在全面且深入研究的基础上提出了人的本质的科学内涵。马克思主义关于人的本质理论，主要从三个维度展开：就人与动物的区别而言，劳动是人的一般本质；就人与人之间的区别而言，"一切社会关系的总和"是人的具体本质；而驱动人展开劳动并建立社会关系的内在本质就是人的需要。具体地说：

1. 劳动是人的一般本质

在《资本论》第 1 卷中，马克思将人的本质区分为两个不同的层次：一是"人的一般本性"，即一切人所共有的本性，我们将之称为人的一般本质；另一个是"每个时代历史地发生了变化的本性"，[①] 就是说，不同的历史时期和同一历史时期处于不同社会地位的人各自所具有的特殊本性，即人的具体本质。人之所以为人，就在于人在超自然的生命中所体现出的较之动物更为丰富的生命内容和更为强大的生命力。人的这种生命最根本的生存方式便是人的劳动。马克思在《1844 年经济学哲学手稿》中指出："一个种的全部特

① 《马克思恩格斯全集》第 44 卷，人民出版社 2001 年版，第 704 页。

性、种的类特性就在于生命活动的性质，而人的类特性恰恰就是自由的自觉的活动。"① 马克思所讲的"人的类特性"就是人的本质，而"自由的自觉的活动"指的就是劳动，是物质生产实践。可见，马克思在这里是说劳动是人的本质。恩格斯则明确指出："人类社会区别于猿群的特征在我们看来又是什么呢？是劳动"② 那么，我们为什么说劳动是人的一般本质呢？这主要是因为劳动是人从动物界分化出来的基本标志和人区别于动物的根本特征。人区别于动物的根本特征在于：人的活动的目的性和能动性，人能够凭借自己的聪明才智制造和使用生产工具从事社会物质生产劳动，以获取自己所必需的物质生活资料。而且人有自己的语言、文化和信仰，能够组成家庭，结成社会。正因为如此，劳动也就成为帮助我们深刻理解社会历史发展的主线和动力。

2."一切社会关系的总和"是人的现实本质

劳动是人的本质只是回答了人与动物的区别，至于人与人之间为何会有那么大的差异呢？马克思在《关于费尔巴哈的提纲》中说："人的本质并不是单个人所固有的抽象物。在其现实性上，它是一切社会关系的总和。"③ 可见，社会关系的不同是一个人之所以区别于其他的人的关键所在。因此，"一切社会关系的总和"实际上讲的是人的现实、具体的本质。对"人的本质是一切社会关系的总和"这一界定的理解和把握时需要注意：

首先它强调了人的本质是现实的、具体的，而不是抽象的。马克思彻底地批判了费尔巴哈把人的本质归结为"单个人所固有的抽象物"的错误观点。在费尔巴哈看来，人的本质不是表现在现实的、具体的人身上，而是抽象地存在于人的共同性、同一性之中，即人的"类本质"。诚然，人作为同类的存在物，具有某些相似的共同性，但这种"共同性"的内涵却是具体的，不同的社会、不同的时代、不同的阶级利益等在现实上决定了它真实的意义。离开了人的存在方式的具体性去谈人的本质，实际上是空洞的，没有真实意义的。就是说，对于人的本质的求解，必须把人放在特定的历史条件下和具体

---

① 《马克思恩格斯全集》第42卷，人民出版社1979年版，第96页。
② 《马克思恩格斯选集》第4卷，人民出版社1995年版，第378页。
③ 《马克思恩格斯选集》第1卷，人民出版社1995年版，第56页。

的社会中来考察。

其次，它强调了人的本质是由社会关系决定的，所以它不是先天的，而是后天的。按照列宁的理解，社会关系主要包括物质的社会关系和思想的社会关系，它们各自又分为多个方面和多个层次。物质的社会关系是指人们在物质资料的生产过程中所形成的生产、分配、交换和消费的关系，即生产关系或经济关系；而思想的社会关系就是通过人的意识而形成的社会关系，主要包括政治、法律、宗教、艺术、哲学等方面的关系。并且这两种社会关系是盘根错节、交叉纠缠在一起的，它们互相渗透、相互影响，其中物质关系是最根本的、主要的，它决定和制约着其他一切思想关系。每一个人当他来到人世间那一刻起，就转向于一定的社会关系之中。人最初接触的是家庭关系，随着年龄的增长，他所接触的社会面逐渐扩大，进而最终转向于一定的地缘关系、生产关系、政治关系、法律关系和道德关系之中。如果一个人从一出生就脱离人类的各种社会关系，尽管他先天具有发达的大脑和健全的身体，也不会具备人的本质。十九世纪二十年代，印度"狼孩"的事例就是对这一结论最好的印证。

最后，它强调了人的本质的历史性，认为人的本质不是固定的、不变的，而是随着社会关系的变化而发生相应变化的。人的本质"是一切社会关系的总和"，而社会关系则是变动不居的。因此，人的本质也并将随着人的社会实践活动和人的社会关系的变化而不断地丰富和发展。

3. 人的需要是人的最高本质

这是一个在内涵上更为深刻，在外延上更为广泛的关于人的本质的界定。它不仅涵盖了前两个界定的内容，而且揭示了前两个界定的原因。首先，人的需要决定了人的使命和任务。马克思恩格斯指出："作为确定的人，现实的人，你就有规定，就有使命，就有任务，至于你是否意识到这一点，那都是无所谓的。这个任务是由于你的需要及其现存世界的联系而产生的。"① 其次，需要是人劳动的内在原因。马克思恩格斯认为，如果"没有需要，就没有生

---

① 《马克思恩格斯全集》第3卷，人民出版社1960年版，第329页。

产"。正是由于对衣、食、住、行等各种物质的和精神的需要的满足，才促使人们进行物质资料的生产。因此，人的需要是通过劳动创造出来并获得满足的，是随着劳动实践水平的提高而不断变化和发展的。最后，需要是促使人建立社会关系的内在动力。马克思恩格斯在《德意志意识形态》中说："在任何情况下，个人总是'从自己出发的'，但由于从他们彼此不需要发生任何联系这个意义上来说他们不是唯一的，由于他们的需要即他们的本性，以及他们求得满足的方式，把他们联系起来（两性关系、交换、分工），所以他们必然要发生相互关系。"① 这段话所说明的就是，需要是各种社会关系得以建立的最基本动因，没有了需要也就不再是真正意义上的人。因为每个人都是根据自己的需要从事社会活动，积极地实现自己的存在；每个人都是为了满足自己的需要，去与其他人发生社会交往和社会联系。而每个人具体的社会联系是由他们特定的需要决定的。马克思还认为："需要的发展是人的本质力量的新的证明和人的本质的新的充实。"② 人类的发展历史，就是一部关于人的需要即人的本性不断改变和发展的历史。离开了人的需要，人的一切社会实践活动和社会关系都将不复存在。

上述三个方面，是彼此联系，层层递进的。只有深刻理解上述三个方面的界定，才能全面把握马克思主义关于人的本质理论的丰富内涵。

（二）人的本质理论对大学生网民群体研究的理论指导意义

马克思主义关于人的本质理论对大学生网民群体研究具有十分重要的指导意义。因为，大学生网民群体是网络思想政治教育的主要对象，而大学生思想的形成、变化和发展是有规律的，是受人的本质决定和制约的。因此，研究和掌握人的本质理论将有助于教育者正确认识、了解和把握教育对象的思想形成、变化和发展规律，从而科学、有效地实施网络思想政治教育活动，有针对性地引导和规范大学生网民群体的网络活动。

首先，网络实践作为一种崭新的人类实践形态，不仅会促进大学生网民

---

① 《马克思恩格斯全集》第 3 卷，人民出版社 1960 年版，第 514 页。
② 《马克思恩格斯全集》第 42 卷，人民出版社 1960 年版，第 32 页。

群体人的本质的发展，而且为他们的实践活动提供了更多的选择。"新的时空领域必然导致新的实践，而新的实践又会促进人的本质的发展"。① 当网络出现后，人们以网络为媒介而进行网络交往，网民群体在网络空间的互动从本质上说即为网络实践。所谓网络实践，是"主体按照一定的目的在虚拟空间使用数字化手段进行的双向对象化的感性活动"。网络实践"使人的实践对象第一次突破了纯粹形式的外部物质世界的界限，它将数字化符号上升为实践中介手段，把人类社会活动的信息经由计算机系统进行数字化处理和合成转换，使主体置身于一个新的关系实在的虚拟实境中。"② 由于可以突破现实时空和物质条件的局限，网络实践能够为大学生网民群体的社会实践提供更多的选择余地，有利于实践活动的深化和人的本质发展，而且大学生网民还可以通过网络空间角色的扮演，事先预演现实角色，以避免许多现实挫折。

其次，网络虚拟社会关系的形成有利于延伸和拓展大学生网民群体的社会关系。人的本质是一切社会关系的总和。人的社会关系越广泛，能够获得的信息就越多，就意味着可以加工出更多的思想产品。一般而言，人的思想内容的丰富程度与人的社会关系的丰富程度成正比例关系。在当代社会，当人们的活动空间由现实社会延伸到网络社会后，人与人之间的社会关系也相应地发展至虚拟社会关系，即人们通过网络交往而形成的社会关系，这就丰富和发展了大学生网民群体社会关系的内容。而虚拟社会关系从本质上看就是一种信息关系，在这种信息关系中，大学生网民不仅可以主动地获取信息，也可以自愿地上传、发布信息，与人分享和交流。换言之，大学生网民不仅仅是信息的接收者，也是十分重要的生产者。作为思想政治教育工作者应当尊重大学生网民的人格，将其视为平等的主体进行协商和对话，切忌居高临下，简单粗暴地灌输和说教，因为在网络上没有人可以垄断话语权，作为教育对象的大学生网民可能更善于利用网络的优势，充分利用他们的话语权。

最后，网络能够满足大学生网民群体的多方面需要，有利于其"全面占有自己的本质"。大学生网民的每一个网络行为背后存在着某种需要的驱动，

---

① 徐建军：《大学生网络思想政治教育理论与方法》，人民出版社 2010 年版，第 44 页。

② 张明仓：《虚拟实践论》，云南人民出版社 2005 年版，第 40—41 页。

这些需要既有物质方面的，也有精神方面的。马克思说过："任何人如果不同时为了自己的某种需要和为了这种需要的器官而做事，他就什么也不能做"。①因特网可以为大学生网民提供多种形式的服务，比如远程登录系统、文件传送、电子邮件、信息检索、万维网、电子公告系统，聊天室、即时通信、新闻组和博客等等。此外，互联网还可提供在线音乐、在线影院、多人游戏、电子商务、网上购物等服务。这种形式多样、内容海量、功能强大的网络可以满足大学生学习、娱乐、交友、购物等多方面的需要，有利于大学生网民"全面占有自己的本质"。思想政治教育工作者应当关注大学生网民的各种需要，尽可能地满足并升华他们的高级的精神需要，适当地引导和抑制他们的低级的需要。这样，才能使大学生网民在网络的虚拟实践中真正有助于其健康思想的形成和发展，才能使虚拟的人际关系为大学生网民的顺利成长和成才提供人际支持。

三、人的全面发展：大学生网民群体研究的归宿

人的解放和全面发展是马克思主义学说的最高价值目标和最终归宿，在马克思主义理论的科学体系之中，人的全面发展理论无疑具有十分重要的地位。我们党的历代领导人都继承并发展了马克思主义的人学理论，将人的全面发展作为我国教育目标的最高追求。因此，"人的全面发展"应该成为大学生网民群体研究的归宿。

（一）马克思关于人的全面发展理论的内涵

马克思在《1844年经济学哲学手稿》中提出，共产主义是使人"以一种全面的方式，也就是说，作为一个完整的人，占有自己的全面的本质。"②《德意志意识形态》进一步指出个人的全面发展"正是共产主义者所向往的"；③《共产党宣言》把每个人的全面而自由的发展作为一切人的自由发展的条件。

---

① 《马克思恩格斯全集》第3卷，人民出版社1960年版，第286页。
② 《马克思恩格斯全集》第42卷，人民出版社1982年版，第123页。
③ 《马克思恩格斯全集》第3卷，人民出版社1960年版，第330页。

马克思和恩格斯不仅把人的全面发展视为人类社会发展的理想目标，而且将其视为一个历史生成的发展过程。

所谓人的全面发展是就"人的发展范围而言的。它与人的片面发展、部分发展相对立，是指每一个现实的个人摆脱各种内在的和外在的限制，在社会关系、能力、素质、个性等诸方面所获得的普遍提高和协调发展。"① 人的全面发展应该包括两个方面的内涵：第一，人的全面发展与人的片面发展、畸形发展相对立，是指人的所有方面的发展、一切方面的发展、各个方面的发展。第二，人的全面发展与部分人的发展、少数人的发展相对立，是指"社会全体成员"的发展、"社会的每一个成员"的发展。

马克思关于人的全面发展理论的主要内容包括：

第一，人的全面发展是人的劳动能力的全面发展。马克思指出，人的发展，归根结底，是"作为目的本身的人类能力的发展。"② 人的能力是人的本质力量的公开和展示。能力的全面发展即发展自己的体力和智力、自然能力和社会能力等，并在实践活动中发挥他的全部才能和力量。

第二，人的全面发展是人的社会关系的全面发展。社会关系是人与人之间在物质生产劳动过程中所结成的各种关系的总称。人的社会关系的全面发展，"指的是人与人之间的社会关系（包括经济关系、政治关系、道德关系、交往关系、家庭关系等）的高度丰富、展开与占有，它将由贫乏变得丰富，由封闭变得开放，由片面变得全面，由地域的人变为世界历史的人。"③ 人的发展与社会关系的发展是同一的，因为"社会本身即处于社会关系中的人本身。"④ 所以列宁说，"唯物主义的社会学者把人与人间一定的社会关系当作自己研究的对象，从而也就是研究真实的个人，因为这些关系是由个人的活动组成的。"⑤ 社会关系作为人的活动的组织手段的对象性存在，是"一本打开了关于人的本质力量的书"。社会关系怎样，也就标志着人的发展的现实程度

① 王双桥：《人学概论》，湖南大学出版社 2004 年版，第 395 页。
② 《马克思恩格斯全集》第 25 卷，人民出版社 1974 年版，第 927 页。
③ 何玉芳：《全面建设小康社会与人的全面发展》，《人民论坛》2003 年第 4 期。
④ 《马克思恩格斯全集》第 46 卷，人民出版社 1972 年版，第 649 页。
⑤ 《列宁全集》第 1 卷，人民出版社 1955 年版，第 384 页。

如何。"社会关系实际上决定着一个人能够发展到什么程度"。① "一个人的发展取决于和他直接或间接进行交往的其他一切人的发展"。② 这里的他人指人们摆脱了以往分工、地域、民族的狭隘局限性之后，所面对的各种群体和个人。个人与他人之间形成了各方面、各个领域、各个层次的社会联系。

第三，人的全面发展是人的需要的全面发展。它意味着随着人的活动的全面发展愈益形成包括生存、关系和成长等层次递进的丰富的需要体系。马克思讲，人的"需要即他们的本性"③ 意思是说个人按照自己的自主活动来发展一切合理的需要是人不可剥夺的权利。由于人的需要是多方面、多层次的，"已经得到满足的每一个需要本身、满足需要的活动和已经获得的为满足需要而用的工具又引起新的需要。"④ 所以，需要就成为人类一切活动的源泉和动力。

第四，人的全面发展是人的个性的充分发展。人的个性的发展是指个人生命有机体的各构成要素的均衡协调发展，以及认知、情感、意志等心理因素的发展和完善。人的个性的发展，首先是人的独特性的发展。人都希望发展自己的个性，使自己区别于他人并超越于他人。社会的发展也需要发展人们的个性，这样才能取得最大的优势互补，奏出时代的最强音。其次是人的主体性的发展。主体性指人在改造对象的活动中的能动性、创造性和自主性。人的主体性的全面发展不仅表现在人的特殊属性的充分发挥，而且指人能够成为自然界、社会和自我发展的主人。"成为社会的主人"，就是指人对社会的自觉控制和驾驭，指人们自己的社会行动的规律被人们熟练地运用起来因而能服从他们的统治。但是人对社会的自觉控制和驾驭，既不是人对社会的任意而为，更不是社会对人的践踏、奴役，而只能是人的发展与社会发展的协调和统一。"成为自然界的主人"，就是要求人类社会的发展与自然界的发展的协调和统一，走可持续发展的道路。"成为自己本身的主人"，就是人对自己的肉欲和本能的自觉控制和驾驭。人具有肉体与精神的双重属性和需要。

---

① 《马克思恩格斯选集》第 3 卷，人民出版社 1995 年版，第 256 页。
② 《马克思恩格斯选集》第 3 卷，人民出版社 1995 年版，第 515 页。
③ 《马克思恩格斯全集》第 3 卷，人民出版社 1960 年版，第 514 页。
④ 《马克思恩格斯选集》第 1 卷，人民出版社 1995 年版，第 79 页。

肉欲和本能是一种盲目的必然性力量。当人为肉欲和本能所控制的时候，人是肉欲和本能的奴隶，这样的人必然具有兽性，并导致与社会、他人的对立与冲突；而当人把肉欲和本能置于理性的自觉控制之下的时候，人则成了自己本身的主人。

（二）人的全面发展理论对大学生网民群体研究的指导意义

马克思关于人的全面发展理论对大学生网民群体研究的指导意义，表现在：

第一，促进人的全面发展是开展大学生网民群体研究的目标与最终归宿。网络思想政治教育的主要任务是通过做好人的思想工作，充分调动、发掘人的主动性、积极性和创造性以实现人自身的全面发展，进而推动社会的全面和谐发展。因此，开展大学生网民群体研究必须立足于以促进人的全面发展为目标和最终的归宿，通过丰富和发展人的社会关系，开阔人的眼界，满足人的各种需求，活跃人的思想，增进人的交往，发挥人的主体性，为社会和人自身发展创造物质和精神条件。

第二，人的全面发展的理论是大学生网民群体研究的着眼点和侧重点。人的全面发展不仅指人在现实社会中的全面发展，而且也应该在虚拟的网络空间中得到全面发展。马克思主义的人学理论认为，人最基本的需要就是生存需要、物质需要，当社会发展到网络社会，网络交往也日渐成为人的基本需要。该需要的无法满足，就会导致人的发展的新的片面性。因此，参与网络群体生活，积极发展网络交往需要，是网络时代人的全面发展的基本要求。

由于网络自身具有的自由、平等、开放、交互性等特点，因此在网络环境中人的社会关系能够得到极大地丰富和发展，人的生存空间得以延展，社会交往的范围被极大地拓展了，世界上的河流山川不再成为人们交往的阻隔，地球已俨然成为一个小小的村落，有人形象地称之为"地球村"。但是，面对铺天盖地而来的网络社会关系的丰富和发展，大学生网民又有可能导致人际关系的隔离，形成"茧居族"。因此，网络思想政治教育要着重加强对大学生网民群体的引导，帮助其建立、维持和发展和谐的社会关系，以便为个人的成长和发展累积社会资本，为将来事业的成功奠定良好的基础。

第三，人的全面发展理论是评价大学生网民群体研究效果的核心指标。人的全面发展理论是马克思主义人学理论的核心，也是网络思想政治教育追求的最高目标，自然也应该成为评价大学生网民群体研究效果的核心指标。也就是说，评价对大学生网民群体开展网络思想政治教育的效果如何，要看它是否尊重了大学生网民的个性，是否强调了他们的主体性，是否使大学生网民的潜能得到充分发挥。

第二节　大学生网民群体研究的思想资源

人是社会性的存在，个体总是生活在各种各样的群体之中，更确切地说，生活在多重群体中，如政治群体、经济（生产或贸易）群体、文化群体和家庭中。因此，如何处理个人与群体之间的关系，是生活中每个人都必须面对的问题。正因为如此，个人与群体的关系也就成为中国传统文化中不可回避的一个基本问题。对群己关系这一问题的反省，构成了中国传统文化中的"群己之辩"。我国历代圣贤对此争鸣不止，各抒己见，因而形成了蔚为大观的"群己观"思想积淀。

中国传统文化作为一种文化基因已经浸淫于每一个中华儿女的血脉之中，身为一名中国人，无论是其心理发展，还是其思维方式与行为方式方面，都必然会留下中国传统文化思想的深刻烙印。因此，我们研究网络时代的大学生网民群体问题，不能不继承中国传统文化中关于"群己观"的思想资源。中国传统文化中关于"群己观"的争论在今天依然闪耀着智慧的光芒，对于我们处理好各种人际关系以及个人与群体、国家的关系，建立和谐社会有着独特的价值和重要的意义。

一、中国传统文化中"群己观"的内涵

"群"的概念古已有之，意为辈、众、类、亲等。《诗·小雅·吉日》曰："儦儦俟俟，或群或友。"《毛诗》传曰："兽三日群，二日友。"《诗·小雅·无

羊》曰：“谁谓尔无羊，三百维群。”《礼记·檀弓上》：“颜回曰：吾离群而索居，亦已久矣。”郑玄注：“群谓同门朋友也；索犹散也。”《礼记·三年问》：“因以饰群。”郑玄注：“群谓亲之党也。”孔颖达疏：“群谓五服之亲也。”《易·系辞上》：“鸟以类聚，物以群分。”孔颖达疏：“谓物色群党共在一处，而与他物相分别。”从《诗》《书》《礼》《易》这类儒家经典使用的“群”字来看，“群”有两层含义，一是表示同类聚合；二是表示与他类相分别。

“己”意为身、自我；与“人”对称，特指人群中与他人相对应的个体，即自我。在甲骨文中“己”为姓氏，同“祀”。《说文》释：“己，中宫也，象万物辟藏绌形也。己承戊，象人腹。”因此，“己”有容物、生物和为群之义。在儒家经典中指与他人相对应的个体，即自我。《尚书·大禹谟》：“舍己从人”。《礼记·坊记》：“君子贵人而贱己，先人而后己。”①

“群己”作为中国古代哲学的基本范畴，用以表示社会群体（集体）与个人、他人与自我的相互关系，其实质就是如何正确认识和处理好个人与社会的关系问题。就群体（或称为整体）利益与个人利益的关系而言，它和公私的范畴是重合的。所以，群与己也可以表述为“兼”与“独”。“兼”指积极地服务于集体和他人，而“独”则是消极地维护个人的利益。张岱年先生说：“群与己，是人生中根本对立之一。在生活中，我们应当为群而忘己呢，还是应当为己而不顾群？也即是，应当兼利天下，为群努力，甚至牺牲自己呢；还是洁身自爱，独善其身，不闻不问群众的事情？”② 又由于对群体与个人的关系的价值取向不同常常会影响到利益的分配，所以群己关系又常以“公私之辩”的形式出现。除此以外，“群己之辩”与“义利之辩”往往又交织在一起。

在中国传统文化中，儒、道、法、墨等各家，通过对公私、义利、理欲等问题的争辩，提出了各自的群己观。但是，由于西汉武帝时期董仲舒提出“罢黜百家，独尊儒术”的主张，儒家思想一直作为统治阶级的意识形态而占据统治地位，所以在绵延不断的五千年中华传统文化中，始终以儒家思想为主导，并且吸收整合了道、法、墨等各家思想。而儒家的群己范畴则是在生

---

① 王齐彦：《儒家群己观研究》，中国社会科学出版社 2006 年版，第 2 页。
② 张岱年：《中国哲学大纲》，中国社会科学出版社 1982 年版，第 414 页。

动的人伦宗法关系中相对定义的。首先，儒家认为整个社会的结构是以个体自我为起点的，由血缘亲情进而推至家庭、家族，再推而至国家、天下。古人所讲的"修身、齐家、治国、平天下"的个人理想，正是反映了"家"与"国"之间的这种同质联系，恰恰体现了儒家关于群己结构的思想。在家国同构的格局下，家是小国，国是大家。在家庭、家族内，父亲家长地位至尊，权力至大；在国内，君王地位至尊，权力至大。受这种宗法观念的影响，"己"的内涵是明确的，即个体自我；而与"己"相对的"群"则包括家、国、天下诸层形式，是一个多层次的开放性系统。其次，儒家又从自我与他人关系上界定群己。自我是己、个别的他人是他之"己"，即人人都有一个自我；就自我而言，区别于自我的诸多他人连同自我一起构成"群"，这种"群"实际上就是一个由人伦关系为联结的网络中的所有自我和他人的集合。

二、中国传统文化中"群己观"的主要内容

中国传统文化中关于群己观的讨论从先秦开始，直至近代，提出了许多重要看法，其中不乏正确合理的成分和因素，对于当代认识和正确处理个人利益与群体利益的关系依然有着重要的指导意义和应用价值。

总体而言，先秦儒家的"群己观"是比较健全的，无论孔子、孟子还是荀子都主张"贵己"与"贵群"的统一，实际上都是在尊重个体价值与自我实现的同时又高度重视群体价值与社会安定，同时，他们又强调群体的价值高于个体价值。而先秦时期的墨家和法家只强调了"兼"，道家则突出了"独"，因而各自走向了极端。需要注意的是，先秦儒家的"群己观"，后代儒家虽然争论依旧，"但随着封建专制的确立和强化，封建伦理的凝固和僵化，先秦儒家群己观中'贵己''重己'的因素逐渐削弱，而'贵群''为群'的一面日益上升，特别是秦汉之后的儒学直接以封建君主作为群体的表征。因此，个体的价值就变得无足轻重，以封建君主为代表的社会、国家群体，成了束缚人们个体独立、个性发展的枷锁。"[1]

---

① 赵馥洁：《中国传统哲学价值论》，陕西人民出版社1991年版，第384页。

（一）"修己安人""独善""兼善"与"群居和一"——儒家的"群己观"

在中国传统文化中，儒家把人类社会乃至整个宇宙看作是一个有机整体，而个人则必然归属于不同的群体，认为个人只有融入群体并通过群体才能存在和实现其价值，因此，儒家重视群体，尤其重视家庭，强调以群体为本位。儒家重视群体价值，但又肯定个人的自我价值。"贵群""贵己"是先秦儒家群己观的核心内容，从孔子、孟子以至荀子，他们的看法基本上是一致的。

孔子的群己观是在群己互需的逻辑框架中建立和展开的。孔子一生积极从事社会活动，为推行自己的主张周游于列国，被隐者讥为"知其不可而为之者"。一次孔子让弟子子路问津于两个隐者，其中一隐者对子路说："滔滔者，天下皆是也！而谁以易之？且而与其从辟人之士也，岂若从辟世之士哉？"子路将这段话原原本本地告诉孔子，孔子怃然叹息道："鸟兽不可与同群，吾非斯人之徒与而谁与？"（《论语·微子》）"斯人之徒与"意指与此天下之人同群；离群索居则与鸟兽同群无异。孔子讲"性相近也，习相远也。"（《论语·阳货》）虽然各个体之间差异纷呈，皆习惯使然；人类本性是相近的，这便是人们都需要群体、也能够组成一定群体的根据。孔子在肯定群体价值崇高的同时，也强调个体对群体有不应回避的责任。他让子路返见隐者"以杖荷之"。老人说："不仕无义，长幼之节，不可废也；君臣之义，如之何其废之？欲洁其身，而乱大伦。君子之仕也，行其义也。道之不行，已知之矣。"（《论语·微子》）"义"即包含着个体对群体的义务。群是己的需要，己对群承担义务。同时，孔子认为人应该兼善天下，把实现"老者安之，朋友信之，少者怀之"（《论语·公冶长》），作为自己的人生理想，希望在群己关系中积极有为。为此，他和弟子们企图借助于"仁"和"礼"来维护社会群体的和谐和安定。强调"仁以为己任"（《论语·泰伯》），也就是把爱人作为自己的责任和义务；提倡"己欲立而立人，己欲达而达人"（《论语·雍也》）；"己所不欲，勿施于人"（《论语·颜渊》）。然而，孔子在"贵群"的前提下，不但不否定而且还十分重视个体。孔子"贵己"的论述集中地表现在：第一，他只关心人，而不关心物。《乡党》载："厩焚，子退朝，曰：伤人乎？不问马。"孔子只问人，不问马，体现了其爱护人的生命，尊重人的价值的朴素情感，是儒家人本思想的发端。第二，他强调个人的能动性。"为仁"固然是崇高的价值理想，但仁的实现要靠每个人的努力，他说："为仁由己，而由人乎哉？"（《论语·颜渊》）"我欲仁，斯仁至矣。"（《论语·述而》）在孔子看来，"仁"是依靠自己主观努力所追求的崇高境界，欲仁、为仁是一种自觉的、自主的道德行为，不可强调客观条件。第三，他重视个人意志的独立性。孔子说："三军可夺帅也，匹夫不可夺其志也。"（《论语·子罕》）志不可夺，是因为志是独立人格的要素，具有独立人格的人生就必须"求其志""不降其志"。第四，他推崇个体人格的尊严性。主张个人应为社会群体服务，当然这个群体必须符合他自己的社会理想，即他所谓的"道"。总之，孔子认为对群体的关怀和自我完善应该兼重，应该统一。"子路问君子。子曰：'修己，以敬。'曰：'如斯而已乎？'曰：'修己以安人'。"（《论语·宪问》）"修己"即自我的涵养，"安人"则是为了群体（社会整体）的稳定和发展。显然，"修己"是前提，"安人"是目的。修己的最终目的是为了维护群体的安定与发展。可以说"修己安人"是孔子"群己观"的基本内核，因为它集中地反映了孔子既重视群体又重视个体的双重价值取向。当群体利益和个体利益不能两全时，要牺牲个体利益来成全群体利益，这就是中华民族两千年来被多数人所一致推崇的原则：杀身成仁，舍生取义。孔子说："志士仁人，有杀身以成仁，无求生以害人。"（《孟子·卫灵公》）孟子说得更加有说服力："鱼，我所欲也，熊掌亦我所欲也，二者不可兼得，舍鱼而取熊掌者也。生亦我所欲也，义亦我所欲也，二者不可得兼，舍生而取义者也。"（《孟子·告子上》）

孟子首先肯定人是同类同性。认为凡人皆属同类，"麒麟之于走兽，凤凰之于飞鸟，太山之于丘垤，河海之于行潦，类也。圣人之于民，亦类也。"（《孟子·公孙丑上》）"圣人，与我同类者。"（《孟子·告子上》）"尧舜与人同耳""舜，人也，我，亦人也。"（《孟子·离娄下》）"圣人"与"民"，是一类，无论何种人都具有仁、义、礼、智四德的端绪。其次，孟子认为仁义对于群体和个体自我都具有决定性价值。他引古论今说，"三代之得天下也以仁，其失天下也以不仁。国之所以废兴存亡者亦然。天子不仁，不保四海；

诸侯不仁，不保社稷；卿大夫不仁，不保宗庙；士庶人不仁，不保四体。"
（《孟子·离娄上》）并将仁义规定为人的根本属性，"人之所以异于禽兽者几
希，庶民去之，君子存之。舜明于庶物，察于人伦，由仁义行，非行仁义
也。"（《孟子·离娄下》）第三，孟子认为实现仁义的价值，根本之点是扩施
自我的爱敬之情，他说："君子以仁存心，以礼存心。仁者爱人，有礼者敬
人。爱人者，人恒爱之；敬人者，人恒敬之。"（《孟子·离娄下》）在自我与
他人的关系上，爱敬的施报是平等的、普遍的。如果群体中的每个人都心怀
仁义，对他人施以爱敬，就会造成群体内部爱敬的氛围，使人际关系和谐、
群体秩序稳定。第四，孟子一方面推行"仁政"，主张"兼善天下"，"老吾老
以及人之老，幼吾幼以及人之幼"（《孟子·梁惠王上》），强调社会群体价值
为重；另一方面，他又十分尊崇个体人格的尊严，明确提出"人人有贵于己
者"。当两者发生矛盾时应如何解决呢？孟子讲："穷则独善其身，达则兼济
天下。"（《孟子·尽心上》）可见，孟子的群己观主张是"为群"和"贵己"
统一，"兼善"与"独善"并举。

　　与孔、孟相比，荀子对群己观的论述更为充分明确。荀子明确了人"能
群"的本性。在荀子看来，人是不能脱离社会群体孤立地进行生产活动的，
人和人之间"离居不相待则穷"（《荀子·富国》），只有合作人才能满足基本
的物质需要。荀子将"群"纳入"人禽之辩"中，认为"能群"是人与动物
区分的基本标志，荀子指出"能群""善群"是人之存在的内在规定性，赋予
了"群"以整合与社会交往的深刻内涵。人不能没有群体。但是，怎么样才
能把不同的个人组成群体，并使群体有序运行呢？荀子认为，"人何以能群，
曰：分。分何以能行？曰：义。故义以分则和，和则一，一则多力，多力则
强，强则胜物。"（《荀子·王制》）人类要生存就须组成群体，而群体是由分
工不同，等级、层次不同的个人组成的；没有分工、等级差别的一群人，不
能组成群体，只是鸟兽的乌合之众。要使分工、等级不同的人组成群体，并
且不争、不乱而发挥群体的优势就需要"礼"，由"礼"来"明分使群"。即
通过礼义使上下、长幼、贵贱、贫富以及农工等明确自己特定的职责、本分、
各安其位、各守其分、各尽其责，从而使群体得以团结、凝聚和稳定，充分
发挥其力量。在上述论证的基础上，荀子进而提出他群居观的核心内容即

"群居和一之道"（《荀子·荣辱》）。"群居和一"本身就包括"明分使群"和使个人"各得其宜"两个方面。由于"群居"，故需要"一"；由于群体中的每个个人都有其相对的独立性，个人与个人之间也存在着差异，所以只能"和"。可以说"和"是儒家处理群体和个人之间关系的根本宗旨和要达到的理想状态。《论语》说："礼之用，和为贵。"（《论语·学而》）即认为，道德规范最为尊贵而重要的作用，就是造就了群体的"和"。但是，这种相互间的和，是有差别的"和"，而不是"同"，正所谓"君子和而不同，小人同而不和。"（《论语·子路》）总之，荀子的群己观在"贵群"的同时也主张"重己"，表现在入世态度上，也是"兼""独"并用，能"兼"则"兼"，不能"兼"则"独"。

后来，随着封建专制集权制度的确立和强化，先秦儒家群己观中群体的价值日益被提升，而尊重个体的思想则不断地被弱化。西汉武帝时期，董仲舒构筑了天人感应说，"天子受命于天，诸侯受命于天子；子受命于父，臣妾受命于君，妻受命于夫。诸所受命者，其尊皆天也，虽谓受于天亦可。"（《顺命》）这样，董仲舒以天为最高权威，再以受命于天的直接与间接区别构建了社会人群结构的分层系统，民处于最底层，君则居于最高层。为了维护君权的神圣和社会的稳定，董仲舒还设计架构了"三纲""五常"伦理道德规范来约束个体。董仲舒的群己观体现了群体至上的价值取向，实际上，是一种君权至上的价值取向。

宋明时期，二程、朱熹、陆九渊等思想家对先秦儒家群己思想做了进一步的解释、发挥和发展，把群体价值提到至高无上的地位，而提倡"存天理，灭人欲"，极度罔顾甚至贬低个人价值。与此同时，李觏、王安石、陈亮、叶适等人则认为在国家事务及个人生活中，都应义利并重、义利双行。到了明清之际，随着社会的变迁、震荡，以王夫之、黄宗羲、顾炎武等为代表的思想家对群体和个体的关系的理解出现了转折，他们在强调群体原则的同时，又赋予个体原则以多重内涵，但这些可贵的思想都未成为主流。儒家的重群体轻个体的价值观一直占据着统治地位并一再被提升并演化为整体主义，而个体的价值、个性的发展则受到严重的摧残和压抑。

(二)"兼爱""尚同""齐一"——墨家和法家的"群己观"

如果说，先秦儒家的"群己"观基本上属于既重群体又重个体的中庸之道的话，那么墨家和法家的"群己观"则走向一种极端，他们特别强调群体至上，忽视乃至否定个体的价值。

与儒家一样，墨家也比较关注群体。墨子提出"兼爱"，反对"爱有差等"，甚至为了兼爱而不顾个人的利益。墨子提出"兼相爱，交相利"的主张，希望"天下之人皆相爱；强不执弱，众不劫寡，富不侮贫，贵不傲贱，诈不欺愚。"（《墨子·兼爱中》）基于这些追求，他以"兴天下之利，除天下之害"作为维护群体利益的基本准则，认为只有实行兼相爱、交相利的原则，才能使天下达到和平安宁。墨子认为天下大乱，国与国、人与人互相倾轧、互相伤害，甚至互相杀戮，其原因就在于只知爱己，不知爱人，因此，只要"有力者疾以助人，有财者勉以分人，有道者劝以教人"（《墨于·尚贤下》），大家都能做到"视人之国若视其国，视人之家若视其家，视人之身若视其身"（《墨子·兼爱中》），就可以天下大治了。由于强调群体认同，墨家进而提出了"尚同"。"尚同"就是"上同而下不比"，它承认统治阶级作为社会的上层是社会整体利益的代表，只有与其保持一致，才能实现社会的安定。墨子要求人们"上之所是，必皆是之；所非，必皆非之。"（《墨子·尚同上》）这实际上是把统治阶级的意志作为判断人们行为的唯一原则，要求人们放弃自己的利益和意志，无条件地服从作为整体意志代表的君王。墨子并不否定个人利益，但他认为只有兼爱才能实现每个人的利益，他说："夫爱人者，人必从而爱之；利人者人必从而利之；恶人者人必从而恶之；害人者人必从而害之。"（《墨子·兼爱中》）可见，墨家虽然注意到了个体的社会认同，但却将社会认同理解为服从最高意志，实际上弱化了个体的自我认同和独立人格。

在法家那里，群体观念得到了进一步的强化。法家的重群观念集中表现在他们主张的"齐一"之道上。商鞅反复讲"壹权"，讲"利出一孔"，其目的就是将社会的利益和观念同纳一轨，同铸一型。这种"轨"和"型"就是代表地主阶级利益的"法"。后来，韩非子大力申说"用一之道"，主张"一匡天下""一民之轨"。企图将人民统一在"齐一"的社会中，不但普通百姓只能充当"耕战"的工具、守法的国民，而且在朝的大臣们也"动无非法""不能游意于法外"（《韩非子·有度》）。作为个体人的权利和自由都成为无足轻重的东西了。《尹文子》说："万事皆归于一，百度皆准于法，归一者简之至，准法者易之极"，正是对法家整体齐一的社会特点的概括。

由此可见，无论是墨家的"尚同于天子"，还是法家的"齐一于法"，都是一种强调群体价值而否定个体价值的观念。当然，墨家和法家所崇尚的群体价值，在具体内涵上并不相同。墨家的群体是建立在"国家百姓人民之利"基础上的群体；法家的群体是统一于封建君主利益基础上的群体。或者说，墨家强调群体价值是要实现"天下之公利"，而法家突出群体价值是要实现"人主之公利"，这是二者的根本区别。

（三）"贵己""贵独"——道家的"群己观"

与墨、法两家过分强调群体本位相反，道家走向另一极端，将个体价值置于群体之上。

道家一方面从道生万物（人与天地、万物同源于道）出发，得出天人合一、物我同一的观念，强调无私无我；另一方面，又因主张超越客观条件和必然性而追求精神自由，而强调摆脱世俗的功名利禄的束缚，即摆脱家、国以至整个社会的束缚，去追求个人的精神自由。道家认为，人类的群体是由各个独立的个人构成的，在群体中每个人都是一独立的单位，自有其独立的价值。如果每个个体都保持一己之独立性，尊重自身的价值，那么群体自然就得到了维护。这也就是说，个体是群体的基础，是群体的根本，因此，应该"贵己""贵独""自持""自守"。《老子》说："贵以身为天下，若可寄天下，爱以身为天下，若可托天下。"就是说，以尊贵自己的态度去为天下，才可以把天下的重任担当；以尊贵自己的态度去为天下，才可以把天下重任交付给他。这里的"贵身"是指爱护和尊重自己的个体生命和独立人格，保持个体人格的独立完整是首要的价值。从这种"贵己""贵身"观点出发，道家非常强调个体的独立性，甚至表现出和群体的疏离感。老子说："众人熙熙""我独泊兮"；"众人皆有余，而我独若遗"；"俗人昭昭，我独昏昏""俗人察之，我独闷闷"；"众人皆有以，而我独顽且鄙"。总之，"我独异于人"（老子

《道德经》第二十章）。庄子讲："出入六合，游乎九州，独来独往，独有之人，是为至贵。"（庄子《在宥》）这些"独"字反映了道家尊重个性与个体独立并将个体价值置于群体价值之上的价值取向。

先秦时期的杨朱，则明确地提出"为我""重生""贵己"，以此来肯定个体的独立地位和价值。据《孟子》记载："杨子取为我，拔一毛而利天下不为也。"（《孟子·尽心上》）韩非也说他"不以天下大利易其胫一毛"，又称他为"轻物重生之士"（《韩非子·显学》）。所谓"轻物重生"就是把个人的生命与生存看作第一重要，而其他一切都是为个体的生存服务的。这些都表现了杨朱个人高于群体、个人价值重于群体价值的思想。其实，"杨朱并不主张损人利己，而是认为如果人人都能独善其身，那么，天下就太平了。他们主张满足人的物质欲望，但并不主张纵欲。"①

先秦道家"贵己""贵独"的群己价值观，后来虽然经过汉代"独尊儒术"的冲击，在一个相当长的历史时期受到压抑，处于低谷，但到了魏晋时期却再度回升，重放异彩。然而，和先秦道家的个体价值论比较，魏晋哲学家们的观点却明显表现出了避祸求安、应付乱世的忧患意识和好逸恶劳、自我解脱的消极情调。

三、中国传统文化中的"群己观"对于大学生网民群体研究的思想借鉴

纵观中国历史，群体本位始终占据中国历史的主流。以群体为本位，强调家庭至上、宗族至上、国家至上，天下至上，个人要服从和服务于大大小小各类不同层次、不同性质的群体，进而把个人服务群体上升为个人的道德责任、道德义务和道德良心，强调个人对于群体的责任。群体原则确实包含了一些合理的内容，和我们今天的集体主义有相通的一面而值得继承和发扬。但毋庸讳言，在群体至上的观念下，个体的尊严和价值却没有得到足够的重视，人性不仅得不到张扬，反而一直处在压抑之中，在国家至上、群体至上

---

① 黄楠森主编：《人学原理》，广西人民出版社 2000 年版，第 16 页。

的牢固观念统治下，人们甚至不知道还有个性自由和个人权利。

今天我们在处理群己关系的时候，尤其是在相对较为自由的网络空间里怎样更好地处理好个人与他人、个人与群体（社会）之间的关系？笔者认为需要从中国传统文化中的"群己观"思想中得到启发，把群体与个人辩证地统一起来，不能偏执一端。一方面要使个人认同于一定的群体，在群体中发挥应有的作用、体现出个人对于群体的价值；另一方面又要使个人在群体中得到尊重、个性得到表现和发展，个人的价值得到肯定和实现。

第三节 大学生网民群体研究的思想借鉴

虽然西方思想史上没有像中国传统文化一样明确提出"群己之辩"，但西方思想史上一直存在着个人主义与整体主义的论争。很早以来人们就认识到人是社会性动物，是生活在各种社会关系之中的。如古希腊哲学家亚里士多德认为，人生来就是合群的，人是政治的动物，离不开国家与社会，只有野兽或者神怪才能离开自己的同类而生存下去。因此，西方思想史探讨个人与群体关系的思想学说蔚为大观。如果说中国传统文化中的"群己观"是以群体为本位的话，那么西方"群己观"的主流则是主张以个人为本位，强调个体自由，尊重个体思维与体验。

一、西方思想史上"群己观"的主要内容

在"群己观"问题上，西方思想史上长期存在着整体主义（holism）与个人主义（individualism）两种思想倾向的论争。整体主义"强调的是整体中个体成员之间关系所具有的全体性和同一性，反对人与人之间的差异性和个体的独立性，是以个人绝对服从整体为基本要求，并以整体的利益作为压制个人的自由权利和个性的理由。"个人主义"强调个人是目的，个人价值高于社会价值，人与人之间应该平等，个人有绝对的自由，所以应该以个体的自我

为中心，社会只是达到个人目的的手段。"① 古希腊时期，整体主义思想占据中心的地位。苏格拉底认为"人的本质不在于有感觉、利欲和意见，而在于灵魂，灵魂的任务就在于摆脱肉体物欲的纠缠，去追求那普遍的和绝对的善，这样才能确立起公共的秩序从而维持城邦的团结"。可见，苏格拉底是十分重视维护城邦的利益的，是西方整体主义思想的先驱。柏拉图也认为，人性是大写在国家之中的。因此，在涉及人与社会的关系时，他的《理想国》也是以整体主义为价值取向。亚里士多德的"人是天生的政治动物"这名言中也蕴含着整体主义思想。他认为，"个人隶属于城邦，离开城邦集体，个人也就不成其为人"。② 个人只有作为一个政治动物，作为城邦或自治的城市国家中的一分子，才有生命存在的价值。不过，亚里士多德的整体主义是比较温和的，并没有像柏拉图那样走向极端。在他的整体主义的基本框架里，为个人留下了一些余地。亚里士多德主张，在承认个人利益，"划清了各人所有利益范围"的基础上实现一定程度和一定范围的统一。他强调必须尊重公民的权利。

到了欧洲中世纪，基督教的神学思想统治了一切，其典型特征是以整体主义为价值取向的，突出了社会和国家的至高无上性。为达此目的，基督教教义提倡人们需要禁欲和过苦行僧式的生活，要求人们不仅要顺从上帝，成为它温顺的仆人，而且还要臣服于人世间的君主，因为君权来自神授，是神意的体现。奥古斯丁则杜撰了《圣经》的原罪说，认为人生下来就是有罪的，就应该受到惩罚，除非上帝给人以恩惠，否则人是不会解脱的，因此，人们应该接受洗礼，进行忏悔、虔诚祈祷。托马斯·阿奎那则"以人在物质生活和精神生活均离不开社会为由，极力贬低个人利益、个人幸福和个人自由"。③ 由此可见，整个欧洲中世纪时期是以整体主义为本位的。

西方文化就整体而言是强调以个体为中心的，私有制突出了对个人利益的绝对保护，这是个人主义产生的深层根基。尽管古希腊智者派早就提出的

---

① 王晓霞：《现实与虚拟社会人际关系的文化探究》，中国社会科学出版社2010年版，第95、99页。

② 刘晓虹：《整体主义与个人主义之争：西方哲学的一条重要线索》，《学术界》1999年第6期。

③ 刘晓虹：《整体主义与个人主义之争：西方哲学的一条重要线索》，《学术界》1999年第6期。

"人是万物的尺度"就已含有个人主义思想,但作为一个完整的、成熟的思想体系的形成,则是在近代资本主义发展初期。文艺复兴开启了个人主义思想的大门,而真正能够在理论上突破了整体主义则始于近代资本主义启蒙思潮。洛克、孟德斯鸠和卢梭等以"天赋人权"为理论依据,认为人人生而平等,都享有保护自己的生命、自由和财产不受侵犯的自然权利,从而在政治哲学上论证了个人主义和自由主义存在的正当性和合理性,亚当·斯密等人则从经济自由的角度发展了个人主义。

二、西方思想史上的"群己观"对大学生网民群体研究的思想借鉴

西方思想史上重视个体,尊重个人的权利和自由的个体本位主义,极大地激发了人的主动性、积极性和创造性,对于促进社会的发展和人自身的解放起到了非常重要的作用。网络兴起之初,正是在一些重视自我、强调个人权利和自主意识、主张网络自由的计算机爱好者推动下,互联网技术才获得飞速的发展与普及。如美国的理查德·斯托曼首创了自由软件的理念,开创了自由软件运动,他主张软件的源代码应该是属于全人类的公共知识产权,而不应该是商人谋取垄断利益的手段。而虚拟社区的形成和网民群体的出现则是网民们基于共同的兴趣、爱好、价值观念等自主选择、自发成立的。网络公共论坛上的言论自由也会催生出一种民主的新形态——商议的民主(deliberative democracy),美国学者凯斯·桑斯坦强调"言论自由权有助于创造出一个热情投入的、自治的公民社会。"[①] 如此等等,这些都昭示着我们在大学生网民群体研究中必须尊重个人的权利和自由,强调个人本位优先的原则。但是,任何事物都不是绝对的,在强调个人本位的同时,也必须尊重社会整体利益,比如一味地强调网络言论自由就可能会损害国家利益、社会利益,甚至侵犯公民个人的权利和自由,因此,网络色情信息、网络谣言必须被治理,网上信息需要必要的过滤。

---

① [美]凯斯·桑斯坦:《网络共和国:网络社会中的民主问题》,黄维明译,世纪出版集团2003年版,第78页。

第三章 大学生网民群体的基本内涵、现状与价值

研究大学生网民群体，首先需要厘清网民、大学生网民、群体、网民群体和大学生网民群体等核心概念的基本内涵，大学生网民群体与其他网民群体相比所具有的特征，然后通过实证材料勾勒出大学生网民群体的现状及其网上活动的基本特点，最后揭示了大学生网民群体存在的价值。

第一节 大学生网民群体的基本内涵

"网民"是20世纪90年代以来出现的一个崭新的名词，用以指代使用、游弋于互联网络的各种人。大学生网民是网络的先行者和主力军，也是全球最大的网民群体。本节通过对"网民""群体"概念与特征的考察，进而界定"大学生网民"与"大学生网民群体"的基本内涵，然后分析"大学生网民群体"的主要特征及其与其他网民群体的联系与区别。

一、网民和大学生网民的界定

（一）网民的概念与特征

1. 网民的概念

"网民"泛指经常上网的人。它来自英语词汇 Netizen，是由 Net（网络）

与 Citizen（公民）两个词组合而成的一个新词，意思为"网络社会的公民"或"网络居民"。"其实，'Netizen'这一概念在英语世界里并不流行，表达类似含义经常使用的是'web user'（网络用户）。Netizen 强调的是一个主动参与到在线交流的人；或者网络世界的公民（一个将网络世界看作真实世界，并试图用它的时间和技艺去使用和建设它的人）；用网络在辩论和选举中表达自己观点的人。"①

由于网络延伸和拓展了人们的生存空间，使得人们可以同时跻身于现实社会和网络空间之中，从而赋予了人双重的社会身份——"公民"和"网民"。"公民"用于指称生活在现实社会，具有一国国籍并根据该国宪法和法律规定享有权利和承担义务的自然人。而"网民"则意指经常游弋和现身于网络空间场域的电脑爱好者和网络使用者。"这些人因工作、兴趣、个人的特殊需求或任何其他目的之故，通过电脑、手机等通信终端设备与互联网连接，愿意主动或被动地与其他的网络使用者之间产生互动的特殊的一群人。"②

"网民"一词最早来源于 1995 年春天网络上一篇用英语写成的帖子，帖子的标题叫《网络与网民》。该文的作者说："欢迎来到 21 世纪，在这里你是一个网民，以一个公民的身份生活在这一网络世界，你该感谢全球互联，通过网络把一切都变得可能。"从此，"网民"这一概念开始进入人们的视野，并逐渐为人们所接受。国内有学者考证，"'网民'一词最早是由米切尔·霍本（Michael Hauben）所创造，霍本原先是用这个名词来意指那些非以地理区域为依据所形成的、具有社区意识的、相互发生行为联系的一群网络使用者。"在霍本看来，"'网民'概念有两种层次：一种是泛指任何网络使用者，不管这个网络使用者使用网络的意图为何；另一种比较接近原创者，用来指称特定的对广大网络社会（或环境）具有强烈关怀意识，以集体努力的方式建构网络社群的一群网络使用者。"③

中国互联网信息中心（CNNIC）发布的第十九次中国互联网发展状况统计报告及其以前的报告均将"网民"界定为"平均每周使用互联网至少 1 小

---

① 苏宏元：《网络传播学导论》，中国社会科学出版社 2010 年版，第 52 页。
② 郭玉锦、王欢：《网络社会学》，中国人民大学出版社 2005 年版，第 77 页。
③ 郭玉锦、王欢：《网络社会学》，中国人民大学出版社 2005 年版，第 79 页。

时的 6 周岁以上中国公民", 而从第二十次中国互联网发展状况统计报告及其以后的报告则将"网民"界定为"过去半年内使用过互联网的 6 周岁及以上中国公民。"① 这两个概念没有实质上的区别, 只是使用互联网的时间要求不同而已, 前面的定义要求更为严格, 即要求平均每周使用互联网至少 1 个小时, 而后面的定义就比较宽泛, 只要在过去半年内使用过互联网的年满 6 周岁的中国公民就可以称为网民了。

国际计算机行业的专业调查机构美国国际数据公司 (IDC) 认为: 有账号、保障有一定上网时间的人才是"网民"。

学者认为, 虽然 IDC 关于网民的定义比 CNNIC 的定义要准确一些, 但"有账号""保障有一定上网时间"只是成为"网民"的两个必要性条件, 还没有达到充分性的要求, 还需要附加一些补充条件。这些补充条件是: 第一, 应该在网民定义的基础上添加一个能够对"网民"进行规定的附加条件, 即以网络为主要信息渠道。这样, 就可以轻而易举地把它与传统媒体的听众、观众、读者区别开来。第二, 定义的另一个需要修正的地方是这一定义把"网民"的最后落脚点放在"人"上, 这一个属概念不准确。"人"的概念外延显然过于宽泛, 不足以标识出网民主动性、参与性、开发性的特征。与传统媒体的受众相比照, 观众是电视的观看者, 读者是报刊杂志的阅读者, 听众是广播节目的收听者, "网民"的属概念应落脚在"网络的使用者"上面。据此, 他们将网民最终的定义修正为: 有账号、保障有一定上网时间, 并以网络为主要信息渠道的网络使用者。②

参照上述观点, 笔者认为, 所谓网民就是利用电脑、手机等通信终端设备, 通过有线或无线的方式与互联网连接, 并保障有一定上网时间的网络用户。这些网络用户或因学习、工作、生活、社会交往等需要或出于商业之目的, 经常使用电脑或手机与互联网连接在一起, 并且愿意主动 (或被动地) 与其他联网用户之间进行交流和互动。

理解"网民"这一概念, 需要注意以下两点: 第一, 通常而言, 网络使

---

① 中国互联网信息中心 (CNNIC): "中国互联网发展状况统计报告"。

② 屠忠俊、吴廷俊:《网络新闻传播导论》, 华中科技大学出版社 2002 年版, 第 166 页。

用者（net user）是一个最为宽泛的概念，即指所有将其电脑、手机等通信终端设备与互联网连接而进行网络活动的人。换言之，不管是通过有线上网，还是无线上网的方式，也不论是借助于电脑，还是使用手机，凡是与互联网连接而进行网上冲浪活动的人，都可以称之为"网民"。第二，"网民"不同于"网络受众"。网络受众（net audience）是指网络信息的接受者。由于"受众（audience）"这个词，是从传统的媒介研究中继承过来的，仅从字面上就可看出"受众"一词暗含着主体被动接受的意思。由于网络传播具有主动性和交互性，网络中的传播者和接受者可以在瞬间进行角色转换，因此，不能用"网络受众"这一概念来指称"网民"。

2. 网民的特征

这里所说的"特征"，"主要是指作为网络传播受众的'网民'与传统媒体的受众相比较所表现出来的特有的东西，也就是主动型受众与被动型受众相比较所表现出来的特有的东西。"①

第一，主动性和参与性。传统媒体的受众虽然也可以在不同的媒体之间或者在同一媒体为他们提供的节目中进行选择，但是这种主动性是有限的，因为他们不能从根本上改变媒体为他们设置的有限"议程"，而只能表现为"要么接受，要么拒绝"。网络出现后，尤其是 Web2.0 技术不仅使网民可以主动地从网络上挑选信息，而且还能主动地把自己生成的信息发布在网络上。这就意味着传统媒体的主导权和控制权的减弱和丧失，网民可以直接参与到网络传播过程中去，从而实现受者和传者的转换。对此，尼葛洛庞帝强调"从前所说的'大众'传媒正演变为个人化的双向交流，信息不再被'推给'（push）消费者，相反，人们（或他们的电脑）将把所需要的信息'拉出来'（pull），并参与到创造信息的活动中。"②

第二，匿名性。所谓匿名性即隐匿真实的姓名、社会身份以及其他个人资料。1993 年 7 月 5 日，美国《纽约客》杂志刊登了一幅由彼得·斯泰纳

---

① 屠忠俊、吴廷俊：《网络新闻传播导论》，华中科技大学出版社 2002 年版，第 167 页。

② ［美］尼古拉·尼葛洛庞帝：《数字化生存》，胡泳、范海燕译，海南出版社 1997 年版，第 4 页。

(Peter Steiner) 创作的漫画。在漫画上，一只狗坐在计算机前的一张椅子上，对坐在地板上的另一只狗说："在互联网上，没有人知道你是一条狗"（On the Internet，nobody knows you're a dog.）。这幅风靡一时的漫画生动形象地表达网络交往匿名性的特征。人们在现实中的姓名、性别、身高、年龄、身份等社会线索得以隐藏，可以任意以自己喜爱的姓名（真名、假名、昵称、甚至用一串数字、一个符号）、年龄、性别、职业甚至一个数字符号出现在电子邮件、论坛、聊天室、博客等网络空间场域，随心所欲地与他人交谈，上传信息或者发表言论主张。网上的任何人，只要有自己的动机，就可以改变自己的面貌，以任意的形象出现，可以是贵族，也可以是英雄，没有人知道你到底是谁。在网络这个舞台上，不用担心有人会突然闯入后台揭露真相，每个人都施展才华、尽情表演。

第三，身体缺场。当下社会中人际的交流通常都是在特定的语境中并且是在参与者身体实际嵌入的情况下进行的，全部感官（视觉、听觉、嗅觉、触觉、味觉）都在交流过程中传递和接受刺激，因此是一种"全息"的交流。在这种面对面的人际交流中，不仅需要借助于语言符号，而且非语言符号也会起到十分重要的作用。美国传播学者雷蒙·罗斯（R. Rose）认为，在人际传播活动中，语言符号只占信息传递总量的 35％，其余 65％ 的信息是非语言符号，而其中面部表情传递着 55％ 的信息。[①] 而网民之间的交流是通过电脑网络中介，多数情况下身体是不在现场的，所以他们更多地依赖语言符号，因此，符号也就代表了人身体的存在。虽然网民也可以利用摄像头等设备进行"面对面"的交流，但由于身体的缺场，声音图像完全可以经过虚拟的处理而失真，而且可以有意伪造。在这种身体缺场状态下进行的交流很容易把对方美化，更容易激发起网民对对方网友的好奇心和窥探欲。这就解释了为什么很多网民在网络上聊得很投缘，以至于迫不及待地要求在现实中见到对方，可是一旦真正见面后才发现对方并非自己想象中的那样美好，甚至大失所望，出现所谓的"见光死"，从此把对方从好友中删除或者拉入黑名单。同时，由于阻断了身体的接触，交流者可以避免对身体的所谓"惩戒性"的担

---

① 苏宏元：《网络传播学导论》，中国社会科学出版社 2010 年版，第 57 页。

心同时更容易克服害羞、尴尬或自卑等心理，交流的开放性尺度自然放宽，可以展示另一个更为真实的自我；但正因为摆脱了现实的约束，产生了某种"安全感"的幻觉，也可能导致语言和行为的失范以及网络社区的失序。

第四，平等性。网络世界是一个真正平等的世界，现实社会中人们既有的身份、角色、地位等社会线索都得以过滤或隐藏，无论你的民族、种族、性别、年龄、家庭出身、教育背景、宗教信仰等有何不同，在网络空间里它们都失去了原来所赋予的意义。在网络上，每一个人只有一个身份，那就是他只是一个信息的接受者或发布者，任何网民在网络中都具有平等的权利和义务，谁也无法要求谁一定要说什么或者不说什么。

（二）大学生网民的界定

大学生网民的界定关涉到网民的分类问题。网民可以按照不同的标准进行分类，而不同的分类则为研究者提供不同的分析视角和研究便利。

匡文波认为，可以根据地域、性别、年龄、支付能力和教育水平的不同对网民进行分类。不同职业和社会地位的网民有着不同类型的信息需求。[①] 郭玉锦和王欢认为，从上网的目的可将网民划分为："获得信息类网民（简称信息类网民），娱乐、休闲类网民，学习类网民，交友、聊天类网民，工作类网民（其中有商务工作类网民和职业工作类网民）"。[②] 屠忠俊和吴廷俊则根据与网络联系的紧密程度，将网民分为三类：（1）普通网民。有固定的上网账号和每天至少两小时的有保障的上网时间，使用新闻组、远程登录、BBS 等功能，以网络为主要的信息渠道；一般有两个以上的免费电子邮箱，经常去电子公告板和聊天室，有固定的网友。（2）忠实网民。一般有相当长时间（一般指 3 年以上）的网龄，上网内容集中在万维网浏览上。他们对网络的忠实度最高，只要有网可上，他们很少使用报纸、电视等传统媒介，同时他们对于网络信息的信任度也很高。忠实网民是网络直接、稳定的受众资源。（3）亲密网民。上网时间更长（5 年以上），直接以网络为生活工具，从传授关系

---

① 匡文波编著：《网民分析》，北京大学出版社 2003 年版，第 72 页。
② 郭玉锦、王欢：《网络社会学》，中国人民大学出版社 2005 年版，第 82 页。

来看，传者身份更为突出、互动性特征更为显著，是网民内部结构中素质水平、文化层次较高的网民。他们是网络媒体人员的耳目和信息提供者。与通信员不同的是，他们对网络内容、软性环境的建设具有更为直接的意义，是网络的一种财富。[①] 还有的研究者根据网民网上活动的特征，把网民分为纯信息网民、纯沟通网民、基础网民、纯娱乐网民、典型娱乐网民、信息娱乐网民、泛娱乐网民、网络工作网民、次全能网民和全能网民十类。[②]

上述各种分类方式，对认识和探究网民的构成、网民的心理和行为以及网民涉网的程度、触网的目的等方面都具有一定的意义。然而，基于网络的隐秘性、广泛性和新奇性，目前对网民的种类进行标准规范的科学界定相当困难，没有人能确切地知道有多少网民属于同一种类型。其实，许多网民并不能简单的被归为一种类型，他们身上常常具有多种类型的特质。

笔者认为，可以根据网民的身份不同，把网民分为大学生网民与非大学生网民。前者是指具有在校大学生身份的网民，所谓在校大学生就是所有在高等学校读书的学生，包含大专、高职、本科学生、硕士研究生、博士研究生。后者则是指不具有在校大学生身份的其他类型的网民，如小学生网民、中学生网民、市民网民、职员网民等等。当然，也许会有人提出疑问，网民的身份何以能够确定？因为网络本身具有的匿名性，多数网民在网络上使用虚构的网名来确保自己的身份不被发现。在网名的掩护下，他们能够隐藏自己的年龄，自己的婚姻状况，甚至自己的性别、人种、宗教信仰、国籍，以及其他个人信息。一个 14 岁的小男孩儿完全可能扮成一个 33 岁的成年女性在网上活动。

关于大学生网民身份主要可以从两个方面认定：其一，根据其活动场域。大学生网民网络活动的主要场域是各高校校园门户网站、BBS 论坛，而根据我国有关法律的规定，各高校正在推广注册实名制，尽管采用注册实名制的具体做法又不尽相同，比如有的高校要求前台匿名，后台实名等，但是一般都会要求以在校大学生的学生证件作为注册的依据，据此，可以推定凡在高

---

① 屠忠俊、吴廷俊：《网络新闻传播导论》，华中科技大学出版社 2002 年版，第 172 页。
② 燕七：《十类网民特征》，见互联网实验室，2003 年 4 月 20 日。

校校园门户网站、BBS 论坛活动的人均具有大学生身份。其二，根据其网络活动所涉及的话题。毋庸置疑，有很多在校大学生在各大商业门户网站、论坛、聊天室等注册，并经常出入，极其活跃，在这些场域中一般不容易确定其身份，但还是可以根据其发言所涉及的话题，比如一般谈论话题涉及校园生活、情感、学习、考研、就业等内容的就可以认定其为在校大学生身份。

二、群体与网民群体

物以类聚，人以群分。群体是一种社会现象，人们总是通过一定的群体而意识到自己是归属社会的，并且通过群体活动参与整个社会的活动。所以，社会群体生活是人类生活的最基本特征之一。"现实的人"总要与他人发生联系，结成各种各样的社会关系，参加一定的社会群体。"人是社会的人，社会是人的社会"这句箴言不仅适用于现实社会，而且也适用于网络社会。网络社会的发展，为现实社会的人们提供了新的互动环境与空间。人们在新的互动环境以网结缘和因网结缘，形成新的网上社会群体——网民群体。

（一）群体的内涵与特征

群体即社会群体，简称为社群，它是社会学的基本概念之一，但是由于不同学者所强调的侧重点不同，对群体概念的理解有一定的差异。戴维·波普诺（David Popenoe）从结构功能的角度将社会群体定义为"由两个或两个以上的具有共同认同和团结感的人所组成的人的集合，群体内的成员相互作用和影响，共享着特定的目标和期望。"[①] 赫雷季尔（O. Hellrigel）等人认为群体是"在一定的时间内能够互相交往沟通的一群人，其中每一个人都能够与这一群人中的任何一个进行面对面的交往沟通，而不是通过其他人来进行间接交往沟通。"西拉季（A. D. Szilagyi）等人认为群体是"两个或更多的个

---

① ［美］戴维·波普诺：《社会学》（第十版），李强等译，中国人民大学出版社 1999 年版，第173 页。

人为了实现共同的工作目的和目标而形成的、互相依赖和互相作用的集合体。"① 肖（Shaw，1981）指出，"所有的群体都有一个共同的特征，即群体成员间有着彼此的互动，而且群体的存在是有原因的。例如，为了满足某种需要，提供信息或者实现统一的目标等等。"② 日本社会学家岩原勉认为，所谓群体，是"具有特定的共同目标和共同归属感、存在着互动关系的复数个人的集合体"。③

根据上述分析，笔者认为，所谓群体，是指由两个或两个以上拥有同一目标和规范的个体所组成的相互依存、相互影响、彼此间存在互动的一个集合体。

群体就一般的含义来讲，是由若干个体组合而成的一群人。但从社会心理学的角度看，由若干个体组成的一群人，能够成为群体，必须满足一定的条件，否则，就不能称为群体。比如，日常生活中，飞机和火车中的乘客，剧场中的观众，同一个商场中的顾客，同一条街道上的行人，他们虽然由于各种原因而在同一时间同一地点聚集在一起。但是，由于他们各怀心事，各有各的打算而没有共同的目标和相互沟通，虽然他们已凑在一起，但却无法实现群体的功能。正因为不具备群体的功能，这样的一群人当然就不能称为群体。而学校篮球队、家庭、工厂中的班组等，则可称为群体，因为其成员常常是为了共同的目标而组合在一起的，彼此间不但有面对面的接触，而且有频繁的互动，受对方的影响。

群体具有以下特征：

第一，人数上的大众性。作为群体，它必须要由两个或两个以上的个体组成。这是构成群体的前提条件。因为，只有一个人的话，他便无其他任何人可以合作，他的意识和行为也就无法与他人产生相互作用和影响，群体的整合功能也就无法形成。

第二，心理上的认知性。即群体的每一成员都意识到其他成员的存在，

---

① 窦胜功、张兰霞、卢纪华：《组织行为学教程》（第 2 版），清华大学出版社 2009 年版，第 110 页。

② 俞国良：《社会心理学》，北京师范大学出版社 2006 年版，第 530 页。

③ 彭兰：《网络传播概论》，中国人民大学出版社 2001 年版，第 279 页。

也意识到自己是该群体的一员，大家都有同属于该群体的心理感受。随便凑合起来的若干个体，若各自只考虑自己，在意识里没有对方的存在，行动上也互不相干。这样的一群人，只是形似群体，实质上是毫无群体功能的个体组合。因此，人群里的个体的意识和行为相互联系和影响，是若干个体构成群体所必须具备的条件。

第三，行为上的联系性。群体成员的行为互相影响、相互作用、相互补充，组成完整的行为系统。构成群体的各个成员必须有一个共同的行为目标。否则群体的成员在意识上的联系将会发生严重障碍，行为上也会出现不协调，使得群体的功能大大减弱，甚至失灵，最终导致群体的灭亡。例如，两军对垒，有一方的内部出了叛徒，他的行为目标与他所在群体的其他成员的完全相反，其行为效果与群体其他成员的也就完全相抵消，使这个群体的功能失灵。因此，若干个体要组成和维护一个群体，个体之间必须在意识和行为上发生联系或影响，他们还应有共同的行为目标和遵守共同的行为规范。

第四，利益的依存性。群体有着共同的利益，个体利益存在于群体之中。没有群体利益，个体需求也就无法得到满足。这里的群体绝非个人的简单相加，而是以某种共同利益为基础而形成的相对联系较为紧密的集合体。群体是个人和社会发生交互作用的中介，但并不是任何一定数量的个人组成都能构成群体。

第五，目标的共同性。群体有着为全体成员共同接受的目标，这个目标只有靠群体的共同努力才能实现。群体目标是群体得以建立和维系的基础。人们组建一个群体的动力在于群体能够更加有效地满足人们的需要，正是为了一个共同的目标，才有了群体内部各成员之间的相互影响、相互作用。

第六，结合的组织性。群体是一个组织，不是一般的人群集合。群体有一定的结构，每个成员都充任一定的角色，执行一定的任务，有共同的规范。群体成员必须共同遵守统一的行为规范。这是保证群体成员行为一致，实现群体目标的重要条件。可以这样设想，一个群体的成员无章可循或者有章不循，比方说，群体成员集中时无统一的时间和地点，或者有统一的时间和地点，但成员不遵守。这样的群体不可能做出什么业绩的，而且，迟早会瓦解。

当然，对于构成群体需要具备的基本条件，学界有不同的认识。美国社会心理学家霍曼斯（Haussman）在研究群体的过程中发现，群体的构成有四个要素：活动、相互作用、感情、群体规范。（1）活动。活动是指群体成员所从事的各项活动，如工作、学习。群体必须以一定的社会活动体现自身的存在，而且群体也只能在群体的各项活动中才得以维系。（2）相互作用。相互作用的含义是在完成任务的过程中个人与个人之间发生的行为影响。例如：人与人之间语言或非语言的沟通与接触，以及分析他人在做什么和对外界变化有什么反应，别人的行为与自己有什么关系。（3）感情。感情是群体在相互作用的过程中，群体内成员之间以及成员与群体之间所产生的心理认同、心理倾向和体验。群体中的感情对群体的活动和群体成员之间的关系有重大影响。（4）群体规范。群体规范是群体内部确立的具有约束力的行为准则。群体规范在群体的活动中产生，协调着群体成员的个别行为，使群体成员的行动指向一个共同的目标。[①] 国内有学者（乐国安）认为，频繁的互动、有共同的目标与利益并且具有一定的规模是构成群体必须具备的条件。[②]

综上所述，群体是一个涵盖面很广的概念，它既可指人们在社会生活中自觉形成的各种组织、集团与共同体，也包括人们在社会生活中自然形成的阶层、阶级与民族。群体是一个历史性的概念，各个不同的历史时代的群体并不完全相同。群体形成的原因也是复杂的，一般说来，群体的形成都是以某种纽带为中介和桥梁的。然而，在社会历史发展的过程中，不同群体的形成有不同的原因。其中有以血缘为纽带的，也有以地域为纽带的，有文化的原因与生理的原因，有年龄的原因、职业的原因，也有以经济、政治和信仰为原因的。然而，构成每一个特定群体的社会成员之间有着某些共同点或相似点。不同的群体有不同的需求与利益，有各自的实现其需求与利益的方式。

（二）群体的类型

群体的类型比较复杂，存在的形式多样，从不同的角度将其划分为不同的类型。

---

① 章文光、李永瑞、王昌海等：《公共组织行为学》，北京师范大学出版社 2009 年版，第 46 页。
② 乐国安：《社会心理学》，中国人民大学出版社 2009 年版，第 349—350 页。

（1）根据群体成员之间关系的亲密程度，可以将群体分为初级群体（primary group）和次级群体（secondary group）。在初级群体中，无论是家庭成员、邻居、儿童游戏玩伴，还是亲戚朋友圈子，都是在血缘、地缘、业缘或共同兴趣爱好的基础上，经过持续不断的交往自然形成的。这一概念最早由美国社会学家 C. H. 库利提出。次级群体的规模一般都比较大，人数较多，是成员为实现某种目的而结合在一起并通过一定的规章制度所形成的正规的关系。如具有科层制性质的政府部门、武装力量、各级各类学校和企业都属于次级群体。

（2）按照群体的组织属性，可将群体分为正式群体和非正式群体。正式群体是指人们根据特定的组织目标或组织原则而建立起来的群体，群体成员的地位与角色都有严格的规定。非正式群体是指那些没有正式组织形式，结构较为松散，或者虽有正式组织形式但属临时性，人员流动性强，或因多种需要自发形成的群体。任何正式群体中都存在非正式群体。非正式群体对某个组织和个人行为的影响可能是积极或正面的，也可能是消极或负面的。常见的非正式群体有两种：利益型群体和友谊型群体。利益型群体是为了某个共同关心的特定目标而形成的群体。友谊型群体并不是因为利益的驱动，而是由于群体成员有着共同的爱好，或是具有其他共同的特点而结合在一起。

（3）按群体在人们心目中的地位，可将群体分为参照群体和一般群体。参照群体是指这类群体的行为规范和目标，会成为人们行动的榜样和指南，成为人们要努力达到的标准。个人要将自己的行为与这类群体的规范进行对照，如果不符合这些规范，就矫正自己的行为。简言之，参照群体就是人们心中所向往的群体。而一般群体是和参照群体相对而言的，是指参照群体以外的群体。

（4）按照群体成员之间关系的产生依据不同，可将群体划分为血缘群体、地缘群体和业缘群体。血缘群体是指成员之间以婚姻关系或血缘关系为纽带而形成的群体，如家庭、家族、氏族、部落等。地缘群体是指成员之间因空间接近或地理位置相邻而形成的群体，如邻里、老乡、社区等。业缘群体是指成员之间因学业或职业的关系而形成的群体，如同学、战友、工友等。

（5）根据群体发展的水平和群体成员之间关系的密切程度，可将群体分为松散群体（loose group）、联合群体（joint group）和集体（collective）。松散群体是指成员间的关系并不以共同活动的目的、内容、意义和价值为中介的共同体。联合群体是指通过共同活动而逐渐凝聚成为有组织的集合体，建立起成员之间带有各种情绪色彩的人际关系的群体。集体是群体发展的高级阶段，成员间的关系是以有个人意义和社会价值的群体活动内容为中介的群体。也就是说，集体成员不仅认识到群体活动对个人和集体的价值，而且还认识到其对整个社会的意义。

（6）根据群体的规模，可将群体分为大群体和小群体。大群体是指有着共同的奋斗目标，人数众多的社会共同体。大群体虽然人数较多，分布较广，成员之间也不一定都认识，但有着共同的目标和心理特征。大群体的成员通过共同的目标及各层次的组织机构间接地联系在一起，如工厂、部队、学校等。另外，还有超大型群体，如国家、民族等。小群体没有中间组织层次，是在成员之间直接交往的基础上形成的，面对面联系的群体。一般人数较少。多数心理学家认为小群体人数下限为三个，上限以七人为宜。但事实上有些二十、三十甚至更多的人组成的最基层组织也属于小群体，如学校的班级、工厂的班组、机关的科室等。

（7）根据群体是否真实存在，可将群体分为假设群体与实际群体。假设群体又称统计群体，是指那些名义上存在，实际上并不存在，只是为了统计、分析和研究的需要，临时划分出来的群体，如青少年群体、老年人群体等。实际群体是与假设群体相对而言的，是现实生活中客观存在的群体，成员之间具有实际的交往与相互间的影响与制约。实际群体的存在可长可短，参加的人数也没有一定的限制。

（8）根据群体活动的空间场域，可将群体划分现实社会群体和网民群体。现实社会群体是生活在现实物理空间的社会群体，网民群体则是生活于网络空间，是以数字化形式存在的网民的集合体。

（三）网民群体

网民群体是社会群体中的一种，它是随着网络社会的降临而从现实社会群体中延伸出来的一种群体类型。随着网络技术的发展，各大网站都陆续开设聊天室，建立虚拟社区，完善 BBS 论坛，开发出各种功能强大的即时通信工具，这些网络空间场域具有极其强大的吸引力，每一场域都聚集着数量可观的网民，这些网民通过持续的网络互动形成相对稳定的交往关系，并在此基础上形成网上社会群体。正如有的学者指出："网络以自身所固有的虚拟性、交互性、广泛性和超时空性使得网民可以通过网络发生丰富多样的社会关系，并在此基础上形成不同种类的网络群体。群体仍将是信息和网络时代人的社会存在的普遍形式之一。"①

对于通过电脑中介所形成的网民群体，学术界还没有统一的称谓，有叫虚拟社区、在线社区、虚拟社群、虚拟群体、虚拟共同体的，也有叫网络社会群体、网络社群、网络群体的，还有叫网络族、赛伯族、比特族、数字一族的，如此等等，不一而足。而笔者倾向于将其称为"网民群体"。尽管称谓各异，其实研究者们都是从现实社会群体出发试图给网络空间出现的这种新型群体以概括和界定，如前所述，"社区"与"社群"同出一源，只是内涵的大小不同而已。但由于研究者们强调的重点不同，他们对这种新的网上社会群体的概括和界定也就各不相同。为研究的便利，笔者将其分为三种情况分别加以阐述：

第一种概念和定义揭示了这种新型群体的网络本质属性即"虚拟性"。其实，虚拟社群并非"虚拟"和不真实，它和实质社群一样都是一种真实存在的社群形式，具有特殊的法则和动态。只不过这种社群形式是现实社群在网络空间的延伸和变形而已，是计算机和网络技术所创造出来的不同的社群表现形式。就其实质而言，仍与现实社群相同，都是由社会性的关系网络所建构而成的。由于这种社群不需要固定的聚会时间及实体的聚会地点，而是建构在虚拟的网络环境下，因此一般称之为虚拟社区、在线社区，或虚拟社群、虚拟群体。

第二种概念和定义强调了这种新型群体形成的"数字化"或"电脑中介"的特征，并试图说明其异质性和趣缘性。"网络社群"与"网络群体"这两个概念都是对"网络社会群体"的简称，如赵坤将"网络群体"界定为"以网

---

① 郑永廷、昝玉林：《论网络群体与人的发展》，《思想理论教育导刊》2005 年第 12 期。

络为中介，网络空间为基础，网际交往和虚拟社会为主要内容的一种全新的社会群体。"① 学者们之所以在社会群体前面加上"网络"二字，主要强调这种群体的形成是经由电脑中介并存在于网络空间，从而不同于现实社会经由血缘、地缘和业缘等纽带而形成传统的群体类型。但是"网络"一词本身具有多重含义：第一种意义与以互联网技术为基础而建构出来的"虚拟"空间有关，这里"网络"一词特指互联网这种技术，重点在于讨论其虚拟性以及技术的扩散对现实社会的影响。第二种意义的"网络"指的是信息技术，研究的是互联网出现以后整个社会形态所产生的变化。第三种意义则注重现实的社会结构方式，"网络"主要阐述的是一系列节点（人或组织）以一系列不同类型的社会关系（如朋友、成员）连接在一起形成的一个网状结构。此时的"网络"意指人际关系及其互动模式。② 显然，这里"网络群体"一词中的"网络"是在第一种意义上使用的。因此，笔者认为，使用"网络群体"这一概念容易引起不同的理解。

第三种概念和定义则试图以"族群"的概念来说明网民群体与现实群体之间的区别，即这种新型群体是生活在赛伯空间里的信息（bit）一族。尼雷尔·巴雷特提出"赛伯族"的概念，用以指称受互联网或者类似的数字化系统影响而形成的有共同信仰或人生观的部族和社群，在其中，居民可以跨越地域的区隔，在共同的兴趣、爱好、观点和希望的基础上达到认同，他们以议题、共识和认同感所架构的虚拟社会空间作为社区的基础。③

通过上述分析，我们知道这些概念及其界定虽然都从某一个侧面抓住了网民群体的某些特征，但是这些概念及其界定还存在一些不足之处：

首先，上述概念其实都是根据网络本身所具有的特性如虚拟性、数字化、信息化等来称谓和界定这种新型群体，却忽略这种新型群体的构成主体——网民自身的特征，也就是忽略了人的主体性，是典型的见物不见人。

其次，上述概念的建构都是立足于"电脑沟通中介"这一技术特征的，

---

① 赵坤：《大力促进网络群体的发展》，《新西部》2009 年第 2 期。
② 黄佩：《网络社区：我们在一起》，中国宇航出版社 2010 年版，第 10—12 页。
③ ［英］N. 巴雷特：《赛伯族状态：因特网的文化、政治和经济》，李新玲译，河北大学出版社 1998 年版，第 264 页。

换言之，这些概念主要是立足于使用电脑上网的网民，而没有涵盖使用手机上网的网民。随着手机的基本普及，使用手机上网的人数越来越多，移动互联网网民已经超过桌面互联网网民，成为最大的网民群体。软件银行集团董事长兼总裁、网络巨子孙正义说过："在不久的将来，移动互联网会全面超越桌面互联网。首先，手机上网的速度在过去的八年时间里增长了 375 倍；其次，手机屏幕、分辨率和像素较原来增加了 24 倍。人们通过手机访问互联网的体验越来越好；再次，3G 在全世界的普及，为移动互联网的发展铺平了道路。"[①] 根据中国互联网络信息中心（CNNIC）在京发布的第 43 次《中国互联网络发展状况统计报告》，"截至 2018 年 12 月，我国网民规模达 8.29 亿，普及率达 59.6％，较 2017 年底提升 3.8 个百分点，全年新增网民 5653 万；我国手机网民规模达 8.17 亿，网民通过手机接入互联网比例高达 98.6％。"[②]

基于此，笔者认为，使用"网民群体"这一概念，一方面可以将手机网民包括进去，另一方面也强调了网民群体的主体特征，即这一群体是由网民构成的，这样才能更好地体现和反映它与现实群体的最大不同，即现实的社会群体是由一般的人构成，而网络空间的新型群体则是由网民组成，一般的人不一定都是网民，只有经常上网的人才叫网民。尽管存在一些细微的差异，但是，为了表示对先前研究者所做贡献的肯定和遵从约定俗成的习惯，笔者认为，可以将"网络社会群体""网络社群""网络群体""虚拟社区""虚拟社群""虚拟群体"等经常使用的概念在不同的语境中与"网民群体"相互指代，同等使用。

那么，何谓"网民群体"呢？笔者认为，网民群体是指一群具有相同兴趣、爱好、情感或其他任何特定目的的网民通过网络持续地参与、交流、互动及经营，以共享知识、信息、价值而形成的"数字化"人的集合体。

网民群体不是网上人群的简单集合，而是网民因共同的文化与心理需求而结成的群体。网民持续地在网络这个共同的公众空间内讨论彼此感兴趣的话题，发生交互影响，就有可能形成某种网民群体。在网民的分类中，有一

---

① 孙正义：《软银将把投资重点转向移动互联网》，飞象网，2011 年 4 月 16 日。
② 中国互联网络信息中心：《中国互联网络发展状况统计报告》第 43 次，2019 年 3 月。

类网民被称为"上网浏览者",这类网民可能是网络初民社会的最初阶段为数众多的一类网民。他们上网的目的仅仅是为了浏览、获取某种信息,犹如人类初民社会时期的"游牧""狩猎""采集"活动一样,这类网民经常是散在地单独行动,他们上网后,自己随意到处"游逛",然后"感觉"或"获益"完成之后,就下线了,并不怎么与网上的其他人有持续性的互动。所以,他们也不怎么参加什么网上群体。而其他类网民则与此不同,他们经常与网上的他人互动交往,并自然形成网民群体。比如娱乐类网民和聊天交友类网民,他们之间经常是长期交往,共同参与感兴趣的话题或网上活动。还有一些共同在一起下棋、联网打游戏以及共同在一个 BBS 或论坛上讨论问题的网民,他们基于某种兴趣、爱好或共同参与某种活动而结成网民群体。

网民群体的形成,一般有两种情况:一种网民群体是在现实物理世界已经存在的,即它是现实群体在网络空间的延伸,通过网络来进一步发展群体成员间的关系。例如,由校友录、班级网页、QQ 群而形成的另一种形式的班级。而另一种网民群体,则是通过网络而形成的新群体。例如一些 BBS、聊天室、网络游戏、社交网站等的成员,基于相同的兴趣、价值观念或其他任何特定的目的,经常相互交流,互惠互利,从而形成一种新的网上群体。

网民群体与经典社会学理论界定的社会群体之间存在着异同。相同的是,都有一定数量的人在彼此互动;有一定的角色分工,比如论坛中版主角色和发帖者角色;也有一定的规范,不守规范会被"踢出局",互动不能稳定持续;也有一定的社会关系,如网友关系或版主与发帖者之间的关系;也有群体意识和归属感,如某某是我的网友,我并不认识甲,甲是新来者。网民群体区别于现实社会群体的特征在于:"(1)互动的空间场域不同,网民群体是在电子网络空间场域中互动,而现实社会群体则是在现实物理空间互动;(2)社会角色不如现实社会群体中那么确定,无论是在性别角色上还是在互动角色上,而且,角色划分比较简单;(3)社会关系不是那么复杂,物质生活中相互依存不是那么强;(4)群体意识和归属感不是那么强和持久。"[1]

网民群体与现实群体相比有以下特征:

---

[1] 郭玉锦、王欢:《网络社会学》,中国人民大学出版社 2005 年版,第 169 页。

第一，自主开放性。网民群体是一种自组织，它是建立在网民之间共同的兴趣、爱好、信仰、价值观念、文化因素等基础上的。网民群体的成员来自五湖四海，甚至可以超越传统主权国家和地理疆界，并且他们之间的关系是完全平等的，每个人都可以根据自己的意愿选择加入或退出某一个网民群体。正如雪莉·特克在《虚拟化身——网络世代的身份认同》中讲道："在IRC，一个人可以取个化名，加入数以千计讨论不同主题的频道中的任何一个频道。任何人都能在任何时间展开新频道。"①

第二，网缘性。传统的人际关系一般是通过血缘、地缘和业缘而建立的，而网民群体则因"网缘"而生。人们以电脑网络为中介，根据自身的兴趣、爱好和价值取向交换信息、共享知识、宣泄情感。这种"因网结缘"和"以网结缘"的联系与连接方式，就是"网缘"。网络空间中网民群体的互动多源于共同的兴趣或需求，多是在网缘基础上的互动。无论是 BBS、USNET，还是 MUD、BLOG，行动者们往往是基于某种爱好或是对某个问题的关注而发生互动，因此他们的互动也一般集中在兴趣、爱好方面的情感交流。"真实世界的互动通过迫使我们处理不同的东西，虚拟世界却偏向同质性，地缘的社群将被取代，转变成依利益或兴趣来结合的社群。"②

第三，群体成员之间联系的松散性。网民群体成员之间的交往不同于现实的熟人社会，而是一种陌生人之间的交往，他们原本并不相互认识和彼此了解，只是因为他们有着共同的兴趣、爱好或者因某一特定的任务而在网络上相遇，并集聚成群，一旦兴趣爱好转移或者某一特定任务完成，他们就会脱离群体，或者虽然仍留在群体内，但是从此不再参与群体的互动活动。因此，群体成员之间的联系非常松散，是典型的弱纽带（weak tie）关系。

第四，虚拟性。网民群体并不存在于现实的物理空间或者具体的地域，而存在于特定的网络虚拟空间。群体成员之间的互动是以电子交互方式实现的。这是网民群体不同于现实社会群体的重要区别。网民群体成员之间的人

① ［美］雪莉·特克：《虚拟化身——网络时代的身份认同》，谭天、吴佳真译，远流出版事业股份有限公司 1998 年版，第 244 页。
② ［美］凯斯·桑斯坦：《网络共和国：网络社会中的民主问题》，黄伟明译，上海人民出版社 2003 年版，第 37 页。

际交往不受地域的限制，只要有一台联网计算机就可以与世界上任何地点联网的成员进行实时的或异步的交流，这是现实社会群体人际交往难以比拟的优势。身体缺场、匿名性以及文本化（符号化）的交流方式也是网民群体虚拟性特征的体现。借助于虚拟现实技术，网民可以在网络空间亲身体验各种不同的感受和存在，同时也能复制现实社会的各种人类活动，比如聊天、游戏、阅读、购物、恋爱乃至性爱。

三、大学生网民群体的内涵、基本特征和主要类型

大学生网民群体是网民群体当中的一个特殊类型，是由在校大学生组成的，他们生于 80 后或 90 后，基本上都是独生子女，一直成长在美好的校园环境，都面对着学习、考研、就业等压力，具有高度的同质性，必然表现出与其他网民群体不同的特征。同时，可以根据不同的标准对大学生网民群体进行分类，以便我们进一步考察不同类型的大学生网民群体。

（一）大学生网民群体的内涵

大学生网民群体，就是大学生网民因为某种共同的兴趣、爱好或需求，通过网络互动工具如 e-mail、BBS、QQ、MSN、Blog、同学录、交友网站、专题网页、网络游戏等，在网络空间相互交流，进而发展出一定的人际关系，并形成的学生群体或组织。简言之，大学生网民群体是指一群具有相同兴趣、爱好、情感或其他任何特定目的的大学生网民通过网络持续地参与、交流、互动及经营，以共享知识、信息、价值而形成的"数字化"人的集合体。

大学生网民群体有广义和狭义之分，广义上的大学生网民群体是指所有的大学生网民，这种群体仅存在于统计学中，实际上并不存在，只是为了研究和分析的需要，把具有大学生身份的网民在想象中归为一个群体，以区别于其他网民群体，如青少年网民群体、中学生网民群体，老年人网民群体等。狭义上的大学生网民群体是指部分大学生网民基于特定目的通过网络持续交流、互动而形成的"数字化"人的集合体。本研究中所称大学生网民群体既可指称广义的大学生网民群体，也可指称狭义的大学生网民群体。

大学生网民群体的形成，大致可以归纳出三条途径：一是现实的一些学生群体或组织的网络化，比如班级、学生社团等在网络空间的延伸，通常是一个专门的网页或 Blog，附有讨论区、资料上传及下载等功能，如 e-class、同学录等；二是纯粹基于网络，因为共同的兴趣、爱好而自发地"网聚"在一起而形成一定规模的群体，如基于 BBS 各个版面的虚拟社群、网络游戏族等；三是学生通过在线聊天、电子邮件等形成人际关系网络，如 QQ 群、MSN 好友群等。

（二）大学生网民群体的基本特征

大学生网民群体是当代网民中的一支生力军，是一个特殊的网民群体。这个群体的特殊性主要体现在下面几个方面：他们出生于 80 后和 90 后，年龄上大致都是处于 17、18 至 24、25 岁之间的青年人；他们成长于美好的校园环境，几乎是清一色的"三门弟子"（即从小学校门到中学校门；又从中学校门到大学校门，故被称为"三门弟子"）；他们社会经历少、阅历浅，接受的社会实践少；而且他们中的绝大多数人是"独生子女"，作为父母的"心肝宝贝"或者"掌上明珠"，他们要风得风、要雨得雨，基本上都是在顺境中长大，几乎没有经历过任何磨难，他们承受挫折的能力弱，抗压水平低；他们的知识文化较高，虽然我国已经迈进高等教育大众化的行列，但能上大学的仍然是总人口中的少数人；他们在思维方面反应敏捷，思路开阔，观念开放，愿意或者乐意接受新的事物；他们思想独立，善于思考选择，理智务实，"他们善于发现和思考问题，对新现象、新思想、新潮流反应迅速，对权威和传统愿意认同又敢于进行质疑，从中学会了思考和选择，懂得了深沉和务实"；他们个性特征鲜明，充满活力，"大胆地张扬个性，尽情地自我发挥，全面展示独立自强、时尚前卫和自我欣赏的身份标识。"[①] 所有这些都表明大学生网民除了具有一般网民群体的特征外，还有着与众不同的特征：

第一，自我实现的渴求性。作为改革开放后出生、成长的大学生，他们

---

① 胡树祥、杨直凡：《对 80 后青年学生的再认识和有效引导》，《思想理论教育导刊》2008 年第 11 期。

有着良好的学习条件和成长环境，不仅国家、社会对他们抱有很大的期待，他们的父母更是"望子成龙""望女成凤"，更为重要的是他们自身也渴望早日成才，他们中的绝大多数人都有着远大的人生理想和美好的追求，他们比同龄人更为渴求成功，有着更为强烈的自我实现动机。网络的普及和高校信息化建设的进步客观上也给他们的成长成才创造了更为有利的条件，因此，他们狂热地喜爱网络，心甘情愿地被"一网打尽"，成为"全员网民"，他们为"网络"而生并为"网络"而痴狂。大学生网民群体互动中也会始终贯穿着一个主题，那就是关于学习、考研、就业等方面的话题，因为这些都是大学生网民这个特殊群体自我实现的需要。

第二，数字化的浸淫性。如前所述，大学生网民出生在 1980 年以后，这时社会上的数字技术，诸如 Usenet 和 BBS 系统陆续在网络上出现，他们对网络和数字化产品耳濡目染，习以为常，具有天然的亲近性，并且他们的成长始终伴随着数字化的发展进程。因此，国外有学者将他们称为"网络世代（Net Generation，简称 N 世代）"，这个名词所反映的是 1999 年时 2—22 岁间的孩子们。事实上，该世代大部分的孩子都还没有接触到网络，却多多少少都已受到网络的影响。"他们是最先在数字媒体环境下成长的世代"，他们"沐浴在充满位元（bit，或译为'比特'，电脑资料的计算单位）的世界中，认为这是他们生活环境不可或缺的自然景观。与录放像机及或烤面包机比起来，数字科技不会让他们感到害怕或陌生。"[1] 也有学者将他们称之为"数字原生代（Digital Natives）"，即网络原住民或网虫，"他们一开始学习的环境就是数字世界；他们唯一了解的世界就是数字。与大部分'数字移民'不同，网虫大部分生活都是在网上度过的，在线和不在线对他们没有啥区别。他们没有把数字身份和现实生活中的身份分开考虑，而只有一个身份（代表两个、三个及多个不同的空间）。他们由一系列的共同活动组织到一起，包括花时间使用数字技术，通过数字技术控制处理多项任务，表现自我和彼此间的相互关系，使用信息技术创新知识和艺术形式。对这些年轻人来说，新的数字技

---

① ［美］唐·泰普斯科特：《数字化成长：网络世代的生活主张》，陈晓开、袁世佩译，东北财经大学出版社 2003 年版，第 1 页。

术，诸如电脑、手机，Sidekick 手机等，是人与人联系的重要工具。他们创造的网络，将人类与技术融合到我们以前从未经历过的程度，从根本上改变了人与人之间的关系。他们对在线空间和离线空间的感觉是一样的，都是心情舒畅。"① 他们浸淫在数字化环境中，他们的娱乐以数字媒体为平台，利用数字媒体学习，也使用数字媒体与他人沟通、交流，还利用数字媒体购物，他们正在数字世界中积极地学习、成长及进步。"他们只要利用指尖就可以毫不费力地横跨世界，拥有查询、分析、自我表达、影响力及玩乐等功能强大的工具，享受前所未有的自由，行动也不会受到限制。他们缩短全球沟通距离的做法，已经超过父母可理解的范围。……网络世代在数字世界中担任主角。"②

　　第三，生存发展的依赖性。随着手机上网的迅猛发展，大学生已经成为全员网民，网络已成为他们现实生活的重要一部分，他们过着"无网不在"的大学生生活。来自中国网络信息发展中心的权威报告，截至 2011 年 7 月，中国的网民人数已达 4.85 亿；其中 25 岁以下的青少年在网民中始终占有接近半数、半数以至超过半数的比例，而其中又以在校的大学生网民为绝对主力。③ 根据笔者的问卷调查显示，大学生网民每周平均上网时间在 18.7 小时，平均每天 2.7 小时，主要课余时间均在网上度过。与其他网民群体相比，他们对网络的依赖程度更深，不仅他们的学习生活离不开网络，而且他们还经常利用网络联系新朋老友，网上购物淘宝、在线听音乐，欣赏视频，玩游戏，甚至网上求职等等包罗万象。网络与他们时刻相伴，须臾不离。不敢想象，如果没有网络，他们的生活将会变得多么的混乱，他们的个人发展必将遭受一定的挫折。网络给他们带来更多的自由度，全方位地满足他们人生发展的需要，让他们日益超越自我。

　　第四，网络风尚的引领性。网络最早发源于高校，然后走向社会，风靡于全球。大学生不仅是网络的先行者和生力军，他们依靠自己聪明的智慧为

---

　　① 〔美〕约翰·帕尔弗里、〔瑞士〕厄尔斯·加瑟：《网络原住民》，高光杰、李露译，湖南科学技术出版社 2011 年版，第 4 页。

　　② 〔美〕唐·泰普斯科特：《数字化成长：网络世代的生活主张》，陈晓开、袁世佩译，东北财经大学出版社 2003 年版，第 4 页。

　　③ 中国互联网络信息中心：《中国互联网络发展状况统计报告》第 28 次，2011 年 7 月。

网络的创新而贡献着他们的力量；大学生也是网络风尚的引领者，任何一项新的技术一旦诞生，他们最先乐于接受并率先进行尝试，他们是勇立社会潮头的人。当今社会很多流行的网络语言和时尚的做法比如"网恋""网婚""网上淘男友"等等都是出自他们的手笔，他们不仅敢于做第一个"吃螃蟹"的人，更是社会时尚不遗余力的推广者。

第五，群体困惑的倍增性。现代人需要应对越来越多的挑战，承受着越来越大的压力，也面临着越来越多的困惑。例如，面对互联网海量信息的压迫，出现一时不知如何选择的困惑，以至产生信息焦虑和信息恐惧；网络的匿名性给人一个展现真实自我的机会，使广大网民可以轻易地撕掉现实社会生活中的面具，但也导致了许多人对自我的认知不协调，他们渐渐会感到不知道自己是一个什么样的人，从而陷入角色错位的困惑；网络游戏中，玩家可以罔顾法律和道德，随意杀人，只求一快，久而久之就会变得冷血无情，以至于回到现实社会中仍然感到麻木或冷漠，如此等等。由于大学生网民群体身心的发育特点，使得他们正处于"疾风暴雨"时期，因此，他们受到的困惑更强烈、冲击更大、影响更深远，有可能使这些困惑出现倍增效应。

第六，社会角色的预演性。现代的大学生都是"三门子弟"，他们社会经历少、阅历浅，缺少社会实践的锻炼，他们对很多社会角色缺乏足够的认识，无法体验某些角色的特定要求及其社会责任，而网络游戏和虚拟实践则可以弥补他们这方面的不足，通过在游戏和虚拟实践中扮演一定的角色，学习、模仿、固化这些角色的特定要求，为他们将来走向社会，尽快适应社会奠定坚实的基础。正如雪莉·特克所说："'泥巴'提供了匿名与他人互动的世界，你在这个世界中扮演的角色可以与你真正的自我极为接近，也可以与之天差地别，全凭你自己选择。对许多参与这种游戏的人而言，做好扮演的角色与生活在'泥巴'中已经成为日常生活的重要部分。"① 比如，有一款游戏叫作"第二人生"，玩家可以像真实人生一样，设计自己的人生规划，怎样挣钱、购物、养宠物、恋爱、结婚、生子，怎样求职就业，怎样和他人交往等等，

---

① ［美］雪莉·特克：《虚拟化身——网络时代的身份认同》，谭天、吴佳真译，远流出版事业股份有限公司 1998 年版，第 251 页。

完全是真实人生的提前预演。虽然游戏的设计没有现实人生复杂、曲折，但是通过这些游戏，大学生网民可以学习、累积一些人生经验，为他们将来走向社会缩短了适应周期，从而有可能降低他们所面对的人生风险，甚至可以在一定程度上避免人生挫折。

（三）大学生网民群体的主要类型

大学生网民群体可以从不同的角度，划分为不同的类型。

根据大学生网民群体产生的背景，可以将其分为正式群体与非正式群体。正式群体是为了完成组织所规定的特定目标和特定工作而产生的官方性群体。如校友社区上的某校一个班级网页里的成员以及班级博客、班级 QQ 群、学生会网站、各级团委网站等就构成了大学生网民的正式群体。非正式群体是指在组织框架之外，没有经过官方的规定和认可，而是由大学生网民基于个人之间的兴趣、爱好为基础自发形成的没有正式规定的群体。这种群体在网络上比较常见，比如大学中的各种学会、社团、研究会及校园 BBS 上以兴趣、爱好为主题而定期开展交流、讨论的某些论坛的成员等，都是大学生网民非正式群体。

根据大学生网民群体规模的大小，可以将其分为大群体和小群体。大群体，是指人数众多、成员间多通过间接方式进行联系而少有直接社会交往和互动的网民群体，如在百度贴吧、人民网的强国论坛等以及各高校校园网站上的 BBS 论坛（如北大的北大未名站，清华的水木清华，南大的小百合，武大的珞珈时空等）其成员人数众多，动辄上万人，这种群体成员之间主要通过话题的讨论进行联系。小群体，就是人数较少，成员之间大多数情况下都能直接接触互动的网民群体。其成员间的关系密切，交往频繁，心理感受明显。

根据大学生网民群体是否对外开放，可以将其分为封闭式群体和开放式群体。封闭式群体的形成，主要是因为经常进行对话的成员间，彼此十分熟稔，进而组成一个群体，新的聊天者根本无法进入这个群体，比如一些班级博客或 QQ 群，其成员主要是现实社会的班级组织在网络上的延伸，其功能也主要是为了班级之间一些重要事项的讨论、学校相关部门发布的通知以及方便班级成员之间内部的联系而建立，这种群体一般是不对外开放的，只有具有班级成员身份的人才可以加入。开放式群体的形成则主要是一些大学生网民基于共同的兴趣、爱好、价值观念等而形成的，比如网上读书会、"驴友"（即旅游）协会、摄影发烧友、跆拳道协会等等类似的组织，这些群体的特点是只要你认同该群体的规范，并怀有相同的兴趣、爱好或价值观念即可申请加入，而当你对该群体规范有所怀疑或不赞同时，你也可以随时退出，这种群体完全是开放的。

根据大学生网民群体形成的原因，可以将其分为学习型群体、娱乐型群体和情感型群体。学习型群体是指大学生网民以学习为目的而在网络上聚集而成的群体，成员之间主要以互享学习信息，交流彼此所拥有的学习资料以及学习经验等作为群体活动的主要内容。娱乐型群体是指以网络娱乐为目的而结成的大学生网民群体，主要由网络游戏玩伴、网络音乐和影视发烧友、网络聊天交友等而组成的群体。情感型群体是指以情感的慰藉和宣泄为目的而形成的大学生网民群体，他们相互之间经常通过网络宣泄自己的情感并渴望得到对方的慰藉。

根据大学生网民群体形成的原因和基础，可以将其分为地缘群体、业缘群体和趣缘群体。地缘群体是按照地域或归属而结成的大学生网民群体，如网上老乡会、同学录等。业缘群体是指以学业为纽带而结成的群体，比如彼此来自某一学校、学院（系）的大学生网民所组建的QQ群，或者共同师承于某一导师而形成的群体。趣缘群体是指以共同的兴趣和爱好为基础而结成的群体，如网络爱好者经常在网上开展群体游戏、进行业余比赛、切磋游戏技巧等。

除此以外，还有研究者将大学生网民群体按照其性质和作用，分为积极群体、消极群体和中间群体；按照群体行为的内容和目的，分为社交类群体、娱乐类群体、职业类群体、消费类群体和学术群体；按照其成员间的关系，分为层级群体和单级群体，等等。

上述关于大学生网民群体的划分是多维度的，其中可能存在着交叉、重叠，其意义仅仅在于让我们认识了解不同的大学生网民群体，以便开展有针对性的思想政治教育工作。

第二节 大学生网民群体的现状及其网上活动的基本特点

在厘清了大学生网民群体的内涵和外延的基础上，本节通过问卷调查和网络跟踪观察的手段进一步揭示了大学生网民群体的现状及其网上活动的基本特点。

一、大学生网民群体的现状

为了解大学生网民群体的现状，笔者设计了一份调查问卷（详见附录），并在电子科技大学、四川大学、攀枝花学院和四川警察学院随机发放了 1200 份问卷，有效回收 1178 份，回收率 98.2%。参与调查的主要以本科生（92.6%）和专科生（4.8%）为主，另有少量的硕士研究生（1.8%）和博士研究生（0.4%）。其中，男生 738 人，占调查总人数的 62.6%，女生 440 人，占调查总人数的 37.4%。

笔者为了叙述的方便，将大学生网民群体的现状细分为大学生网民群体的结构、大学生网民群体活动的情况、大学生网民群体规范、大学生网民群体意见领袖、大学生网民群体的压力与从众行为、大学生网民群体交流互动的氛围、大学生网民群体群际之间是否存在着交流以及大学生网民对群体存在价值的认识八个方面：

（一）关于大学生网民群体的结构

调查结果表明，绝大多数的大学生网民（95.5%）都参加了网络群组，而没有参加网络群组的大学生人数只有 53 人，仅占总人数的 4.5%。在参加网络群组的大学生网民中，参加的网络群组个数在 8 个以上的人数有 316 人，占总人数的 26.8%；参加网络群组 3—4 个的人数有 277 人，占总人数的 23.5%；至少参加 1—2 个网络群组的人数有 208 人，占总人数的 17.7%（见图 3—1）。这说明网络群组在大学生中是普遍存在的，同时也表明一个人可以根据自己的兴趣、爱好等同时参加多个群组。

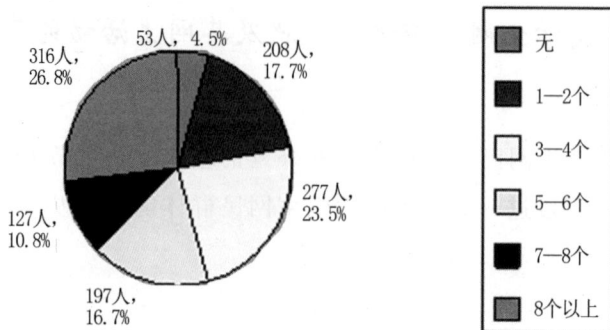

图 3－1　您参加网络群组的个数

　　调查表明，在对"您参加网络群组的性质（限选 3 项）"这一问题的回答中，排在第一位的是班级群，占 36.4％；第二位的是大学生社团，占 20.9％；第三位的是现实生活中的朋友群，占 18.6％；第四位的才是自己感兴趣的群，占 15.4％；而通过网络认识的网友群只占 4.0％，游戏群仅占 3.6％，其他性质的群仅占 1.1％（见表 3－1）。这说明大学生网民群体大多数是现实群体在网络上的延伸，因为班级、社团往往与大学生的学习、管理等现实生活紧密相连，大学生网民正是基于学习、生活等方面的便利才参加这些网络群组的。与此相吻合的是，大学生网民群体的成员主要来自同学，占 36.9％；其次是朋友，占 34.3％；来自亲友和老师的分别占 9.6％和 5.4％；群组成员来自网友的，仅占 12.4％（见表 3－2）。这也表明，大学生网络群组主要是同龄人之间在进行沟通和交流，亲友和老师较少参与。

表 3—1 您参加网络群组的性质

参加网络群组的性质（限选 3 项）				
		响应		个案百分比
		人数	百分比	
参加网络群组的性质	A 大学社团群	564	20.9%	47.9%
	B 班级群	982	36.4%	83.4%
	C 自己感兴趣的群	415	15.4%	35.3%
	D 游戏群	96	3.6%	8.2%
	E 通过网络认识的网友群	109	4.0%	9.3%
	F 现实生活中的朋友群	501	18.6%	42.6%
	G 其他	31	1.1%	2.6%
总计		2698	100.0%	229.2%

表 3—2 您所在的群组的成员主要来源

网络群组成员主要来源（限选 3 项）				
		响应		个案百分比
		人数	百分比	
网络群组成员主要来源	A 同学	1005	36.9%	85.5%
	B 朋友	933	34.3%	79.4%
	C 网友	339	12.4%	28.9%
	D 老师	148	5.4%	12.6%
	E 亲友	261	9.6%	22.2%
	F 其他	38	1.4%	3.2%
总计		2724	100.0%	231.8%

（二）关于大学生网民群体的活动情况

数据表明，认为群组经常开展活动的只有 125 人，占总人数的 10.6%；认为偶尔开展活动的有 640 人，占总人数的 54.3%；认为群组没有开展过活动的有 412 人，占总人数的 35%（见图 3—2）。这表明多数网络群组会开展活动，因为只有通过群组活动才能达到成员之间的互动与沟通，才能凝聚人心，使群组具有吸引力和旺盛的生命力，若群组长期不开展一定的活动，那么群组成员之间就无法交流与沟通，群组自身就会名存实亡。而对于一些活跃的网络群组所开展的活动，作为群组成员的大学生是否能够积极参与呢？我们设计了这样一个题目"您是否经常参加群组讨论"，调查表明，经常参与群组讨论的成员有170人，只占总数的14.4％；偶尔参加群组讨论的成员有825人，占总人数的70％；没有参加过群组讨论的成员182人，占总人数的15.4％。在问及"您在群组活动中起的作用"时，有8.5％的同学认为自己是"话题的发起者"；有32.3％的同学认为自己是"话题的积极参与者"；有超过一半的同学（占52.1％）把自己定义为"旁观者"；只有7％的同学认为自己是"拍砖者"（见图3－3）。这表明，对于网络群组所开展的讨论，只有小部分成员积极参与，这小部分成员可能就是群组骨干或者意见领袖，在群组中起着重要的作用。而绝大部分成员只是偶尔参与，这也许是看讨论的话题是否为他们所感兴趣的题目，或者是否涉及他们自身的切身利益。

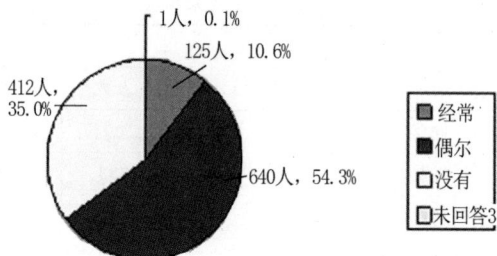

图 3－2　您所在的群组是否经常开展相关的活动

从大学生网民群组所讨论的话题来看，调查显示，他们讨论最多的竟是"闲聊"，占38.1％，然后依次是"学习类话题"（占21.3％）、"游戏类话题"（占12.6％）、"时政类话题"（占11.3％）、"经济类话题"（占9.5％）、"军事类话题"（占5.5％）和"其他"类别的话题（占1.7％）（见表3－3）。这表明，当代大学生的学习压力依然很大，大学生活中他们必须把大部分时间和主要精力放在学习上，而所谓"闲聊"一般话题不固定，主要随当时的情境而定，通过"闲聊"可以达到了解信息、愉悦身心之目的，所以该类话题成为当代大学生的最爱。而在学习的重压之下，仍有不少同学痴迷游戏，并

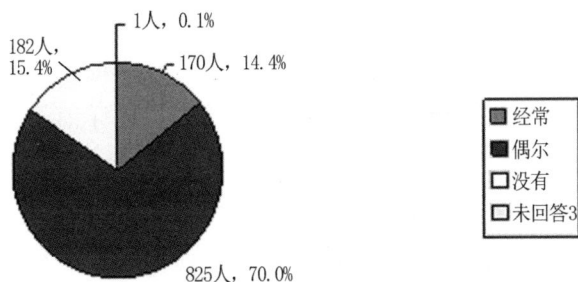

1人，0.1%

182人，15.4%

170人，14.4%

825人，70.0%

经常
偶尔
没有
未回答3

图 3－3　您是否经常参加群组讨论

在网络群组讨论中交流游戏的经验和心得。上述数据也表明，当代大学生并非"两耳不闻窗外事，一心只读圣贤书"，他们对时政类、经济类和军事类的话题也很感兴趣，表达了他们关心时事、关民生的爱国情怀。

表 3－3　网络群组讨论的话题

网络群组讨论的话题（可多选）		响应		个案百分比
		人数	百分比	
网络群组讨论话题	A 时政类话题	248	11.3%	21.1%
	B 经济类话题	208	9.5%	17.7%
	C 军事类话题	121	5.5%	10.3%
	D 学习类话题	469	21.3%	39.9%
	E 游戏类话题	276	12.6%	23.5%
	F 闲聊	838	38.1%	71.4%
	G 其他	38	1.7%	3.2%
总计		2198	100.0%	187.2%

（三）关于大学生网民群体规范

群体是众多个体以一定方式维系而组成的，群体一旦形成，就需要有一定的行为准则来统一其成员的信念、价值观和行为，以保障群体目标的实现和群体活动的一致性。这种群体所确立的一套规定成员如何做的行为准则和标准就是群体规范（group norm）。群体规范对于维系群体、统一群体认识、引导群体行为等方面具有重要作用。调查表明，有超过半数的同学认为他们所在的网络群组内部有一定的规范，其中，认为"有详细的规范"的同学有104人，占8.8%；认为"有较简单的规范"的同学有557人，占47.3%。同时，认为群组内部"没有规范"的同学有515人，占43.7%（见图3-4）。这说明，在大学生网民群体中有相当多的群组缺乏应有的规范约束，这必然会给群组的发展带来一定的障碍。波普诺在《社会学》（第十一版）中谈到，"对于网络新手而言，互联网是个异文化，他们必须学习网络上的长期'居民'所建立起来的'行为规范'。如果他们违背了这一文化的规范，他们可能受到温和的警告。但是，反复或严重的冒犯是不可忍受的。这一文化中的规范形塑了所有基于互联网的网络中的社会互动。违规者可能被威胁剥夺其进入某个群体的机会，甚至会被驱逐出去。"[①] 可见，对于网民群体来讲一定的规范是必须的。如果缺少规范的约束，群组内就变得没有秩序，就必然会有"破坏者"捣乱，甚至出现语言的谩骂和人身的攻击。

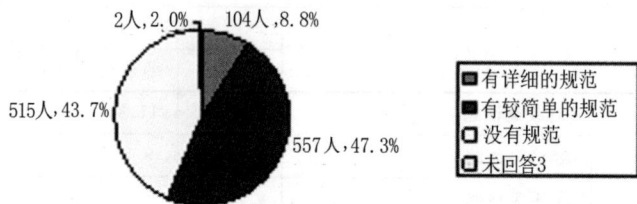

图3-4　您参加的群组是否具有明确的规范

（四）关于大学生网民群体意见领袖

意见领袖的概念是起源于拉扎斯菲尔德等人的研究，他们经过一系列研究注意到二级传播的现象，即大众传播传递的信息并不是直接经由媒体传达给受众，而很多时候需要经过意见领袖这一"中间人"。先能与大众媒介的信

---

① ［美］波普诺：《社会学》（第十一版），李强译，中国人民大学出版社2007年版，第134—135页。

息进行接触，并经过加工后再传播给群体其余成员的人即是意见领袖。[①] 在大学生网民群体中是否也存在着意见领袖呢？调查表明，绝大多数同学（831人）认为他们所在的群组内不存在意见领袖，占总人数的 70.5%；只有 341人认为他们所在的群组内存在意见领袖，占总人数的 28.9%（见图 3—5）。当问及群组内意见领袖之所以被群组成员认同时，排在第一位的原因是"独到而令人信服的见解"，占 19.4%；排在第二位的原因是"幽默的语言"，占17.1%；排在第三位的原因是"对事物的深刻的洞察能力"，占 14.3%；并列第四位的原因则是"亲和力"和"人格魅力"，各占 14%；随后是"丰富的知识"（占 13.4%）；至于"其他"方面的原因仅占 7.9%（见表 3—4）。当问及群组内意见领袖对群内成员的影响时，只有 5.9% 的同学认为他们对群内成员有着"很强"的影响力；有 27.9% 的同学认为他们对群内成员有着"较强"的影响力；而超过一半的同学认为他们对群内成员的影响力"一般"，甚至还有 15.6% 的同学认为这些意见领袖根本不会影响群内其他成员（见图3—6）。这些数据说明，由于当代大学生绝大多数都是独生子女，是家中的"小皇帝"，他们个性独立、要强并且大多见多识广，他们一般不愿甘居人下、被人左右，除非对方确实具有真才实学，语言幽默，具有较强的亲和力和人格魅力，他们才会心悦诚服地听从对方的号令，尊对方为意见领袖。

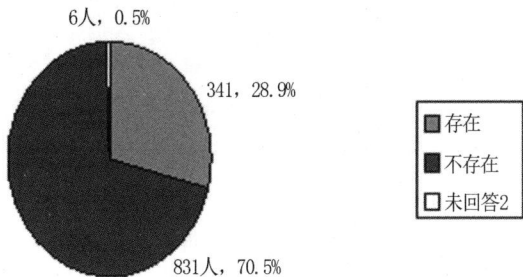

图 3—5 群组内是否存在影响群内意见的领袖人物

---

① ［美］保罗·F. 拉扎斯菲尔德、伯纳德·贝雷尔森、黑兹尔·高德特：《人民的选择：选民如何在总统选战中做决定》，唐茜译，中国人民大学出版社 2012 年版，第 33 页。

表 3-4 您认为群内意见领袖人物之所以被群组认同，是因为

群内意见领袖被认同原因（可多选）

		响应		个案百分比
		人数	百分比	
群内意见领袖 被认同原因	A 对事物的深刻的洞察能力	366	14.3%	31.2%
	B 独到而令人信服的见解	497	19.4%	42.3%
	C 丰富的知识	343	13.4%	29.2%
	D 幽默的语言	437	17.1%	37.2%
	E 亲和力	358	14.0%	30.5%
	F 人格魅力	357	14.0%	30.4%
	G 其他	201	7.9%	17.1%
总计		2559	100.0%	218.0%

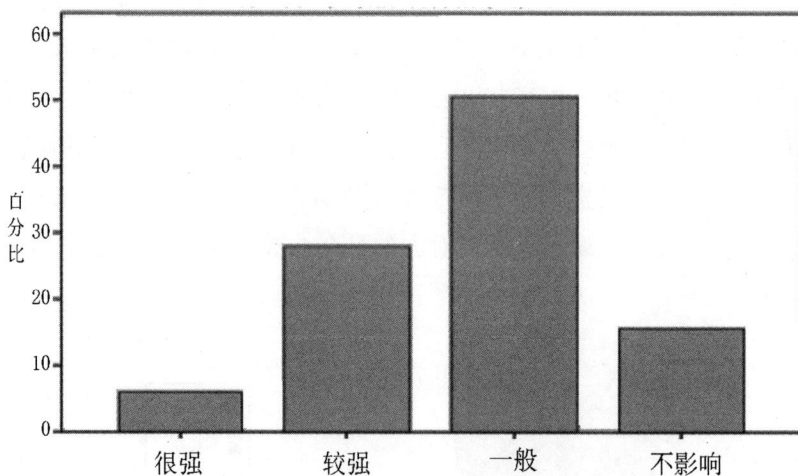

图 3-6 群组内意见领袖对群内成员的影响

（五）关于大学生网民群体的压力与从众行为

现实社会中，处于群体中的个体由于受到群体规范，尤其是群体中其他成员的影响，往往会表现出不同于个体单独情境下的行为反应。大量事实表明，群体能够给予其成员巨大压力，使他们改变自己的态度和行为，与群体标准保持一致。美国社会心理学家谢里夫（M. Sherif）设计的光点移动实验有力地支持了这样的观点，即小群体成员倾向于通过确定对现实的共同观点来减少情景的模糊性。成员内化了群体的共同观点，甚至在离开群体后还继续持有这种观点。在后来的研究中，所罗门·阿希（Solomon E. Asch）线段实验也表明了群体中多数人的选择对其他成员所产生的压力。群体对个体的影响主要是通过群体压力形成的，它是个体借以适应环境的方式。

莱维特（H. J. Leavitt）分析了群体压力的形成过程，主要包括以下四个阶段：第一，辩论阶段。群体成员充分发表自己的意见，并尽量耐心听取别人的意见，经过讨论，意见逐渐趋于分为两派：一为多数派，一为少数派。这时，少数派已感到某种压力，但群体还允许他们据理力争，同时他们也抱有争取大多数的期望。第二，劝解说服阶段。多数派力劝少数派放弃他们的主张，接受多数派的意见，以利于群体的团结。此时，多数派已由听取意见转为劝解说服，少数派感受到越来越大的群体压力，有些人因此而放弃原来的观点，顺从多数人的意见。第三，攻击阶段。规劝和说服的结果是有相当一部分人归属于多数派，但个别少数派仍然坚持己见，不肯妥协，多数人开始攻击其固执己见。此时，个别少数派已感到压力极大，但为了面子只能硬顶。第四，心理隔离阶段。对于少数不顾多方劝解和攻击，仍然固执己见的人，大家采取断绝沟通的方法，使其限于孤立。这时个体会感到已被群体抛弃，处于孤立无援的境地。除非脱离群体，否则将处于一种极为难堪的境地。

群体的压力对于群体至少有以下两种积极意义：群体成员的一致行为有助于群体任务的完成及群体组织的存在和发展。群体压力促使群体成员以合作的方式在群体内互动，协调了群体内不同意见及矛盾冲突，增强了群体团结，维护了群体秩序，提高了群体效率。反之，如果群体内毫无约束力可言，成员各行其是，必将降低群体效率，妨碍群体任务的完成，会引起群体内部的不和与分裂，甚至威胁群体的生存。群体成员的一致行为有助于增加个体的安全感，个人只有在社会生活中才能摆脱孤独和恐惧感，保持安定和平衡的心态。群体压力使个体与他人行为一致，促使个体妥协和退让，增加了个体被群体接受的可能。个体发现自己的观点和意见得到了多数人的赞同与支持，感到得到了多数人的欢迎和接纳，内心才有安全感。同时，对群体内固执己见的少数人而言，却是一种威胁，一种强大的心理压力，一种迫使他们选择归顺或独立的力量。个体为了从群体中获得精神上的支持，免予限于孤立的境地，充分展示自己的才能，就不得不接受其他压力对其行为的约束而在一定程度上抹杀其个性。人既然加入群体，就意味着服从和限制。群体只有在不影响其目标完成的前提下，才能帮助成员充分表现其个性。

那么，在大学生网民群体当中是否也存在着群体压力与从众行为呢？调查表明，只有 70 位同学认为"群体意见"对其产生了"很大的压力"，占总人数的 5.9％，另有 479 人认为"群体意见"对他们产生了压力但这种压力"很小"，而超过半数的同学（624 人，占总人数的 53％）竟然完全没有感受到压力的存在（见图 3—7）。与此相对照，我们设计了另一问题"在群体讨论中您是否会附和群内主流意见"，结果表明，只有 13.8％的同学选择会"附和"群体主流意见，而绝大多数同学（77.4％）则选择"保持中立"，另有 8.7％的同学选择"反对"群体主流意见而坚持自己的观点（见图 3—8）。对于这种现象应如何解释？笔者认为，网民群体毕竟不同于现实社会群体，群体成员之间是一种"弱纽带"（weak tie），因而其成员之间更注重平等的交往与互动，而少了些对群体多数意见的屈从与从众，因为个别成员的意见如果受到打压，他们完全可以选择退出该群体。对此，曼纽尔·卡斯特认为："事实上，线上沟通促进了没有禁忌的讨论，因而在过程中更能表现真诚。然而付出的代价是线上友谊的终结率很高，一句不愉快的话便可能导致切断联系——永远切断。"[①]

在问及"您参与群组是否因为意见不同而产生激烈的冲突"时，有81.5％的同学表示"不会"，只有 17.7％的同学认为"会"。当问及"如果群组观点与您的观点不一致时，您怎么办"时，只有 13.8％的同学会选择"跟随主流观点"，另有 17.7％的同学表示会"修正自己的观点"，而绝大多数同学则表示会"坚持自己的观点"（见图 3—9）。这一数据，更进一步证明了大学生网民群体中群内压力影响微弱，群体成员比较理性，对"主流观点"没有或少有从众的行为。

---

① ［美］曼纽尔·卡斯特：《网络社会的崛起》，夏铸九、王志弘等译，社会科学文献出版社2006 年版，第 337 页。

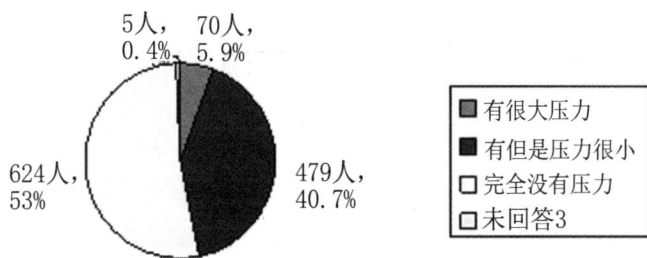

图 3－7 是否感觉到群体意见对您产生了压力

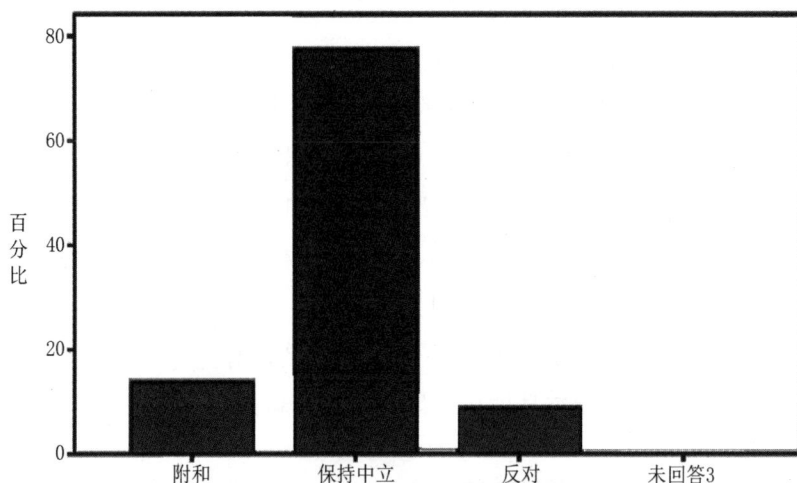

图 3－8 在群组讨论中您是否会附和群体主流意见

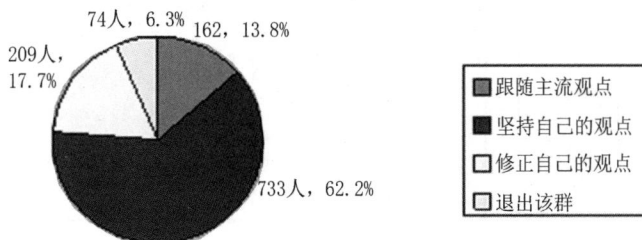

图 3－9 如果群组观点与您的观点不一致时，您怎么办

（六）关于大学生网民群体交流互动的氛围

大学生网民群体内部能否进行良性的交流与互动，取决于群体氛围的好坏。调查表明，有 24.4％的同学认为他们所在的群组对个人意见"很宽容"，有 47.6％同学认为他们所在的群组对个人意见"宽容"，两者加在一起占调查总人数的 72％。而认为群组对个人意见"一般"的也占调查总人数的 26.6％，只有 1.4％的同学认为群组对个人意见"不宽容"（见图 3－10）。这一数据表明，大学生网民群体内部还是比较民主、和谐的，他们能够对个人意见持比较宽容的态度。进一步追问"群组讨论中对少数持不同意见的人采取什么态度"，有 70.5％的同学表示应该"尊重他人发言的自由"，另有 19.4％的同学表示"漠视他人的不同意见"。值得注意的是，有 8.1％的同学表示"使用语言暴力打压他们的意见"，甚至有 1.9％的同学主张"进行人身攻击甚至限制他人发言"（见图 3－11），这一数据表明，尽管群体内的绝大多数成员能够理性地对待少数持不同意见的人，但是也有极少数成员表现出不理性、不文明的做法，属于典型的"网络暴民"，对这部分同学需要进行必要的教育和引导，否则就容易破坏群体的团结与和谐。

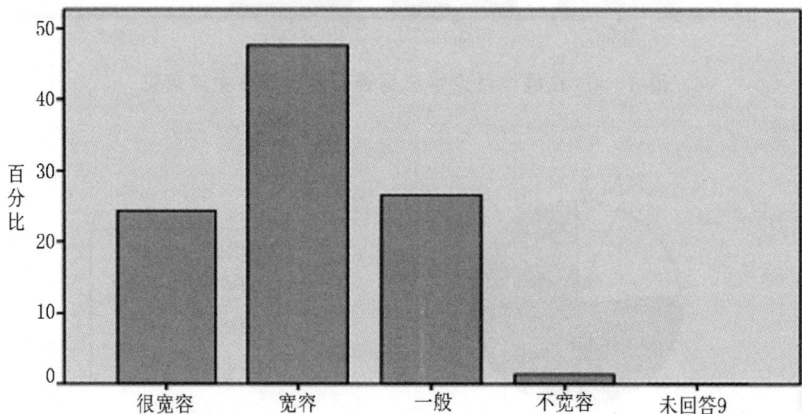

图 3－10　群组对个人意见的宽容度

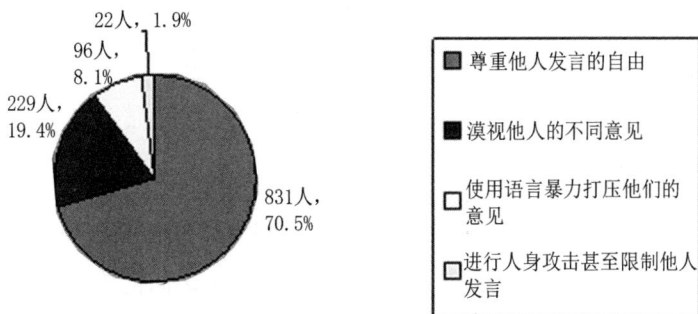

22人，1.9%
96人，8.1%
229人，19.4%
831人，70.5%

■ 尊重他人发言的自由
■ 漠视他人的不同意见
□ 使用语言暴力打压他们的意见
□ 进行人身攻击甚至限制他人发言

图 3—11　群组讨论中对少数持不同意见的人采取什么态度

（七）关于大学生网民群体群际之间是否存在着交流

调查表明，有 24.5％的同学认为他们所在的群组之间"存在"交流，超过半数的同学（53.2％）认为他们所在的群组之间只是"偶尔"存在交流，另有 22.1％的同学认为他们所在的群组之间根本"不存在"任何交流（见图 3—12）。这说明，由于大学生网民群体多数是现实班级、社团在网络上的延伸，因此，他们所在的群组之间存在着功能上的互补，致使群际之间存在着一定的交流。而不存在任何交流的群组则可能属于纯粹的网缘型群体，这些群体成员只因单纯的兴趣或爱好走到一起，故而他们所在的群际之间缺乏交流。

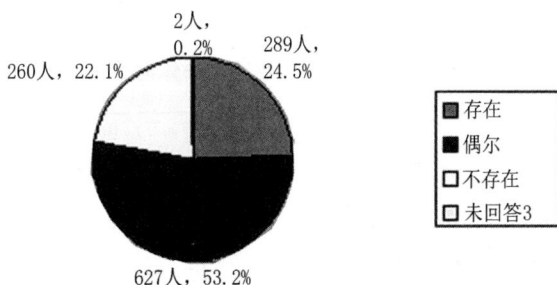

2人，0.2%
289人，24.5%
260人，22.1%
627人，53.2%

■ 存在
■ 偶尔
□ 不存在
□ 未回答3

图 3—12　您参与的群组之间是否存在着交流

（八）关于大学生网民对群体存在价值的认识

调查表明，有 56.4％的同学认为大学生网民群体"很有存在的必要"，只有 3.5％的同学认为大学生网民群体"没有存在的必要"，另有 40.2％的同学认为大学生网民群体对自己"无所谓"，持中立的态度（见图 3－13）。这说明，多数同学对大学生网民群体的存在持肯定和认同的态度，只有少数同学持否定的态度。毕竟，人是社会性动物，不仅现实社会如此，网络社会亦不例外。当具体问及网络群组的存在对大学生网民的意义时，排在第一位的是认为网民群体的存在"拓展了社交的圈子"，占调查总人数的 40.6％；排在第二位的是认为网民群体的存在"方便了彼此间的沟通"，占调查总人数的 39.6％；然后才是"满足了归属的需要"（占 9.9％）、"密切了相互间的联系"（占 6.4％）和"其他"（只占 3.5％）（见图 3－14）。这说明网络群组已经成为大学生进行社会交往的一个重要渠道，是大学生拓展社会交往，获取信息，学习社会经验的重要途径，同时也能够满足他们爱与归属的需要。

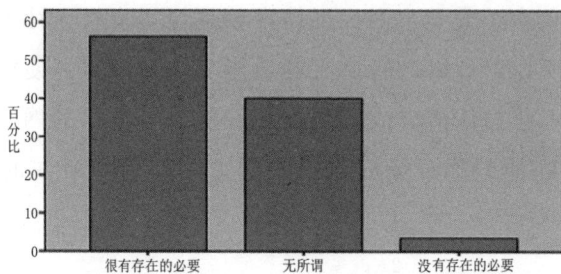

图 3－13　您对大学生网民群体的看法

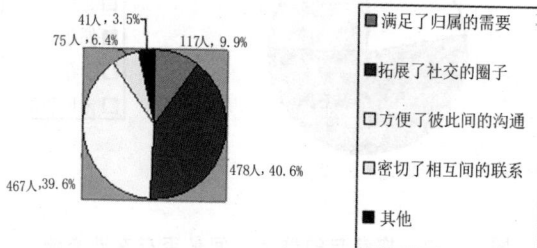

图 3－14　您觉得网络群组的存在对您的意义

二、大学生网民群体网上活动的基本特点

通过问卷调查和网络跟踪观察，笔者发现大学生网民群体网上活动的内容丰富多样，几乎涵盖社会经济、政治、文化、军事以及大学生学习、生活、情感、娱乐、择业就业等所有领域，有的内容过于零散、琐碎，没有研究的价值。为了研究之便，笔者将大学生网民群体网上活动的基本特点归纳、概括为以下六个方面：

（一）网络依赖程度较高甚至影响了正常的学习和生活

调查表明，大学生网民当中网龄超过 8 年以上的有 194 人，占调查总人数的 16.5%，网龄在 7—8 年的有 198 人，占调查总人数的 16.8%，网龄在 5—6 年的有 268 人，占调查总人数的 22.8%，网龄在 3—4 年的有 279 人，占调查总人数的 23.7%，网龄在 1—2 年的有 173 人，占调查总人数 14.7%，只有 5.4% 的同学网龄不到 1 年（见图 3—15）。这说明大多数大学生网民触网早、涉网深，对网络依赖程度高。与此相对照，笔者还设计了一个题目让大学生对自己上网的依赖程度进行自评，有 26.1% 的同学认为自己对网络"有一定的依赖"，有 6.9% 的同学认为自己对网络"相当沉迷"，有 46.9% 的同学认为自己对网络的依赖程度"很轻，只是为了娱乐"，有 17.6% 的同学认为自己"更多是因为学习需要"才依赖网络的（见图 3—16）。可见，多数大学生网民对网络的依赖程度较高，甚至有少数同学沉溺于网络以致影响了正常的学习和生活。

网络对大学生网民学习和生活的影响，首先表现在部分同学每天花费大量的时间泡在网络上，因而挤占了原本属于学习的时间，甚至更有少数同学因痴迷于网络游戏而逃课，以致荒废了学业，最后因为不能修满规定的学分而被清退。调查显示，当问及大学生网民每天上网的时间时，有 32.6% 的同学每天上网 1—2 个小时，有 25.9% 的同学每天上网 2—3 个小时，有 9.9% 的同学每天上网 3—4 个小时，还有 13.4% 的同学每天上网 4 个小时以上，只有 17.6% 的同学每天上网不足 1 小时（见图 3—17）。可见，有 49.2% 的同学

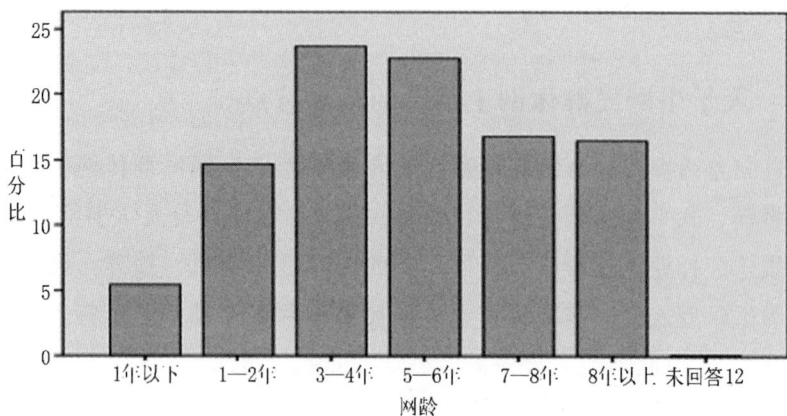

图 3—15 您的网龄

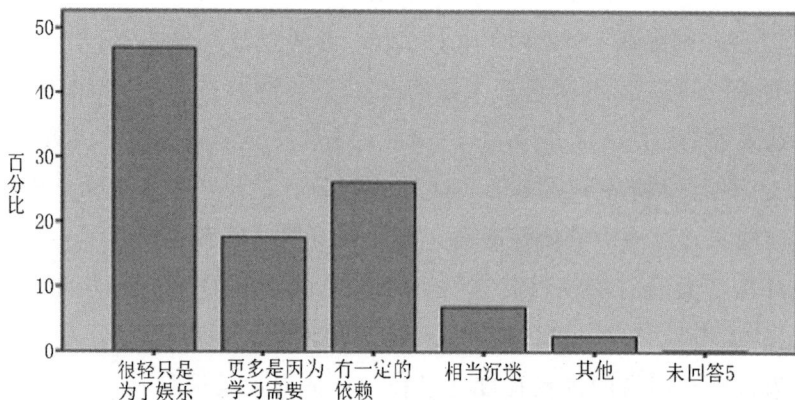

图 3—16 平时生活中您对网络的依赖程度

每天上网时间都在 2 个小时以上。至于这些同学"上网的目的（可多选）"是什么呢？调查显示，排在第一位的是社会交往，有 17.5％的同学选择使用"QQ 或 MSN 等即时通信"；排在第二位的是娱乐，有 17.3％的同学选择"影音"；排在第三位的是"浏览新闻"，占调查总人数的 16.7％；而只有 16.1％的同学选择"下载学习资料"。可见，为了学习而上网在大学生网民的"上网目的"中仅排列在第四位，另外，尚有 11.4％的同学出于"网上购物"而上网，8.4％的同学为了"网络游戏"而上网（见表 3—5）。当问及"您觉得上网对您的学习有没有影响"时，有 12.8％的同学认为"影响很大"，有

57.6％的同学认为"有一定影响"，只有29.1％的同学认为"没有影响"（见图3—18）。

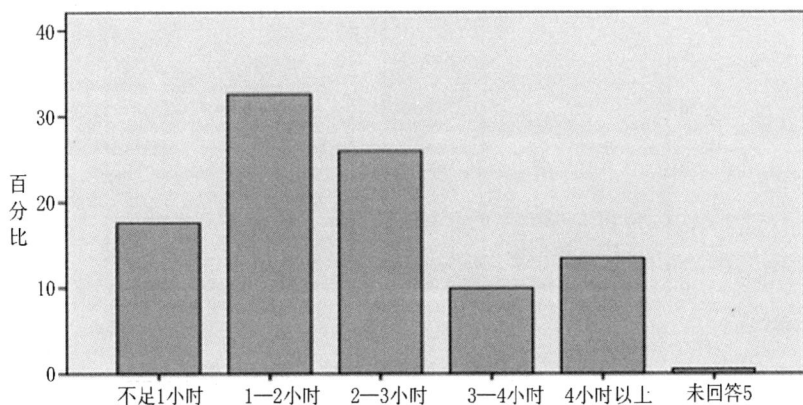

图 3—17　您每天上网的时间

表 3—5　上网的目的

上网目的		响应		个案百分比
		人数	百分比	
上网目的	A 下载学习资料	674	16.1％	57.2％
	B 浏览新闻	699	16.7％	59.3％
	C 收发邮件	480	11.5％	40.7％
	D QQ 或 MSN 等即时通信	734	17.5％	62.3％
	E 影音	723	17.3％	61.4％
	F 网络游戏	350	8.4％	29.7％
	G 网上购物	478	11.4％	40.6％
	H 其他	49	1.2％	4.2％
总计		4187	100.0％	355.4％

　　网络对大学生学习和生活的影响，其次表现在对大学生网民汉字书写、阅读习惯和思维方式等方面的深刻改变。如同每一个普通的中国孩子一样，当我们还在小学和中学时代，就学会和记下了数千个汉字。然而现在，当我们拿起笔准备写字时却发现原来那么熟悉的文字却怎么也想不起来该怎么书

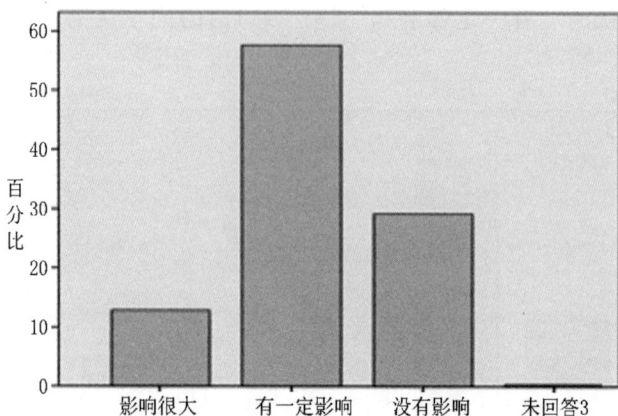

图 3—18　您觉得上网对您的学习有没有影响

写。有人对这种现象做了调查，并称之为"文字健忘症"，用一句比较形象的话来说就是"提笔忘字"。原来这是由电脑和手机内置的，以字母为基础的惯用输入法所导致的。中国青年报在 2011 年 4 月做的一项调查显示：2072 名受访者中，有 83％的人在写字上遇到过麻烦。"文字健忘症"在青年大学生中出现的频率越来越高，这已经引起了有识之士的高度重视。国外也有学者指出："'习惯于用电脑写作的人不得不用手写字时，经常会不知所措'。就在他们逐渐习惯敲击键盘、观看魔术般出现在屏幕上的文字的过程中，他们'把思想转换成手写文字'的能力衰退了。如今，孩子从很小的时候就开始使用键盘，学校也不再开设书法课，有足够的证据表明，手写能力正在从我们的文化中彻底消失。书写正在变成一种失落的艺术。"① 关于网络对于阅读习惯和思维方式的影响，尼古拉斯·卡尔生动地描述道："以前我们很容易沉浸在一本书或者一篇长文当中。观点的论证时而平铺直叙，时而急转直下，二者交织推进，把我的思绪紧紧抓住。即使是索然无味的长篇大论，我也能花上几个小时徜徉其间。但现在这种情形已经很少见了。现在看上两三页，注意力开始游移不定，我就会感到心绪不宁，思路不清，于是开始找点别的事情做"。他举例说，"有人发现他们上网越多，阅读长篇文章时就越难集中注

_____

① ［美］尼古拉斯·卡尔：《浅薄——互联网如何毒化了我们的大脑》，刘纯毅译，中信出版社 2010 年版，第 228 页。

意力。有些人担心自己正在患上慢性注意力分散症"。于是他断言："互联网所做的似乎就是把我们的专注和思考力撕成碎片，抛到一边。"① "互联网多媒体技术融多种不同类型的信息于一屏，从而进一步加剧了内容的碎片化，也进一步分散了我们的注意力。"交互性、超链接、可检索，多媒体——互联网的所有这些特点给我们带来了不胜枚举的好处，也使得大多数网民对互联网爱不释手，并在无形中受到网络的深刻影响。正如卡尔所言："互联网没有违背我们的意愿改变我们的思维习惯，而是在顺应我们意愿的情况下改变了网民的思维习惯。"② 不仅如此，由于互联网在我们的生活中越来越重要，我们对互联网的使用只能不断增加，而且它给我们带来的影响只会越来越强。最后，卡尔用批评的语言讲道："对互联网的使用涉及许多似是而非的悖论。其中，必将对我们的思维方式产生长远影响的一个最大悖论是：互联网吸引我们的注意力，只是为了分散我们的注意力。我们全神贯注于传媒本身，专心致志地盯着忽明忽暗的屏幕，可是通过屏幕快速传来的各种信息和刺激让我们眼花缭乱，心神不宁。无论何时，无论何地，只要我们一上网，互联网就会对我们产生一种令人难以置信的诱惑。"③ 卡尔所说的这些现象，我们或多或少都有过体验，笔者通过观察发现：作为饱受互联网洗礼和数字化浸淫的90后大学生，他们上课时精力通常都不能集中，不时被手机短信或者 QQ 的提示信息所打断，有些同学因为经常熟练地发短信而被同学们戏称"拇指姑娘"或"拇指男孩"；有些同学在老师讲课时也不忘利用手机上网搜索信息，查找资料，更有甚者个别同学还在听音乐、看视频、打电子游戏。对于这种现象的出现，如果将原因笼统地归之于老师讲授不精彩、缺乏吸引力等显然是不客观的，因为这种现象在大学校园里已经很普遍。个中原因无须做过多的论证，一定是与电脑、手机等电子产品的普及和网络的高覆盖率和高使用率有很大的关系。

---

　　① ［美］尼古拉斯·卡尔：《浅薄——互联网如何毒化了我们的大脑》，刘纯毅译，中信出版社2010 年版，第 3—5 页。

　　② ［美］尼古拉斯·卡尔：《浅薄——互联网如何毒化了我们的大脑》，刘纯毅译，中信出版社2010 年版，第 96—97 页。

　　③ ［美］尼古拉斯·卡尔：《浅薄——互联网如何毒化了我们的大脑》，刘纯毅译，中信出版社2010 年版，第 128 页。

网络对大学生学习和生活的影响，最后还表现在少数同学由于过度使用网络而罹患某些身心方面的疾病，比如，眼睛近视的度数加深了，颈椎骨质增生了，出现"三手"（指因经常敲击键盘、发手机短信而导致的"鼠标手""键盘手"和"短信手"）了，患上"网瘾"了，严重者甚至会出现网络综合征，其临床症状包括抑郁、失眠、精力难以集中等。美国著名网瘾心理学专家金伯利·S. 扬说："对电脑爱好者来说，因特网用它那巨大的联系和沟通的力量与能力令人感到眼花缭乱""因特网上瘾者就像酒鬼和吸毒者一样，在日常生活的各个方面（家庭、人际关系、学习）遇到了很多问题。"① 有研究显示，长时间上网会使大脑中的一种叫多巴胺的化学物质水平升高，这种类似于肾上腺素的物质短时间内会令人高度兴奋，但其后则令人更加颓废、消沉。英国牛津大学神经学教授苏珊·格林菲尔德认为，"网瘾现象对未来一代的影响非常严重"。她的研究报告指出："数字技术的广泛应用将改变我们大脑的形态和化学构成，激烈的视频游戏和高强度的网络互动将导致精神疾病，例如孤僻、无精打采、思维混乱和神经过度疲惫等。"因此，她认为，"Web2.0影响下的一代人更倾向于在现实世界中采取暴力行为，很难妥协和协商，缺乏移情能力，不善于学习和模仿别人。"②

（二）关注社会热点话题

热点话题是指一定时间、一定范围内，公众最为关心的热点问题。如当前社会的热点话题就是人民群众最关心、最直接、最现实的教育、社保、医疗、楼市、股市、劳动就业问题等等。热点话题是高校大学生网民思想动态的风向标。为了了解高校 BBS 大学生网民群体关注的热点话题，把握大学生网民的思想动态。笔者于 2010 年 9 月选取了北大（北大未名 BBS 站）、复旦（日月光华站）、川大（蓝色星空站）、电子科大（清水河畔）、武大（珞珈山水 BBS 站）、南大（小百合 BBS 站）、中山（逸仙时空 BBS 站）和华南理工

---

① ［美］金伯利·S. 扬：《网络心魔：网瘾的症状与康复策略》，毛英明等译，上海译文出版社2005 年版，第 20 页。

② ［美］安德鲁·基恩：《网民的狂欢：关于互联网弊端的反思》，丁德良译，南海出版公司2010 年版，第 158 页。

（木棉 BBS 站）八所比较具有代表性的院校局域网站，在大学生网民上网的高峰时段（19：00—24：00）进行持续跟踪，关注这八所院校的论坛发帖及大学生网民群体关注的热点话题，以了解大学生网民群体的所思所想。

高校 BBS 通常设置各类讨论区，涵盖了大学生的学习、生活、社交、休闲、娱乐、购物等各个方面的内容，讨论区主题也非常广泛。如电子科技大学 BBS 清水河畔就有站务管理、时事讨论、技术交流、青青校园、社区大杂烩、休闲娱乐、毕业生专区、FTP 资源八个讨论区，而且每个分类讨论区的内容非常细致。如时事讨论版块，设有时政要闻、社会百态、科技教育、军事国防、经济相关、娱乐花边六个小讨论区，小讨论区又衍生出更细的分类。

通过对高校大学生网民群体关注的热点话题进行持续跟踪，归纳出八所高校 BBS 大学生网民群体在 2010 年 9 月所关注的十大热点事件，即：（1）钓鱼岛撞船事件；（2）产品质量（食品、药品）；（3）暴力强拆（江西宜黄县）；（4）宝马车碾轧男童案；（5）鲁迅作品撤出人教版教科书；（6）蜱虫叮咬致人死亡事件；（7）名人微博（韩寒、方舟子）；（8）深圳特区成立 30 周年；（9）上海因世博会取消九一八防空警报；（10）毛泽东逝世三十四周年。上述社会时事热点，大体上可以分为四种类型：事件（1）涉及国家主权和外交，事件（2）至（6）涉及社会民生，事件（7）涉及名人微博，事件（8）至（10）则是某个特定事件的纪念日。这些事件的发生，往往牵动着社会大众的敏感神经，具有偶发性、易变性和当下性的显著特点。

时事新闻在校园 BBS 中的热议反映了高校大学生的思想动态，如钓鱼岛撞船事件反映了大学生强烈的爱国思想。大学生网民关注钓鱼岛撞船事件的每一个进展，关注中日政府以及国际社会的"一举一动"，对政府采取强制措施收复钓鱼岛提出迫切希望，对日本扣押中国渔民和船长表达愤慨之情。食品和药品的质量问题反映的是大学生对民众公共安全的担忧，江西宜黄县的暴力强拆事件则反映了高校大学生对公平正义的渴望。韩寒在其博客上发表了一篇名为《保住非法字符》的博文，这篇博文被转载进各大高校 BBS 网站后，引起了大学生网民的热议，吸引大家的更多是因为他的个人魅力、他的特立独行，因为他的写作风格迎合了大多数"80、90 后"大学生的口味，也因为他的作品往往毫不保留地谈到各种社会现实，并透露出对某些现象的愤慨和讥讽。方舟子，本名方是民，1994 年创办世界上第一份中文网络文学刊物《新语丝》，2000 年创办中文网上第一个学术打假网站"立此存照"，揭露了多起科学界、教育界、新闻界等领域的腐败现象，并因此而一举成名。2010 年，方舟子手舞"打假"大棒，奇袭唐骏、禹晋永、李一、肖传国等辈，期间被肖传国雇凶殴打，从而成为国人关注的焦点。大学生网民群体对方舟子事件的关注，其实正是他们对敢于揭露学术不端行为的赞赏以及对社会正义和诚信的渴望。

（三）关注与其自身成长相关的话题

对八所院校 BBS 持续跟踪的结果显示，大学生网民群体关注的与其自身成长相关的热点话题内容非常繁杂、零散，呈现出高度碎片化的特点，大体上可以归为四大类，即信息搜索类、社交情感类、工具技能类与休闲娱乐类。信息搜索类主要包括浏览新闻、下载或阅读学习资料、查询各类生活信息、了解就业创业讯息、查找论坛讲座信息、在 BBS 上浏览需要的或感兴趣的信息等。随着网络技术的发展，搜索引擎被广泛应用于高校校园网络之中，大学生不必逐条浏览查找信息，只需要在搜索工具中输入关键词，便可以查询到所需要的信息。社交情感类主要包括 QQ 交友聊天、收发 e-mail、PM（private message 私人消息）、发帖、灌水等情感宣泄等。高校 BBS 为大学生网民之间的互动交流提供了平台，当他们遇到难题时，不管是学习上还是生活上的，都可以随时向在线网民咨询，寻求帮助；当他们遭受压力或需要宣泄情绪时，可以肆意地灌水、发帖，不需要有顾虑，而且可以获得精神上的鼓励、慰藉。工具技能类主要是指下载各种工具软件、学习软件，下载专业课课件、复习资料，学习网络技术等。大学生要摄取更多的知识、了解未知的外部世界，仅仅依靠课本是不行的，必须借助强大的网络。休闲娱乐类主要指网络游戏、网购团购、影视音乐、体育运动、文学艺术、旅游等。这四类话题基本上涵盖了大学生学习期间的全部内容，是大学生比较感兴趣的活动，也迎合了他们的个人爱好，有利于大学生自身的健康成长和全面发展，也有利于大学生综合素质的提升。①

（四）聚焦校园新颖事件

网络时代，大学不再是"象牙塔"，社会的触角已渗透到高校校园的每一个角落，无论是传统媒体还是网络媒体对发生在校园内的与大学生有关的事件特别敏感，一旦有个风吹草动就随即跟进报道。同时，受社会风气的影响，一些在校大学生基于炒作或炫耀等动机总是喜欢把发生在校园内的新鲜事发布在互联网上，无形中为媒体的报道提供了素材或起着推波助澜的作用。于是，发生在大学校园里的一些新颖事件无不引起社会的高度关注，成为媒体追捧报道的对象。而一旦网络媒体和传统媒体进行相关报道之后，反过来又会激起大学生网民的围观和聚焦。高校是青年大学生的群居之地，而青春期的大学生总是多事之秋，他们天性好动、不甘寂寞，总是能够制造一些新鲜的事件，因此，每年校园新颖事件总是层出不穷。而一旦哪个高校爆料某一事件，这些青年大学生又总是怀着强烈的兴趣给予更多的期待和关注。心理医学家迈克尔·哈斯乌尔发现，青少年和年龄更大一些的成年人"对同龄人生活中发生的事情具有令人震惊的强烈兴趣，同时，他们对远离这个圈子表现出一种令人震惊的焦虑"。② 以下介绍几个典型事件：

"许愿门"。该事件源于成都某高校"女生节"的一个许愿。"一名女生在一张由学生公寓管理委员会提供的卡片上写道：'我叫章萌芊，是一名大一女生，自认为自身条件还不错，但苦于一直找不到男朋友。但是我相信缘分，如果你有意与我结识，请于3月11日中午12：30—12：50在5号楼下喊我的名字，我会在楼上偷偷观察，如果合适，我就会下楼与你相见'。该卡片贴在该校女生节的心愿墙上，引来大批学生围观，到2010年3月11日中午，更有上千名'慕名'前来的校内外学生在女生所指定的楼下'围观'，等待着胆大的男生前来呼叫女主角，附近学校甚至有学生'组团'前往，并不断有

---

① 曹银忠：《高校 BBS 建设的新拓展：大学生网民热点话题引导》，《思想教育研究》2011 年第 2 期。

② ［美］尼古拉斯·卡尔：《浅薄——互联网如何毒化了我们的大脑》，刘纯毅译，中信出版社 2010 年版，第 128 页。

网友上网发帖报告事件进展。据网帖称，稍后有一红衣男子前来表白，将现场引向高潮。"关于"许愿门"事件的现场报道很快被网友上传到互联网上，导致各大网站和贴吧大量网民的跟帖和围观，一时之间"心愿女"和"红衣男"迅速蹿红网络。"许愿门"反映了90后大学生群体的空虚和寂寞，也折射出了当代大学生对情感的渴望。

"根叔式演讲"。2010年7月，华中科技大学校长李培根在2010届毕业典礼上的演讲以其幽默、诙谐的网络语言讲道："我知道，你们还有一些特别的记忆。你们一定记住了'俯卧撑''躲猫猫''喝开水'，从热闹和愚蠢中，你们记忆了正义；你们记住了'打酱油'和'妈妈喊你回家吃饭'，从麻木和好笑中，你们记忆了责任和良知；你们一定记住了'姐的狂放''哥的犀利'。为了有一天，或许当年的记忆会让你们问自己，曾经是'姐的娱乐'，还是'哥的寂寞'？"其中最为经典的一句是："什么是母校？就是那个你一天骂他八遍却不许别人骂的地方。"只有16分钟的毕业演讲竟然被30次掌声打断，最后全场7700余名学子起身高喊"根叔"，由此可见"根叔"的演讲获得了同学们的极大认同。"根叔式演讲"不仅秀出了自己特色，一改过去大学校长的威严和不苟言笑的形象，还因其平和、朴实的语言拉近了与学生的距离，赢得了广大学子的热爱与追捧。无论是传统媒体还是网络媒体对此都给予广泛报道，一时成为各大商业网站和高校校园网的头条新闻，不仅激起高校莘莘学子的持久而热烈的讨论，而且开启了大学校长"毕业季"各具特色的"演讲"潮，成为各高校领导集体作秀和炒作本校名气的一张王牌。

雷人"毕业照"。每逢一年一度毕业季，即将离校的大学毕业生要拍毕业照了。他们不愧是个性张扬的90后，他们的毕业照不再满足于穿上规规矩矩的学士服，而是花样翻新、姿态各异、颇有创意的各种雷人"毕业照"。有女生集体露大腿的，有裸奔的，有卖萌的，有搞笑的，也有悬在树上装僵尸的，还有伴作伪娘的，如此等等，凡是能够吸引眼球的，神马的都弱爆了。重要的是他们不仅拍拍照，还要把这些雷人"毕业照"上传到网络上去炫，赚得超高的点击率，不仅引起社会舆论的各种非议，还导致大学校园尚未毕业的师弟师妹们的激烈辩论。

"李刚门事件"。2010年10月16日晚，李启铭（河北传媒学院2008届播音主持专业大专生，2010 年 6 月毕业，事发时为保定市电视台实习生）酒后驾车，在河北大学内撞倒两名女学生，其中陈某经抢救无效死亡，另一名女生受伤。这本来是一起普通的交通肇事案件，但由于当事人李启铭的一句"我爸是李刚"，该事件顿时在社会舆论中持续发酵，网友们由愤怒变为冷嘲热讽。猫扑网最先发起了名为"'我爸是李刚'造句大赛"的活动，参与者迅速过万。在土豆网，著名"歪唱作者"声琴相拥上传了自己的新歌《我爸是李刚》，点击率迅速上万，被无数网友转载，一时"我爸是李刚"成为时下的流行用语。对于"我爸是李刚"的流行，北京师范大学传播学教授张洪忠认为，"造句行动"看似幽默搞笑的背后，其实是人们自发形成的对权力阶层的一种声讨。由于该事件发生在大学校园，同时肇事人李启铭也是刚从大学毕业的学生，加上媒体赋予他"官二代"的称号，因此引起大学生网民的高度关注，他们纷纷参与讨论，发表自己的见解。

"药家鑫案"。2010 年 10 月 20 日深夜，在陕西省西安市大学城学府大道上发生一起交通肇事引发的故意杀人案，肇事者药家鑫（西安音乐学院 2008 年键盘系大三学生）驾车撞倒被害人张妙，下车后发现张妙在记自己的车牌号，药家鑫拿出刀子，连捅张妙 8 刀，致其死亡，后驾车逃跑，行至郭杜南村村口再次撞伤行人，被周围目击者们发现堵截并报警。2011 年 1 月 8 日，药家鑫被西安市人民检察院以"故意杀人罪"提起公诉。3 月 23 日上午，"药家鑫案"在陕西省西安市中级人民法院开庭审理。2011 年 3 月 23 日，中国人民公安大学犯罪心理学教授李玫瑾在中央电视台新闻频道直播新闻评论节目《新闻 1＋1》上，以"因为他弹钢琴，手习惯了向下连续动作"将药家鑫杀人手法与弹钢琴做类比，因此饱受争议。2011 年 4 月 1 日，网友"billkds"在其微博贴出药家鑫师妹西安音乐学院学生李颖在网上留言的截图，"我要是他（药家鑫），我也捅……怎么没想着受害人当时不要脸来着？记车牌。"消息一出，网友们纷纷留言指责，大学生网民对此案给予持续关注，成为当时各个网民群体热议的话题，百度贴吧甚至为此还专设了"药家鑫吧"。

（五）讨论话题丰富、全面、时尚，无固定的"议程设置"

"议程设置"，最早由马克斯韦尔·麦库姆斯和唐纳德·肖（M. Mclombs

and D. Shaw）在《大众传播媒介的议题设置功能》一书中提出，并于 1977 年出版了专著《美国政治议题的出现：报界的议题设置功能》，从而奠定了他们在这一理论上的地位。他们认为：大众传播媒介或许无法指示我们怎样去思想，但它却可以决定我们看些什么、想些什么，什么问题是最重要的。换言之，大众传播媒介对某些事件或问题的强调程度，同受众对其重视程度，构成了强烈的正比关系。这形成了一种因果关系：大众传播媒介越是大量报道或重点突出某事件或问题，受众越是热切地关注、谈论这些事件或问题。根据这一理论，传统媒介经常利用经事先审定的"议程设置"功能有意识地引导受众，从而达到既定的传播效果。

　　然而，由于网络的平等性、开放性、自由性和交互性，大学生网民既是信息的传播者也是信息的接收者（即受众），他们可以随时通过 BBS 论坛、博客（包括微博）、MSN、QQ、商业网站和高校校园网获取信息、交流沟通、共享资源，使得这些网络空间场域日益成为高校大学生信息的集散地和网络舆论的发源地，校园内外的重大新闻和突发事件经常在这里得以迅速传播。由于青年大学生对时事新闻很敏感，又具有民主法治观念和政治参与意识强等特性，因而他们所讨论的话题涉及范围十分广泛，内容包罗万象，没有固定的"议程设置"。从魔兽世界、英雄传奇到网上偷菜等网络游戏，从富二代、"欺实马"到躲猫猫、强拆、地沟油、瘦肉精等社会民生，从"两会"到中美关系、黄岩岛、钓鱼岛等国家内政与外交，大学生网民网络互动所涉及的内容既有专属于大学生网民群体特有的话题，又有对国事民生的关心，在话题的选择上既有比较轻松的、甚至搞笑的话题，也不排斥严肃题材，可谓是雅俗并存，时尚与流行兼容。

（六）网络舆论中容易失去理性、走向偏激

　　网络舆论是社会的"晴雨表"和"监测雷达"，可以给社会公众传达某种信息，让人们知道到底发生了什么事，所发生的事情对国家、民族、社会和自己有什么影响，影响的持续时间和强度有多大。网络舆论更关注的是新闻的时效性和快捷性，所以一旦社会上有什么重大事件发生，尤其是突发性事件或者敏感事件，网络上立即就会做出及时的反应，随着网民的浏览和关注，

相关的网络舆论就会形成，并得到迅速地传播。大学生政治嗅觉敏锐、意识超前、个性独立、立场鲜明，他们既有渴望参与政治、行使公民权利、表达自己言论自由的一面，又有思想不成熟，认识不深刻，世界观、人生观、价值观未定型，容易失去理性，走向偏激的一面。因此，网络上一旦发起一则有争议性的议题，立马就会有大量的大学生网民参与进来。虽然在大学生网民群体网络讨论中有不少理性的观点和认识。但是，也不乏少部分缺少自律意识的大学生网民在网络讨论中容易失去理性，采取比较偏激的态度和犀利的言辞进行宣泄。这种非理性的、偏激的言论一旦得到大范围传播形成网络舆论，就会给学校造成负面的影响，甚至会影响社会的稳定。

第三节 大学生网民群体存在的价值

价值不是一个实体性或存在论范畴，而是一个关系范畴，不是对事件的简单事实陈述，而是对主客体之间存在的一种关系的揭示。所以文德尔班说：价值是一个关系范畴，是"诸存在物之间的相互联系及关系的总和"。[①] 马克思认为："'价值'这个普遍的概念是从人们对待满足他们的需要的外界物的关系中产生的。"[②] 哲学上的价值概念是揭示客体对主体需要的满足关系的一个范畴，是客体对于主体生存和发展的意义关系。

大学生网民群体作为社会群体当中的一个特殊的类型，其存在本身具有以下价值：

一、丰富和发展了人的社会关系，有助于大学生网民个性的全面发展和人的本质的实现

社会关系就是人与人、人与群体、群体与群体之间通过一定的载体，以

---

① 杜任之：《现代西方著名哲学家述评》（续集），生活·读书·新知三联书店 1983 年版，第 35 页。

② 《马克思恩格斯全集》（第 19 卷），人民出版社 1963 年版，第 406 页。

一定的社会实践为基础，相互作用、相互影响而形成的交往关系。传统的社会关系主要是基于地缘、血缘、业缘的关系。而网络的出现使得以网缘为基础缔结社会关系的网缘群体成为可能和现实。以网结缘的社会关系可以超越时空的限制，丰富了传统社会关系的类型，扩大了社会关系的范围，使人们从地域性个人变成了世界性个人，在促进人的发展的同时，也促进了社会关系的发展。

人的本质是一切社会关系的总和。大学生网民通过电脑网络中介，在共同的兴趣、爱好基础上，围绕共享利益或目的而聚集起来形成各种不同的网民群体，并将自己融会到"无限"的网民群体之中，其交往范围成倍放大，思想和感情也随着网络延伸到世界每个角落。通过参与网民群体的交流与互动，大学生网民不仅可以实现信息的共享，情感的交流和心理的慰藉，而且有助于其个性的全面发展和人的本质的实现。

二、扩大了大学生政治参与的途径，对社会稳定起着重要作用

大学生是国家的栋梁，中国特色社会主义未来的建设者和接班人。他们出生于改革开放后，关心时政，以祖国的富强，民族的复兴为己任。他们的民主法治观念较强，政治热情高涨，参与意识浓厚，常常以关心时政和社会民生为己任。但由于我国尚处于社会主义初级阶段，人民日益增长的美好生活需要和不平衡不充分的发展之间的矛盾是我国社会的主要矛盾。为重点解决这一矛盾，我们坚持经济体制改革先行、政治体制改革相对滞后的改革开放总体部署，结果造成了政治体制建设同经济发展速度不相匹配的困境。再加上目前我国正处于改革开放的攻坚阶段，各种利益诉求复杂多样，社会矛盾错综复杂。当前，受传统执政理念的影响，公民政治参与渠道不畅，汹涌澎湃的民意找不到正确的出口，社会矛盾集中爆发，社会群体性事件不断涌现。网络的出现，尤其是各种网民群体的产生，则为大学生经由虚拟参与政治生活创造了一定的条件，在一定程度上满足了大学生政治生活的需要，使得他们可以在网络空间针砭时弊，指点江山，激扬文字，这在一定程度上纾解了民愤，缓和了社会矛盾，维护和巩固了社会的稳定。

三、网民群体的多样化可以弥补现实社会群体生活的不足

改革开放以来，随着户籍制度的逐渐放宽，人才可以根据自己的意愿自由流动，社会流动性加速；"时间就是金钱，效率就是生命"的观念吹遍神州大地，人们的生活节奏加快；"乡改镇"、中小城市化进程加快以及大都市圈的形成把大量农村人口转变为城市人口，而住房商品化又打破了以往计划体制下单位分房、人们相熟而居的格局，人们被分割在钢筋水泥浇筑的一个个狭窄的"蚕房"内，毗邻而居却互不相识，甚至"鸡犬之声相闻，老死不相往来"。同时，由于推行严格的计划生育政策，传统的家庭规模变小，独生子女、留守儿童、空巢家庭逐渐增多，传统社会群体生活正在消解。现在的"90后"大学生再也体验不到以前单位大家属院里同辈群体一同嬉戏、玩耍的快乐，因此，孤独、寂寞、无聊成了他们经常挂在嘴边的口头禅。而网络在根本上是属于社会的，由网络所建构的"虚拟社会允许我们做的不仅仅是传递数据——我们可以交流、共享、交换、讨论、理解、强调、学习、成长并建立个人的和职业上的联系。除了 e-mail（电子邮件）外，聊天是 Internet最流行的特色。所以显然网民要与对方接触并打破地理或文化上隔开网民的障碍。这就是网络的能力和社会的目的所在"。[①] 因此，大学生网民群体的出现可以使大学生网民打破时空的限制，根据自己的兴趣、爱好、价值观和信仰的不同随时加入某一网民群体，找到志同道合者，与他们交流自己的情感，分享快乐，分担忧愁，这在某种程度上弥补了现实社会群体生活的不足，也正是"90后"大学生网民心甘情愿被"一网打尽"的深层原因所在。

四、对社会文化具有引领的作用

当代大学生思想新潮，观念前卫，勇于标新立异，是社会时尚的引领者。

---

① 　[美] Kara Shelton，Todd McNeeley：《虚拟社会》，前导工作室译，中国水利水电出版社 1998年版，引言。

当今社会，很多时尚、前卫的观念和潮流大都是由高校校园流向社会，最终为普通大众所接纳的，从而成为社会文化的重要组成部分。如网购、网上淘男（女）友、网恋、网婚、网上养宠物等等，莫不如此，可以说，大学生网民群体对社会文化具有引领的作用。美国文化人类学家玛格丽特·米德（Margaret Mead）从文化传递的角度将人类社会的文化分为前喻文化、同喻文化和后喻文化。前喻文化是年轻人向长辈学习的文化模式，同喻文化是同龄人之间相互学习的文化模式，后喻文化是指长辈反过来向年轻人学习的文化模式。网络的出现使"后喻文化"具备了发展的空间，由于大学生一直走在互联网使用的前列，是网络社区的主要群体和网络文化建设的重要力量，他们在某些方面反过来变成了相对于其前辈的知识传授者和信息传播者，往往体现出具有典型意义的"后喻文化"色彩。

五、能够满足大学生网民多种层次的需要

群体是个体获得许多心理满足的场所，个体在群体中可得到许多个体独处时无法获得的心理满足。大学生网民群体作为大学生网络活动的基本单位，能全面满足大学生的各种需要，具体包括：

第一，满足安全的需要。个人只有归属于群体时，才会增强信心和力量，互相依赖，互相帮助，免于孤独、寂寞、恐惧感，获得心理上的安全感。

第二，满足归属的需要和社会交往的需要。人生活于关系世界，是人区别于动物的根本特征之一。一个人无论在什么时候、什么地方，都会寻找归属，寻找自己的位置，而群体能满足这一需要。群体中的个体不仅能体会到自己是群体的一分子，而且能进一步体会到自己是社会的一分子，能够确认自己在群体和社会中的地位。人是社会的人，具有社会属性，个体只有在群体中才能得到社会交往的机会，满足其社会交往的需要。网络可以使人们超越时空的限制，真正地实现全天候的交往，无论何时，也无论你身处何地，更无论你有着什么特殊的爱好或者抱着什么样的目的，你都可以在网络上找到志同道合者，不同类型的网民群体可以满足其成员各自不同的社会交往的需要，为他们提供广阔的活动天地，帮助成员解决困难，增加知识，促进成

员间的信任与合作，并在交往中获得友谊、关怀、支持和帮助。

第三，满足心理上慰藉的需要。当今时代，大学生面对来自学习、工作、生活等多方面的竞争，需要承受无数的压力，难免会产生一些烦恼和苦闷。但是，他们总是发现，在现实社会中，要么是"知音少，弦断无人听"，找不到可以倾诉的对象；要么就是自己甩不开脸面，不愿意向别人展示自己脆弱的一面或者害怕别人知道自己的隐私。因此，他们不愿意向他人去倾诉。而网络的匿名性和身体缺场则使得他们可以大胆地向他人倾诉，同时也不用担心找不到倾诉对象。在网络上，一天24小时都有人在线，你可以随时注册加入一个网民群体中，淋漓尽致地向其他成员倾诉。而且群体的其他成员总会带着"关爱"的心情接受你的倾诉，并给予你适时的劝导和共享情感体验，使得倾诉者获得极大的心理慰藉。"网民群体的慰藉功能使其像一个上网者心灵停靠的'港湾'，可能会给群体成员相当大的心理调适作用，疏导个体心理能量的输出和输入，维系心理平衡，这在现实社会中是较少见的。"①

第四，满足尊重的需要。人有尊重的需要，而它必须依赖与人交往才能得到满足。个人在群体中的地位，无论是职位上的地位或心理上的地位，如受人欢迎、受人尊重、受人爱护等，都可以在群体中得到满足。另外，一个人工作上的功与过只由个人来评价是不客观的，也是不公正的，必须由群体来评价才可能得到公认。因此，个人的工作成就必须在群体中进行评价，并获得群体的认可，个人才可获得荣誉，得到群体成员的尊重，因此获得自尊的满足。

第五，满足"责任感""成就感"的需要。个人要做出某方面的成就，总离不开他人的帮助与合作，个人的成长、进步与事业上的成功，总离不开群体的帮助。

六、有助于促进大学生网民的社会化

"社会化的基本含义是指人接受社会文化的过程，具体地说是指'自然

---

① 郭玉锦、王欢：《网络社会学》，中国人民大学出版社2005年版，第172页。

人'或'生物人'成长为'社会人'的全过程"。[①] 它一方面是一个人主动学习的过程，另一方面也是社会进行教化、培养、塑造社会成员的过程。在大学生网民群体中，成员间的接触和互动较之现实社会更加频繁，这势必引起群体成员对自我在群体中地位和角色的重新认识，进行价值观念的交流和不同思想文化及信息的传递，社会技能的比较、借鉴和学习等，从而对成员的自我观念、价值观念、社会技能等产生影响甚至是改变，进而达到社会化的效果。同时，网络空间为人们提供了角色实践的最佳场所，大学生网民群体在网络互动中的角色扮演，有助于其成员实现"社会位移"。"在网络互动中，由于缺乏情境线索、匿名性和弹性同步的特点，使得大学生网民可以在一个虚拟的环境里尝试扮演各种社会角色，"[②] 不断地进行角色学习和角色整合，从而减少角色失调现象的发生。此外，大学生网民还可以在网络互动中进行"角色换位"，把自己扮成不同的角色，体会不同角色的情感和需求并按照自己理解的角色规范进行角色实践，由此验证自己的角色行为。经过多次的角色实践和验证，进而更好把握自己在现实社会中各种角色的尺度，为人们正确理解角色以及缓解角色紧张、解决角色冲突提供了反复实践的机会。

七、有利于大学生网民的情感宣泄

当代大学生正处于人生的青年期，这一时期的感情比较丰富。因此，情感表达成为大学生网民的一个重要的心理需求。他们在网络中结识朋友，可以获得现实生活中无法得到的情感交流、尊重和满足感。大学生网民群体的存在对其成员来说具有良好情感宣泄的功能。美国马里兰大学 Robert H. Smith 商学院知识和信息管理中心主任帕特·华莱士则从心理学角度指出："互联网为我们提供了一个安全的进行宣泄的场地，当我们使用它的时候，会变得心情愉悦、心地善良和精神健康"。他还认为，"匿名上网为人们提供了向同情者倾诉自己遇到的问题的机会，而没有了实际生活中面对面关系的那

---

① 郑杭生：《社会学概论新修》，中国人民大学出版社 1994 年版，第 105 页。
② 吴华：《网络中虚拟同辈群体刍议》，《高教论坛》2008 年第 3 期。

种复杂性。——受人歧视的人尤其迷恋并乐于接受网上朋友的帮助"。[①] 国外学者对网络传播的研究发现，在网络上形成的社会群体，有可能建立人与人之间的情谊，在虚拟空间形成人际关系网络。不仅如此，群体的维系也需要成员的情感投入。正如埃瑟·戴森所言："对每一位社区成员来说，他必须在社区中露面，为之做出贡献，并使自己为其他成员所知……成员必须互相交流——最好是在拥有某一目标的前提下。"[②] 总之，大学生网民在群体上投入的感情越多，他所收获的回报也越多。

综上所论，大学生网民群体的存在具有重要的价值和意义。为此，我们必须高度重视大学生网民群体，给予必要的关心和支持。

---

① ［美］Patricia Wallace：《互联网心理学》，谢影、苟建新译，中国轻工业出版社 2001 年版，第146、223 页。
② ［美］埃瑟·戴森：《2.0 版数字化时代的生活设计》，胡泳、范海燕译，海南出版社 1998 年版，第 50 页。

第四章 大学生网民群体的生成与发展

本章首先考察了大学生网民群体生成与发展的轨迹及其特点，其次分析了大学生网民群体得以生成与发展的内外原因，最后探讨了大学生网民群体生成与发展的基本机制。笔者认为，大学生网民群体的生成与发展历程与互联网技术的发展几乎是同步的，大致可以分为大学生网民群体的萌芽、大学生网民群体的起步、大学生网民群体的普及和大学生网民群体的井喷四个阶段。唯物辩证法认为，任何事物的生成与发展都需要具备一定的内因和外因，大学生网民群体的生成与发展亦是如此。具体而言，大学生网民群体生成的内在动因可以概括为需要、兴趣和爱好、共同利益和基于自身成长和全面发展需要的基本诉求四个方面；大学生网民群体生成与发展的外在原因可归结为网络和通信技术的发展、大学生网民的网络实践活动、社会比较的压力、大学生网民自身成长所面临的竞争等四个方面。大学生网民在内因和外因的双重作用的驱动下触网、用网，继而在网上聚集成群。纵观大学生网民群体生成与发展的全过程，不难发现内在于其中的四大机制，即情感共鸣机制、话题牵引机制、符号互动机制和角色扮演机制。

第一节 大学生网民群体生成与发展的轨迹

网民群体的生成与发展萌芽于网络空间的电子邮件场域，起步于 BBS 和新闻组网络空间场域，普及于在线聊天室和即时通信等网络空间场域，井喷于博客（包括微博）、维基和各种社交网站等网络空间场域。在大学生网民群体生成与发展的过程中呈现出以下四个方面的特点，即与网络技术的同步性，由少数技术精英到普罗大众的扩散性，大学生网民的参与和贡献，群体成员的投入与用心经营。

一、大学生网民群体生成与发展的历程

回溯大学生网民群体生成与发展的历史，我们可以清楚地看到它与网络技术发展的同步性。几乎每一项网络服务新功能的开发和利用，从电子邮件、FTP 软件、BBS 到新闻组，从网络聊天到即时通信，以及基于 Web2.0 技术架构的博客、维基、社交网站等，都是为了提高网民相互之间交流的便利和快捷，丰富交流的方式，拓展交流的空间场域，使得更多的信息能够通过网络更加顺畅地进行交互。换一个角度讲，所有网络技术发展的最终目的都是为了让网民之间能够更加自由集结成群，更为自主地选择加入各类网民群体，更加有效地参与网民群体的网络互动。因此，根据网络技术的发展历程，我们将大学生网民群体生成与发展的历程大致分为以下四个阶段：

第一，大学生网民群体的萌芽阶段（20 世纪 60 年代到 70 年代末）

计算机网络的最初用途，并没有直接地以社会交往为目的，而主要是为了实现信息资源的互享。在网络建设的过程中，研究人员发现，通过最原始的网络可以发送一些简单的信息，于是电子邮件和 FTP（文件传输协议）软件逐步在研究人员中流传开来。而导致这一进展的则是一个颇具戏剧性的事件：1973 年，阿帕网的节点延伸到英国南部城市布莱顿的萨塞克斯大学，并在那里进行了卫星传输信息包的演示。当时参加会议的洛杉矶克莱罗克试验室负责人奥纳·克莱罗克提前一天离开会场回到美国，后来他发现自己的剃须刀丢在了布莱顿，于是克莱罗克决定看看他能否找到一位美国的会议代表帮他把剃须刀稍回来。他没有用电话，而是在阿帕网上通过一个叫作"TALK"的程序同另一个会议代表拉里·罗伯茨进行联系，请他将自己的剃须刀稍回来。第二天，他的剃须刀就被带回了洛杉矶。这一事件虽然不能被

确定为首例有文献记载的电子邮件，但它却是有记载的最早的在线"聊天"。①
电子邮件不仅是网络早期生成与发展的原始动力，它的出现和应用也开启了
网民群体生成和发展的大门，标志着网民群体的发展进入了萌芽期。网民通
过电子邮件交流信息，彼此互动，初步形成一些讨论计算机和网络技术问题
的专业群体。因此，电子邮件的出现意义重大，诚如诺顿所说："由于有了电
子邮件，全球性各种会议组织以及新闻媒体组织迅速发展壮大，ARPA网页
逐步发展演变成如今的互联网，在这个过程中，电子邮件无疑是网络发展的
润滑剂。最了不起的是，由于互联网是建立在人类永无止境的相互交流欲望
基础之上的，因此，它是人类取之不尽、用之不竭的信息源泉。"②

　　在这一阶段，由于网络主要分布在欧美发达国家的大学、政府部门以及
科研机构内，因此，参与网络交流和互动的网民仅限于专业技术人员及其在
工作和生活中必须经常接触的人，交往的内容主要限于专业技术数据。正如
诺顿所言，"但是，ARPA网群体，严格意义上来说，毕竟还是整个计算机科
学界的一小部分人。网络时代早期，美国（以及其他地方）有成千上万的教
师和研究人员渴望使用网络，但是他们被排斥在外。这些人懂得研究发明的
东西的重要意义，他们也知道将来的个人计算机就像普通电话一样令人感兴
趣，他们满怀激情地希望能够进入网络。但是，网络对他们来说好比昙花
一现。"③

　　第二，大学生网民群体的起步阶段（20世纪70年代末到90年代初）

　　1978年初，美国的沃德·克里斯滕森（Ward Christensen）编写了一个可
以将普通的PC机转换成"信息存储—转发系统"的软件——"计算机公告栏
系统（CBBS）"。这一技术的出现，对人们利用网络进行交流与沟通产生了
极大的影响。霍华德·瑞恩高德评述该技术时称："它可以把世界上任何地方
的一名普通人变成一名出版商、现场记者、倡议者、组织者、学生或教师，

---

①　［英］约翰·诺顿：《互联网从神话到现实》，朱萍等译，江苏人民出版社2001年版，第134—135页。

②　［英］约翰·诺顿：《互联网从神话到现实》，朱萍等译，江苏人民出版社2001年版，第144页。

③　［英］约翰·诺顿：《互联网从神话到现实》，朱萍等译，江苏人民出版社2001年版，第163页。

或者一名从事世界范围内人与人平等对话事业的潜在参与者。……你可以用它组织一场运动，做一笔交易，协调一场政治斗争，为你的艺术作品、政治演说或宗教说教找一位听众，同一个可以和你心有灵犀一点通的人讨论一个共同感兴趣的话题。或者你可以让来访者亲自主持它，就像对待自己的领地一样。"[①] 1979 年，最早的 BBS 在芝加哥上线，它允许人们拨号进入，并且把信息留在一个虚拟的公共"空间"内，就像人们立在门厅或大学系部的走廊上的公告牌一样。这项技术普及得非常迅速，BBS 很快出现在其他一些美国城市，他们都有自己的拨号上网用户群、订购者或者其他成员。1983 年，汤姆·詹宁斯（Tom Jennings）编写了一个 BBS 程序，取名为 Fidonet（业余爱好者网络）。后来，Fidonet 可以利用互联网进行远程连接，1990 年在美国便连接了 2500 台电脑。因为 Fidonet 网络具有便宜、开放与合作的特性，它很快就扩及全世界。电子布告栏系统不需要复杂的电脑网络，只需要个人电脑、数据机和电话线。因此电子布告栏成为各种兴趣和嗜好的电子公告栏，创造了霍华德·瑞恩高德所谓的"虚拟社群"。

1979 年，来自北卡罗来纳州达勒姆的杜克大学研究生汤姆·特拉斯科拉（Tom Truscott）和吉姆·埃利斯（Jim Ellis），以及北卡罗来纳大学教堂山分校的史蒂夫·贝洛文（Steve Bellovin）这三个人通过使用一个叫 NetNews 的程序打开对方的计算机，并在对方计算机的专门文档里寻找不同点，然后将那些不同点自动进行复制。后来，吉姆·埃利斯和一名叫史蒂芬·丹尼尔（Stephen Daniel）的研究生用 C 语言重新编写了 NetNews，并将新程序命名为 News Version A，然后埃利斯于 1980 年 1 月在 UNIX 用户协会大会上将 News Version A 推出并命名为 UsenetNews（用户新闻网）。Usenet 一出江湖，就得到迅速的发展，后来有人又对其进行了改进，这就是今天互联网上最受欢迎，也是最实用的交流工具——网络新闻组。Usenet 新闻网原本是用来向网络用户传播关于程序故障、维修以及软件更新等信息的，然而它却成为一种媒体，全球大量的、涉猎广泛的交流都通过 Usenet 新闻网这个媒体来实现，它的周

---

① ［英］约翰·诺顿：《互联网从神话到现实》，朱萍等译，江苏人民出版社 2001 年版，第 182 页。

围涌现出大批绚丽多彩的虚拟群体。霍华德·瑞恩高德对此评价说："我们可以把网络空间看作一个社会培养皿里的微生物群。每个微小的微生物群——如同每个网络群体——都是一个无人管理、自然发展的社会实验。Usenet 新闻网就是这个实验的催化剂。"①

BBS 和 Usenet 新闻网的出现，进一步促进了网民群体的发展。网民们在 BBS 和 Usenet 空间里相互进行思想感情交流、传达信息、讨论问题等，通过这些活动将网民们互相联系在一起，从而形成各种各样的网民群体。

第三，大学生网民群体的普及阶段（20 世纪 90 年代初至 90 年代末）

20 世纪 90 年代，各种网络浏览器的推陈出新和计算机的人性化界面使操作计算机和上网变得越来越容易，大量网民潮水般地涌向网络世界，由此进入了网民群体发展的普罗大众时代。

1991 年环球信息网横空出世，此时一种"匿名文件传送协议"（anonymous FTP）使得 CERN（欧洲原子核研究组织）开发的线式浏览器具有了现实可用性。任何人只要与互联网连接，并有一份 FTP 程序，就能接入 CERN 的计算机，不用密码就能在上面登录，并且下载浏览器编码。这一技术降低了人们进入互联网的门槛，极大地推动了网络的大众化发展进程。正如罗伯特·里德所说："环球信息网之前的互联网几乎是一种军事平均主义和合作社性质的共同体。无人拥有网络。实际上也无人直接从网络上赚钱。……人们要进入该网络实际上必须具有技术知识、进入的手段和昂贵的工具，这种严格的要求又使其成为一个普通人不能进入的领域。"② 1993 年春季，伊利诺伊大学的一名大学生马克·安德烈森（Marc Andreessen）和他的朋友埃利克·比纳（Eric Bina）经过几个月的奋战开发出了 Mosaic 浏览器。"Mosaic 出现后，环球信息网如导弹般地飞速前进。该程序自身也像野火一样在全球蔓延。此时，使用互联网的人数开始呈现指数级的增长。"③ 1994 年安

---

① ［英］约翰·诺顿：《互联网从神话到现实》，朱萍等译，江苏人民出版社 2001 年版，第 177—178 页。

② ［英］约翰·诺顿：《互联网从神话到现实》，朱萍等译，江苏人民出版社 2001 年版，第 233 页。

③ ［英］约翰·诺顿：《互联网从神话到现实》，朱萍等译，江苏人民出版社 2001 年版，第 243 页。

德烈森与吉姆克拉克（Jim Clark）合伙成立了网景公司，并于同年 12 月份推出名为"网景导航者 1.0"的新型浏览器，然后在互联网上免费分送 Navigator，短短四个月的时间，网景公司在全球浏览器市场中所占的份额从零上升到 75％。这一成功的模式极大地激发了互联网创新的步伐。后来微软公司也加入了浏览器大战，推出了 IE 系列版本。浏览器的普及和更新换代，使人机操作界面越来越人性化、傻瓜化，使得普通平民很容易地进入互联网，标志着互联网大众化时代的到来。

在这一阶段，网络逐步成为全球性的信息交换平台，网络用户呈指数级增长，网络逐步成为人们日常生活中重要的组成部分。为了吸引更多的互联网用户，抓住他们的眼球，提高点击率，此时各大网站纷纷推出"在线聊天室"以及一些即时通信工具，如 OICQ、MSN 等等。加之，"'人性化界面'使得'数字化'的互联网技术在外观上呈现出'原子化'的亲和力，程序语言被转化成可视可感的虚拟现实空间，在这个基础上，社会普通用户被引入了这个曾经由专业技术人员垄断的数字化空间"。①

第四，大学生网民群体的"井喷式增长"阶段（2000 年至今）

博客、维基和众多社交网站的出现以及手机的广泛普及不仅使网民数量继续呈指数级增长，也导致了网民群体"井喷式增长"阶段的降临。

博客（weblog 或 blog）最早诞生于美国。1997 年 12 月，美国人工智能专家乔恩·巴杰在其网站（www.robotwisdom.com）上首次使用 weblog 这一名称。而"blog"一词则公认为是由 Peter Merlolz 在 1999 年命名的。当时美国也只有少数人拥有自己的博客。2001 年，"9·11"恐怖袭击使人们对博客有了全新的认识，很快博客就在美国得到普及。第二代博客在 2002—2004 年开始涌现，第三代博客则产生于 2005 年以后。"一个博客可能访问、引用和评论同属一个博客托管服务网站的其他博客主页，也可以参与合作型博客主页（由多个博客共同创建的一个博客主页）的创作、参加博客群组的发言，还可以造访其他博客托管网站上的博客主页，并与志同道合的博客建立相互

---

① 郑志勇：《网络社会群体研究》，2006 中国传播学论坛论文，2006 年，第 675 页。

链接、相互访问的稳定的朋友关系等。"① 此时，博客深受广大草根阶层喜欢，成为参与社会交往和表达情感的工具，因此，博客的数量大幅度地增长。根据"市场研究公司 ComScore Media Metrix 对美国博客现状的调查显示，在2005 年的第一季度，5000 万美国网络用户访问了博客网站。这个数字大约是美国网站用户的 30％，占美国总人口的 1/6。美国 5 大托管服务商的用户均已超过 550 万。"②

我国大陆的博客网站发起于 2002 年。这年 8 月，方兴东的个人网站"博客中国"（www. blogchina. com）创办，2003 年 6 月，"木子美"日记的发表是博客概念在中国普及的标志性事件。2004 年 8 月，"博客公社"成立，从而拉开了我国博客用户高速增长的序幕。根据我国权威机构发布的报告，"截至 2012 年 6 月底，微博的渗透率已经过半，用户规模增速低至 10％以下。但微博在手机端的增长幅度仍然明显，用户数量由 2011 年底的 1.37 亿增至1.70 亿，增速达到 24.2％。"③

据维基百科的定义，维基是基于使用维基软件，允许用户自由便捷地通过浏览器创建、编辑站点内容并且在相关页面之间建立链接关系的系统。它通常使用简化标记语言或者可视化的文本编辑器进行编辑。维基经常被用来创建新的协作性网站、社区网络、个人笔记站点、企业内部网以及信息管理系统。大多数维基服务于一个具体目标，向公众开放的维基网站通常允许任何网络用户创建、编辑内容。英文单词 Wiki（译为"维基"或"维客"）据其发明者沃德·坎宁安（Ward Cunningham）的说法源自夏威夷语的"wee kee wee kee（意为'快点'）"，也被理解为英文"what I know is"的首写字母的缩写。根据坎宁安的描述，wiki 可以简单地被看作"最简单的在线数据库""写作系统""讨论媒体""储藏室""邮件系统""在线写作工具"或者"有趣的异步网络传播方式"。

社交网络即"社会化网络服务"（SNS，英文全称为 Social Network Services）。它是根据"六度分隔理论"而建立的社会化网络服务。该理论是哈佛

---

① 刘津：《博客传播》，清华大学出版社 2008 年版，第 19 页。
② 刘津：《博客传播》，清华大学出版社 2008 年版，第 44 页。
③ 中国互联网络信息中心（CNKI）：《中国互联网络调查报告》第 30 次，2012 年 7 月。

大学著名的社会心理学家斯坦利·米尔格莱姆（Stanley Milgram）于 20 世纪 60 年代提出来的："你和任何一个陌生人之间所间隔的人不会超过六个，也就是说，最多通过六个人，你就能够认识任何一个陌生人。"[①] "六度分割理论"清楚地揭示了一个网状结构下，不同节点之间的联系和连接关系。SNS 以现实社会关系为基础，模拟或重建现实社会关系的人际关系网络，力求回归现实中的人际传播。

2003 年，社交网站（SNS）在美国悄然兴起并迅速风靡全球。其中，最有名的 Facebook、YouTube、LinkedIn、Twitter、Myspace 等网站受到全球网民的喜爱。社交网站的兴起，带来了一场网络社交的革命性风暴。社交网站在中国的发展形势逼人，从 2005 年底到现在，类似 Facebook 的 SNS 网站的数量在大陆迅速激增，比如校内网、开心网、51. com、占座网、亿友网、露脸网、谊多网等。其中校内网（xiaonei. com）一经创办就迅速得到大学生网民的青睐，成为国内最大的大学生互动空间，覆盖面达到 2，000 多所高校，拥有超过 7，000 万的在校大学生网民，日均访问量 2. 8 亿人次，而且其注册人数仍在以日均 2，000 余人的速度不断增长。社交网络的兴起使得互联网真正成为一个能够使人们相互交流，相互沟通，相互参与的互动平台，现在社交网络已经将其范围拓展到移动手机平台领域，借助手机的普遍性和无线网络的应用，网民人数呈几何级数增长，因此也迎来了各类网民群体"井喷式"的增长阶段。

这一阶段网民群体的发展越来越专业化、职能化、群落化。"虚拟社群是人际的社会网络，大部分以弱纽带为基础，极度地多样化且专业化，但也能够由于持续互动的动态而产生互惠与支持。"[②] 在网络社会里，一个同性恋者可以找到自己的群体归属，一群喜欢摄影的影迷们可以加入"摄影发烧友"群体，爱好旅游的网民也可以加入"驴友"群体，如此等等。总之，网民们基于共同的兴趣和价值创建或加入各种网络或在线团体，以获得实质上或情

① ［美］艾伯特—拉斯洛·巴拉巴西：《链接网络新科学》，徐彬译，湖南科学技术出版社 2007 年版，第 32—34 页。

② ［美］曼纽尔·卡斯特：《网络社会的崛起》，夏铸九、王志弘等译，社会科学文献出版社 2006 年版，第 338 页。

感上的社会支持。对此，桑斯坦说："毫无疑问，具有某些利益和政治主张的人，会倾向选择和他们有相同看法的网站及讨论团体。'因为网络让人更容易找到同好，它可以帮助并强化那些分布遥远但具有相同意识形态的边缘社团。如此一来，粒子物理学家、《星舰迷航记》迷和民兵都可以利用网络找到彼此，互通有无。'"①

由于我国互联网的发展要晚于西方发达国家，因而，我国大学生网民群体的发展历程大大滞后于西方发达国家。

一般认为，1994 年至 1998 年是我国大学生网民群体发展的初步萌芽阶段，此时我国高校校园网建设刚刚启动。1995 年 4 月，北大一女生罹患一种莫名的怪病，为了拯救这位女生，她的同学利用互联网向全世界各地发出求援信，最后经世界各地的专家诊断她的症状是重金属铊中毒，经对症下药不久竟奇迹般痊愈。这一事件在高校乃至社会上产生了极大的影响，让国人初步见证了网络的神奇魅力。同年 8 月，清华大学建成我国大陆第一个 BBS 站点——水木清华 BBS，此后各高校 BBS 站点如雨后春笋般地出现。这一阶段网络还只是网民个体联系的纽带，并无群体可言。

1999 年至 2005 年是我国大学生网民群体的逐步发展阶段。此时，我国互联网建设得到长足发展，随着中国教育和科研计算机网的高速主干网建设的顺利完成，国内高校大多数都实现了联网。与此同时，高校校园网建设发展迅猛，基本实现了教学、办公、实验、科研、图书等场所以及教职工、学生宿舍的网络连接。校园 BBS 逐渐成为大学生网民信息交流的重要网络平台，其中影响较大的有北京大学"未名"、南京大学"小百合"、复旦大学"日月光华"等等。依托高校校园网和 BBS，大学生网民群体走上了逐步发展的轨道。

2005 年至今是我国大学生网民群体的迅猛壮大阶段。2005 年，各高校都已经实现了网络的全覆盖，形成了功能完善的校园网络信息服务体系，校园网成为学校教学、科研、管理、宣传和后勤服务的重要手段。2005 年，以博

---

① ［美］凯斯·桑斯坦：《网络共和国：网络社会中的民主问题》，黄伟明译，上海人民出版社 2003 年版，第 41 页。

客为代表的 Web2.0 概念极大地推动了我国互联网的发展。在其被广泛使用的同时，也催生出了一系列社会化的新事物，比如 Blog，RSS，WIKI，SNS 交友网络等。此时，大学生群体追逐潮流，纷纷在网上开博客，形成一个个博客群，他们对网络的运用已达到了出神入化的境界。当年，以大学生为主体的网民为反对日本首相小泉参拜靖国神社和"入常"的图谋，他们利用微博、QQ 等广泛地组织各地网友发起网上签名活动，这一事件标志着大学生网民群体步入迅猛发展的阶段。

二、大学生网民群体生成与发展的特点

纵观大学生网民群体生成与发展的历程，以下四个方面的特点值得我们注意：

第一，与网络技术发展的同步性。大学生网民群体的生成与发展始终是伴随着网络技术的进步的，可以说，网络技术的每一次创新与发展都会在很大程度上推动着网民群体的发展。网民们沐浴在技术所形塑的网络空间场域中，依靠着技术的手段交流、沟通和互动，演绎着群体的生成、发展与消亡。

第二，由少数技术精英到普罗大众的扩散性。互联网技术，不管在发达国家，还是发展中国家，一开始都是"小众"的技术，而后随着互联网技术门槛的降低逐步向"大众"普及。因此，网民群体的发展历程也是经由少数技术精英到普罗大众的发展过程的。

第三，大学生网民的积极参与和贡献。在互联网的发展进程中，大学生网民做出了十分重要的贡献，一些关键性的技术都是由当时的在校大学生网民开发出来的，如 Usenet，Mosaic、ICQ 等。这说明大学生网民不仅是网络最早的使用者，也是网络技术的创新者，更是社会潮流的引领者。对此，诺顿十分客观地说："在互联网发展中有许多最重要的东西，例如，某些原始协议和使之日益完善的处理办法，并不是由教授，而是由学生发明的。"[1] 卡斯

---

① ［英］约翰·诺顿：《互联网从神话到现实》，朱萍等译，江苏人民出版社 2001 年版，第 237 页。

特在《网络社会的崛起》一书中认为，网络起源于大学，大学的研究生和老师在对全球电子传播的发展与扩散中发挥了决定性的作用。类似的情形也在世界各地出现，如西班牙、俄罗斯、中国等国家和地区，因为大学是传播社会创新的主要作用者。① 相信在未来互联网的发展历史上，大学生网民也必将做出更大的贡献。

第四，网民群体的生成以及群体的维系需要成员的投入，群体成员之间只有相互投入、用心经营，该群体才可能维持长久。霍华德·瑞恩高德在《虚拟社区》一书中写道："一个电脑网络并不就是一个社区，除非网络中的人通过接触能影响彼此的生活。这就需要网络成员的更多投入，不管这种投入是在真实生活中，还是在电脑化空间里。"② 埃瑟·戴森在《2.0 版数字化时代的生活设计》一书中也有类似的观点："社区不是被动的，社区成员需要投入以保证其存在。……对一位社区成员来说，他必须在社区中露面，为之做出贡献，并使自己为其他成员所知。……一个社区是由其成员投资创设的一项共同财产，放进去的越多，得到的回报也越多。"③ 这种投入不仅是时间、金钱上的投入，因为上网需要产生一些费用，比如宽带接入费等，更重要的是情感上的投入。

第二节 大学生网民群体生成与发展的原因

驱使大学生网民开始网络行为并通过网络中介聚集成群的原因是什么呢？1932 年，美籍德国心理学家库尔特·勒温（Kurt Lewin）提出了著名的"群体动力理论"。该理论认为，一个人的行为（B），是个体内在需要（P）和环境外力（E）相互作用的结果，可以用函数式 B＝F（P，E）来表示。根据这一理论，笔者将大学生网民群体生成与发展的动因分为内在动因与外在原因

① ［美］曼纽尔·卡斯特：《网络社会的崛起》，夏铸九、王志弘等译，社会科学文献出版社 2006 年版，第 332—333 页。

② 郭玉锦、王欢：《网络社会学》，中国人民大学出版社 2005 年版，第 188 页。

③ ［美］埃瑟·戴森：《2.0 版数字化时代的生活设计》，胡泳、范海燕译，海南出版社 1998 年版，第 50 页。

两个方面。"唯物辩证法认为外因是变化的条件，内因是变化的根据，外因通过内因而起作用"。[①] 两者互相联系，相互作用，互相制约，共同促成了大学生网民群体的生成与发展。

一、大学生网民群体生成与发展的内在动因

笔者认为，推动大学生网民群体生成与发展的内在动因主要有大学生网民的需要、兴趣和爱好、共同利益以及共建共享、人际拓展与自我实现的发展诉求。

（一）动机理论简介

根据《现代汉语词典》2002 年增补本附"新词新义"的解释，动因即"动机""原因"。[②] 人类的动机是什么？有学者认为，动机就是作用于有机体或有机体内部，发动并指引行为的某种力（赫伯特·L. 彼得里，约翰·M. 戈文，2004）。但心理学家一般认为，动机是由一种目标或对象所引导、激发和维持的个体活动的内在心理过程或内部驱动力（Pintrich & Schunk，1996）。换言之，动机是一种内部心理过程，而不是心理活动的结果。个体的一切活动都是由一定的动机激起，并指向一定的目标。动机既是个人行为的动力，也是引起人们活动的直接原因。

根据个体动机的性质不同，人的动机可以分为生理动机和社会动机（social motivation）。生理动机是以个体自身的生物学需要为基础的。例如，饥渴、疼痛、母性、性欲、睡眠、排泄等，都是生理动机。生理动机推动人们去活动，从而满足某种生物学需要。但是，由于人是社会性的，人的生物学需要以及满足这些需要的手段，都将受到人类社会环境的影响，无不打上社会的烙印。社会动机就是以人的社会文化需要为基础，在社会环境中通过学习和经验而获得的。它是直接推动个体活动达到一定目的的内部动力、内

---

① 《毛泽东选集》第 1 卷，人民出版社 1991 年版，第 302 页。
② 《现代汉语词典》（2002 增补本），商务印书馆 2003 年版，第 1696 页。

部刺激，是个人行为的直接原因。在社会生活中，对人的心理与行为影响较大的社会动机主要有成就动机和亲和动机。成就动机（achievement motivation）是人们希望从事有重要意义、有一定困难、具有挑战性的活动，在活动中能取得优异结果和成绩，并能超过他人。亲和动机（affiliation motivation），又称为结群动机、交往动机，是指个人害怕孤独而愿意和他人在一起，或者希望加入某个群体的需要。亲和动机是需要与人亲近的内在动力，主要表现为每个人都愿意归属于某个群体，喜欢与人交往，希望得到别人的关心、友谊、支持、合作与赞赏。

根据动机的来源不同，可将人的动机分为内在动机与外在动机。内在动机（intrinsic motivation）是指由个体内在需要引起的动机。由于个体对活动本身感兴趣，从活动中能得到满足，得到奖励和报酬，因此活动本身成为个体从事该活动的推动力。美国心理学教授布鲁纳（J. S. Bruner，1985）认为，内在动机主要由三种内驱力引起：一是好奇心的内驱力，好奇心就是对于求知和探索的兴趣；二是好胜心，即胜任工作、表现能力的欲望；三是互惠的内驱力，人们都需要和睦相处，相互协作。外在动机（extrinsic motivation）是相对于内在动机而言的。是个体在外界的要求与外力的作用下产生的行为动机。在人类行为中，内在动机和外在动机都会发挥作用，两种动机缺一不可。如果把两者结合起来，就能够对个体行为产生更大的推动作用。

（二）大学生网民群体生成与发展的内在动因

大学生网民群体生成的内在动因，可以归纳为以下四个方面：

第一，需要是大学生网民群体生成与发展的前提。

需要是个体内部的一种不平衡状态，它表现为个体对内部环境或外部生活条件的一种稳定的要求，并成为引发个体活动的源动力。这种不平衡状态包括生理的和心理的不平衡。需要就是人的本性。马克思说："在现实世界里，个人有许多需要""他们的需要即他们的本性"①。美国人本主义心理学家马斯洛认为，"人是一种不断需求的动物，除短暂的时间外，极少达到完全满

---

① 《马克思恩格斯全集》第3卷，人民出版社1956年版，第326、514页。

足的状况，一个欲望满足后，往往又会迅速地被另一个欲望所占领。人几乎总是在希望什么，这是贯穿人整个一生的特点。"他还认为，"人类的需求构成了一个层次体系，即任何一种需求的出现都是以较低层次的需求的满足为前提的。人是不断需求的动物。"①

人的需要是个系统，具有复杂的结构和层次，各类需要的性质也不尽相同。从不同的角度，根据不同的标准，可以进行不同的分类。按需要的起源分，有自然需要和社会性需要；按需要对象分，有物质需要和精神需要；按需要主体分，有个体需要、群体需要和社会需要。除此之外，还可以按别的标准区分出多种不同的需要，如按需要的性质分，有生活需要、劳动的需要、知识的需要、交往的需要、休息的需要等；按需要的社会价值分，有正当的、合理的、有益的、健康的需要和不正当的、不合理的、有害的、病态的需要等等。在马斯洛看来，人类的需要是分层次的，它们由低到高依次是：生理的需要，安全的需要，归属与爱的需要，尊重的需要，自我实现的需要。

在某种意义上讲，网络的发展就是源于人们对于信息的需要，人们对信息的需要不仅促进了传统互联网的飞速发展，也催生出了移动互联网。对信息的需要应该属于物质性的需要，就像人们对衣、食、住、行等社会物质生活条件的需要一样，是人的最基本的需要。由于人们需要解决信息源匮乏和信息传播速度的问题，互联网诞生了；互联网使信息匮乏迅速走向信息爆炸，搜索引擎诞生了；再后来，人们不再满足于简单的信息获取，而上升为交流与互动，希望互联网更接近于现实社会，于是网络虚拟社区诞生了，网民们根据各自的兴趣、爱好和其他目的结成网民群体。由于人类对信息的"贪念"又催生了移动互联网。因为传统互联网是开放的系统，但缺乏移动性，无法随时随地接入互联网；传统的移动通信是封闭的系统，用户仅与通信运营商接触。而移动互联网则巧妙地将互联网的共享性、开放性和互动性，与移动通信的可移动性和能精确定位的优势融合。网民借助于移动互联网，可以随时随地与群体成员保持交流与互动，从而最大程度地获得群体归属感。

如果说大学生网民对信息的需求还只是物质需要的话，那么他们对于情

---

① ［美］马斯洛：《马斯洛人本哲学》，成明编译，九州出版社 2003 年版，第 1 页。

感和恋爱的需求则上升为精神需要。大学生网民还处在人生的青春期,他们对于情感和恋爱的需求十分强烈。在日常生活中,由于学校男女生比例的过分悬殊,特别是理工科性质的学校中这种情况尤为突出,加上传统的"面子"思想的影响,他们不能或不愿主动与身边的人进行交往,很难找到一个可以倾诉内心情感的对象,以致他们常常会发出"知音少,弦断有谁听"的叹息。这种现实中情感的匮乏,使得他们有着强烈的愿望在网络世界里得到补偿。因为网络是一个可以获得同他人进行平等交往机会的重要窗口。正如尼葛洛庞帝所说:"在广大浩瀚的宇宙中,数字化生存能使每个人变得更容易接近,让弱小孤寂者也能发出他们的心声。"① 网络一方面可以给大学生网民带来更多的交往与倾诉情感的机会,另一方面由于网络的匿名性和空间上的隔离性,又给大学生网民提供了安全感,使他们可以放心地与自认为有共同语言的对象交流情感,倾诉衷肠。如果异性交往的双方存在相互认同和吸引,还会出现网恋甚至网婚现象。因此,大学生网民基于情感的需求也会驱使他们进行网络交往,加入某种可以获得情感满足的网上群体。

　　总之,根据需要的相关理论,人类在满足基本的生理需要、安全需要之后,就会产生爱与归属的需要或者称为社交的需要,这既是人的社会属性,也是一种人类本性,无论是现实社会,还是网络社会都不例外。"既然交流的需要是如此原始和基本的人性特点,我们就不能把它看作是与思考和生存的需要分离的或是它们的附加物。每一个人都在自然的活力驱使下努力向别人表露他愿意表露的那一部分生活。"② 通过网络交往和网上群居生活,不仅可以弥补大学生网民现实社会交往经验的不足,而且还可以帮助他们在虚拟的社会空间中获得相应的社会身份与地位,满足他们赢得尊重的需要和自我实现的需要。因此,我们认为,需要是大学生网民群体生成的基本前提。

　　第二,兴趣和爱好是大学生网民群体生成与发展的导向。

　　兴趣是人们探究某种事物或从事某种活动时的一种心理倾向,它以人们探索外界的需要为基础,是推动人们认识事物,寻求真理的重要动机。人们

---

　　① [美]尼葛洛庞帝:《数字化生存》,胡泳、范海燕译,海南出版社1996年版,第7页。

　　② [美]查尔斯·霍顿·库利:《人类本性与社会秩序》,包凡一等译,华夏出版社1989年版,第60页。

总是对自己感兴趣的东西会表现出极大的积极性，同时可以获得某种肯定的情绪体验。因此，兴趣对个体活动，特别是认知活动有着巨大的推动力。兴趣会逐渐发展成为个体活动的内在动机。

当兴趣不是指向认识的对象，而是指向某种活动时，这种动机就叫爱好，如对音乐、绘画、书法、网络游戏的爱好等。兴趣与爱好是和人的积极的情绪体验联系在一起的。当人们饶有兴趣地从事某种活动，获得某种认识时，他们常常会体验到快乐、满意和成就等积极情绪。

社会心理学研究发现，人际交往中的一个重要效应就是"相似性导致喜爱"，相似的价值观、相似的个人特质、相似的社会地位和身份、相似的生活经验等等都会促进友谊的建立和亲密关系的形成，使得人们团结在一个个具有内在凝聚力的群体之中。在网络空间，这种"同质性"的力量仍然发挥着重要的凝聚作用，成为网民之间形成稳定交往关系的有力纽带。而大学生网民本身就是一个具有高度"同质性"的群体，他们不仅具有相同的年龄、相似的生活经验，更为重要的是他们有着相同的兴趣、爱好、人生理想和价值观念。

大学生网民之所以愿意进行网络交往并聚集成群，是因为他们有着共同的兴趣和爱好等"同质性"。在网上，他们可以根据自己的兴趣和爱好选择交往的对象，拥有共同兴趣和爱好的大学生网民可以在同一个网络社区中进行交流。这些交流由于兴趣爱好相同，话题集中，可以在更大的程度上满足大学生网民相互之间的需求。由此，交往关系的基础也就相对稳固，群体成员之间信任关系的建立也相对容易。

第三，共同利益的存在是大学生网民群体生成与发展的核心。

所谓利益，简单地说就是"好处"。多数学者主张应从"需要"的角度去界定利益。如《中国大百科全书·哲学卷》中认为，利益是"人们通过社会关系所表现出来的不同需要。"[①] 王伟光、郭宝平在《社会利益论》中认为："利益是需要主体以一定的社会关系为中介，以社会实践为手段，使需要主体

---

① 中国大百科全书：《哲学卷》，中国大百科全书出版社 1982 年版，第 483 页。

与需要对象之间的矛盾状态得到克服，即需要的满足。"①

利益问题是一个关涉到人的存在和发展的根本性的问题。司马迁在《史记·货殖列传》中曾经说过："天下熙熙，皆为利来；天下攘攘，皆为利往。"18 世纪法国启蒙思想家霍尔巴赫明确指出："利益就是人的行动的唯一动力。"② 马克思也曾经说过："人们奋斗所争取的一切，都同他们的利益有关。"③ 个人和群体的思想、动机和行为都可以从其对自身利益的追求中找到合理的解释和深层的底蕴。

人际交换理论认为，个人或群体采取某种方式彼此交往，这种交往旨在获得酬赏或回报，这样形成的关系就是交换关系。酬赏并不一定是有形的。许多社会交换关系提供的是情感回报，就像人们只是为了接受感谢而对别人做出某种行为一样，人们期待感谢通常比意识到感谢要更经常［布劳（Blau），1964，1987］。哈佛大学社会心理学家乔治·霍曼斯（George Homans）指出：在人们彼此交往的背后，自我利益是一种普遍具有的动机。就像斯金纳（B. F. Skinner）的心理学实验中的动物一样，人们做事情是为了获得酬赏。并且，如果某种行为得到正面强化或奖赏，那么，这类行为将来更有可能重复出现。按照交换论者的观点，许多人类社会生活可以还原为某种关于酬赏与成本的计算。这一逻辑被用于考虑婚姻、友谊，甚至包括仅仅为某人做好事的行为。由于人们发现互动的好处，人际互动的稳定模式才得以形成并维持。如果人们在交往过程中没有交换或交换不公平，双方或一方没有得利，人际交往或人际关系就很难维持下去。人际交换理论说明人们在交往过程中不仅有物质方面的交换，而且还有精神等其他方面的交换，而这些都可以在一定程度上还原为利益，在网民群体成员的交往中同样如此。

社会交往的实质在于人与人之间的利益交换，超利益的交往是不存在的，社会关系从根本上说就是人们在社会中所形成的利益关系格局。马克思认为，"把人和社会连接起来的唯一纽带是天然必然性，是需要和私人利益。"④ 随着

---

① 王伟光、郭宝平：《社会利益论》，人民出版社 1988 年版，第 68 页。
② ［法］霍尔巴赫：《自然的体系》（上卷），管士滨译，商务印书馆 1999 年版，第 260 页。
③ 《马克思恩格斯全集》第 1 卷，人民出版社 1956 年版，第 165 页。
④ 《马克思恩格斯全集》第 1 卷，人民出版社 1956 年版，第 439 页。

网络技术为人们提供越来越多的信息交往便利，信息生产和信息服务逐渐成为社会生产的主要方式，信息主义日益成为网络社会的主要发展方式。因为信息不仅能够满足人们日益增长的精神需求，而且能够不断地转化为可以外显的生产力，创造物质财富，满足人们的物质需求。因而，人与人之间的利益关系，除表现为对实物的使用和占有外，还表现为对信息的获取和享用。信息交往已成为信息时代人与人之间利益关系的重要载体。网民群体成员之间的交往从本质上讲就是信息交往。因此，网民群体成员之间得以缔结关系的核心是共同的利益。

第四，共建共享、人际拓展和自我实现的基本诉求是大学生网民群体生成与发展的强劲动力。

大学生网民群体作为一种自组织群体，是大学生网民在需要的前提下基于相同的兴趣爱好和共同利益一致基础上积极参与、交流与互动的结果。从根本上讲，大学生网民之所以愿意加入某一群体，还在于其基于自身成长和全面发展需要的三大基本诉求，即群体成员之间的共建共享、人际拓展和自我实现。其中，共建共享是大学生网民群体生成与发展的基本诉求，人际拓展是大学生网民群体生成与发展的中级诉求，自我现实是大学生群体生成与发展的高级诉求。具体地说：

其一，共建共享是大学生网民群体发展的基本诉求。自由和共享，是互联网精神的终极体现，也是互联网文化的内在价值。大学生网民共建群体之后还需要共同经营，共同维护。唯有如此，群体才能得到可持续发展和生存，群体成员才能实现获取信息，探求知识、愉悦精神的共享活动之基本诉求。具体说来，这种共享又依次经过信息共享、知识共享和思想共享三个层次，由低到高，逐次递进。

网络已经成为人类共创信息与共享信息的平台，人类在长期的交往实践中创造并承袭着的信息传播模式，正在网络信息技术的推动下发生本质性改变。互联网正在将信息传播的能量从网络延伸到网络之外的更为广阔的社会生活领域，对社会生活的各个方面产生着影响与改变。正如比尔·盖茨在《未来时速》中断言，"我们即将进入 21 世纪，数字时代的工具和连通性给我们提供了崭新的和不寻常的方法，使我们能容易地获得和共享信息并按信息来行动"。他指出："因特网为信息共享、信息协作和商务创造了一个新的万能空间。它提供了一种新的媒介，具有如电视和电话那样的及时性和自发性，并与书面通信的广度和深度结合起来。此外，寻找信息和把有共同兴趣的同行连接起来的方法则是全新的。"① 所谓信息共享（Information Sharing），是指大学生网民在网络活动中通过自己生成、发布的信息或者对其他网友提供的信息进行搜索、选择，以达到获取知识、沟通思想、交流情感、分享经验的目的。

知识是信息的内容，信息是知识的载体。信息共享的过程本身就体现为对知识的获取、占有和享用，通过知识共享（Knowledge Commons）大学生网民可以在短时间内积聚大量的知识总量，从而为自己的知识更新和知识创新奠定了坚实的基础。在信息社会，一个人需要具备知识共享的基本能力，如获取新知识的能力，共享经验与知识，团队交流与合作及对知识共享的参与等。从某种意义上讲，单个的大学生网民所拥有的只是一座知识的孤岛，只有通过网民群体成员之间的互动共享以建立知识之间的相互链接，一座座彼此孤立的知识之岛才能聚合成为一个强大的知识共同体，裂变为知识的海洋。

知识是人们对主客观世界的认识结果，是人类思想的结晶。思想共享是指大学生网民群体成员之间通过网络沟通与互动交换彼此观点和看法，从而补充和修正自己的观点和看法，或者开阔视野、丰富自己思想观点的活动。人们之间思想的交流与共享将会促使他们产生出更多的思想，从而推动着科技的进步，社会的发展。正如萧伯纳说："倘若你有一个苹果，我也有一个苹果，而我们彼此交换这些苹果，那么你和我仍然各有一个苹果。但是，假如你有一种思想，我也有一种思想，而我们彼此交流这些思想，那么，我们每个人将会有两种思想。"

其二，人际拓展是大学生网民群体发展的中级诉求。人是社会性动物，人的本质是"一切社会关系的总和"，因此，社会关系的丰富程度决定着人的发展高度。现实生活中，人们总是通过某种途径或者借由某种因缘拓展自己

①　［美］比尔·盖茨：《未来时速》，蒋显、姜明译，北京大学出版社 1999 年版，第 2—3 页。

的人际交往圈子，以结交和认识更多的人，建立和发展出一个个人际关系网络。这不仅是一个人自我发展过程中享用不尽的人脉资源，更是一个人自我存在和社会认同的表征。

人际交往是人类存在的方式。没有人际交往，就没有人类的社会生活，也就没有社会化的人类。个体的人通过与他人交往，获得信息和知识，发展体力和智力，参加生产、学习等社会活动。网络的出现，为人们之间的交往和社会关系的拓展打开了方便之门。人们借助于网络媒介不仅丰富和发展了现实的社会关系，而且也丰富和发展了网上的社会关系。因此，大学生网民群体的发展必然以社会关系的丰富和人际拓展为诉求。

其三，自我实现是大学生网民群体发展的最高诉求。马克思主义人学理论将人的全面发展作为思想政治教育的最高培养目标，其实人的全面发展就是要致力于促进人的自我实现，即人的潜能的发挥。因此，将自我实现作为大学生网民群体发展的最高诉求是符合马克思主义人学原理的。

自我实现在马斯洛那里有着特定的含义。在马斯洛的需要层次理论中，自我实现的需要是继人的生理、安全、归属、自尊等基本需要的优势出现之后才会产生的最高层次的需要。所谓需要的优势，是指某种需要在决定人的行为上所具有的力量和强度。优势需要，就是在决定人的行为上，具有的最大的力量和强度的那种需要。关于实现自我需要，马斯洛在不同的地方，从不同的角度做过不少表述，最通俗的说法莫过于这段话："一位音乐家必须作曲，一位画家必须绘画，一位诗人必须写诗，否则他始终都无法安静。一个人能够成为什么，他就必须成为什么，他必须忠实于他自己的本性。这一需要我们就可以称为'自我实现需要'"。紧接着，他认为，自我实现就是"使潜能得以实现的倾向。这种倾向可以说是一个越来越成为独特的那个人，成为他所能够成为的一切。"[①] 马斯洛还说："自我实现也许可以大致描述为充分利用和开发天资、能力、潜能等等。这样的人似乎在竭尽所能，使自己趋于完美"。[②] 由此可见，在马斯洛看来，自我实现就是最大限度地发挥人的潜能

① ［美］马斯洛：《动机与人格》，许金声等译，华夏出版社1987年版，第53、54页。
② ［美］马斯洛：《自我实现的人》，许金声等译，生活·读书·新知三联书店1987年版，第4页。

和创造力。潜能这一概念是一种假设，它意味着：对于任何人，只要为他提供必要的条件，他就有可能自我实现，因为他有自我实现的潜能。生理学和心理学的研究表明，人的潜能是十分巨大的。20 世纪初，美国著名哲学家和心理学家威廉·詹姆士曾经指出："与我们应该成为的人相比，我们只苏醒了一半，我们的热情受到打击，我们的蓝图没有能够展开，我们只运用了我们头脑和身体资源中的极小一部分。"因此，创造潜能的发挥是人的最高需要，是人生追求的最高目标，这一目标的实现就意味着自我实现。

大学生网民群体的存在有利于大学生网民的自我实现。尤其对那些在实际生活中缺乏自信、心烦意乱、人缘不好，缺乏社会支持的人来说更是这样。在大学生网民群体的互动和角色扮演中，他们很容易找到自信，发现自我。

二、大学生网民群体生成与发展的外在原因

社会学理论认为，社会群体的生成与发展至少需要具备两个方面的条件：一是需要有一种能够支撑群体社会生活的物质条件，如一定的空间场域、自然生态环境等；二是不同的人们愿意相互依赖，并在共同参与建设中产生持续的社会互动。这是任何社会生活共同体得以形成和发展的外在原因。基于此，笔者认为，大学生网民群体生成与发展的外在原因包括：网络和通信技术的发展、大学生网民的网络实践活动（即网络行为）、社会比较的压力、大学生网民自身成长过程中所面临的学业、考研、就业等竞争的压力。具体地讲：

第一，网络和通信技术的发展——大学生网民群体生成与发展的技术条件。

网络和通信技术的发展，引起整个社会生产、生活方式的深刻变化，催生了人类第二生存空间——"网络社会"，开启了人类生活方式巨变的帷幕即"网络化生存"，奠定了人们共同开拓和经营网上生活的物质基础，也为满足人类群体性归属的需求提供了技术条件。正如埃瑟·戴森所说："如果加以正确地运用，Internet 能够成为一个强有力的、促进社区发展的技术工具，因为它鼓励人们的相互交流——而这正是社区形成的必要条件。Internet 的优势之

一是，它使超越地理限制去营造社区成为可能。人们需要做的只是彼此寻找、分享个人自己的兴趣与目标。"①

网络是现代科学技术的产物，它伴随现代科技而产生，并随着现代科学技术的发展而飞速地发展。回顾互联网的发展历程，我们可以看到，虽然互联网诞生的初衷是出于冷战的需要，但它却在客观上为人们的社会交往带来了便捷。

互联网的雏形是服务于军事目的的阿帕网（ARPAnet）。1957 年 10 月 4 日，苏联向太空发射了第一颗人造卫星 Sputnik，此事引起美国人的恐慌，他们担心苏联将卫星用于军事目的，特别是有可能对美国实施的核打击。为了应对苏联人的挑战，1958 年初美国在五角大楼内设立高级研究规划署（Advance Research Projects Agency，即 ARPA），负责美国所有的空间开发项目和最新战略性导弹研究。阿帕网是由高级研究规划署（ARPA）于 1969 年创建的一种计算机网络。阿帕网的建立就是使为高级研究规划署服务的计算机中心与研究组织实现计算机在线共享。成立之初的阿帕网只连接了 4 个节点，即加州大学洛杉矶分校、斯坦福大学研究学院、加州大学伯克利分校以及犹他大学，直到 1975 年，网络上的节点也只有 100 个。"早期的 ARPΛ 计算机网络是个相对封闭、与其他网络大同小异的网络系统，网络的使用者仅限于在五角大楼资助的计算机实验室工作的一小部分精英。"② 美国以及其他地方有成千上万的教师和研究人员渴望使用网络，但是他们被排斥在外。

对计算机网络而言，为满足相互沟通，他们需要建立一种标准的通信协议。1973 年，由文顿·瑟夫（Venton Cerf）、杰拉德·利兰克（Gerard Lelan）和罗伯特·梅特卡夫（Robert Metcalfe）领导的小组构建了传输控制协议（TCP）。1978 年，瑟夫、乔恩·波斯特尔（Jon Postel）和史蒂夫·克洛克（Steve Crocker）在南加利福尼亚大学把 TCP 分成了两个部分，并加入因特网协议（IP），由此产生了传输控制协议/因特网协议（TCP/IP），这一协议至

---

① ［美］埃瑟·戴森：《2.0 版数字化时代的生活设计》，胡泳、范海燕译，海南出版社 1998 年版，第 47—48 页。

② ［英］约翰·诺顿：《互联网从神话到现实》，朱萍等译，江苏人民出版社 2001 年版，第 147 页。

今仍在使用。1982 年，美国国防部命令所有连入网络的计算机必须采用 IP 协议（即 Internet 协议）互联，这也是今天国际互联网叫 Internet 的原因。因为，TCP/IP 协议产生以后，计算机网络才真正地实现了国际互联。

1983 年，由于美国国防部担心可能发生安全问题，因此单独组建了用于特殊军事用途的军事网（MILNET）。从此，阿帕网演变为 ARPA-INTERNET，并吸引了更多的研究目光。1984 年，美国国家科学基金会（NSF）也建立了自己的计算机通信网络，并于 1988 年开始使用 ARPA-INTERNET 作为它的主干网。1990 年，阿帕网因技术过时而被迫退出历史舞台。从那以后，因特网便从军事用途中解放出来，但美国政府授权让国家科学基金会进行管理。后来，随着计算机网络技术在民用领域的放开，以及电信领域的完全解禁，国家科学基金会很快就决定让因特网朝私营化的方向发展。

Internet 的迅猛发展始于 20 世纪八九十年代，原来只为军事、科研、教育服务的互联网，开始广泛渗入社会各个领域，引起整个社会的巨大变化。1989 年，蒂姆·伯纳斯—李（Tim Berners-Lee）和他在欧洲核子研究组织（CERN）的同事企图寻找一条途径来帮助物理学家们更方便有效地使用互联网，在此过程中他发明了组织、存储和访问信息的新方法，他将之称为环球信息网（World Wide Web）。万维网被广泛使用在 Internet 上，大大方便了广大非网络专业人员对网络的使用，成为 Internet 呈指数级增长的主要驱动力，互联网从此开始大规模地进入民用领域，也标志着它进入了大众化发展的新阶段。迄今为止，"互联网展现了有史以来最快速的沟通媒介穿透率：在美国，收音机广播花了 30 年才涵盖 6000 万人；电视在 15 年内达到了这种传播水准；全球信息网发展之后，互联网只花了 3 年就达到了。……互联网的使用者也是生产者，既提供了内容，也塑造了网络。"[①] 目前，国际互联网已覆盖全球五大洲的 230 多个国家和地区，网民人数已超过 20 亿，网络已渗透社会生活的各个方面，成为人们日常生活中不可或缺的一部分。

---

① ［美］曼纽尔·卡斯特：《网络社会的崛起》，夏铸九、王志弘等译，社会科学文献出版社 2006 年版，第 330 页。

我国互联网的发展起步较晚。1986 年，北京计算机应用技术研究所与德国卡尔斯鲁厄大学合作建设中国学术网（China Academic Network），由此开启了我国互联网历史的新纪元。1987 年 9 月 20 日，钱天白教授发出的我国第一封电子邮件"越过长城，通向世界"，从此揭开了中国人使用 Internet 的序幕。1988 年 3 月，中国计算机科技网（CANET）项目启动，旨在组织中国众多大学、研究机构的计算机与世界范围内的计算机网络相连。1989 年 5 月，中国研究网（CRN）通过当时邮电部的 X.25 试验网（CNPAC）实现了与德国研究网（DFN）的互联。1989 年 11 月，国家计委利用世界银行贷款启动了 NCFC 项目的建设。1992 年底，NCFC 工程的院校网，全部完成建设。[①] 1994 年 4 月 20 日，NCFC 工程通过美国 Sprint 公司连入 Internet 的 64K 国际专线开通，实现了与 Internet 的全功能连接。[②] 从此中国被国际上正式承认为有互联网的国家，1995 年中国互联网接入和服务面向社会正式开放，网络在中国开始迅速发展。

正如历史上很多的科技发明一样，建立网络的最初目的不是为了满足民间交往的需要，而是为了军事目的。但是由于计算机网络的特点，使得它在日后的发展过程中注定要成为人类进行交往的一个不可或缺的方式和空间。阿帕网项目的负责人、行为心理学家 J.C. 利克里德早就指出，电脑和电脑网络的根本性质来自人类对信息交往的要求，它的作用应当是为人们的信息交流服务而不仅仅是计算。在他看来，"通过性能良好的控制盘和网络结构，人们能和计算机进行真正有效的信息交流"。[③] 网际互联网可以为用户提供许多免费服务，其中的电子邮件（e-Mail）、远程登录（Telnet）、网络新闻（Usenet News）、文件传递（FTP）、网络浏览（WWW）、阿奇（Archie）、电子公告板（BBS）、在线数据库（online Database）、综合文件系统、多人交谈系统、多人在线游戏等为网民在互联网上实现虚拟匿名交往提供了技术支持。借助网络，网民们可以到各个网站浏览信息，下载资料与软件，欣赏音乐和影视，参与网上各种问题的讨论，分享彼此的经验与感受，同时也提供了人

---

① 中国互联网信息中心：《1986—1993 年互联网大事记》。
② 中国互联网信息中心：《1986—1993 年互联网大事记》。
③ 童星等：《网络与社会交往》，贵州人民出版社 2002 年版，第 23 页。

们"以网为缘"和"因网结缘"的各种可能性，使现实社会的人们超越地理限制去营造网络社群成为可能。早在网络萌芽时期，瑞恩高德就指出："人们使用网络有两个基本出发点：一是娱乐和获取信息，二是组成所谓的'虚拟社团'"。① 从网络新闻组，到 BBS 论坛，再到聊天室和各种即时通信，互联网为网民们提供了全新的互动交流形式。正如比尔·盖茨所说，"互联网对于人类的社会生活有着实质性的影响，它将成为人们日常生活中不可或缺的新沟通渠道与生活空间"。他强调，"网民正在经历一个重要的历史时刻，在不远的将来，互联网将完全融入人们的日常生活环境，并变得几乎无影无踪，成为人们生活与交往的无形背景"。② 曼纽尔·卡斯特认为，"新信息技术正以全球的工具性网络整合世界。以电脑为中介的沟通，产生了庞大多样的虚拟社群。"③

网络最有价值的特点之一是它对人与人之间关系的发展，网络使得"单子聚集起来，起到社会节点的作用，为那些变动不居的单子培育起多重的可以随意选择的亲和关系。"④ 也就是说，单子的网民通过网络聚集起来组合成网民群体，网络技术本身可以将进入网络空间的社会个体进行群体的划分。加拿大的电脑科学家西巴·帕克特提出一个表述，叫作"简单得可笑的群体构建"，认为互联网的价值绝大多数来自它作为群体构建的工具的作用，这一观察常常被称为里德定律（Reed's Law），它以戴维·里德的名字命名，内容为："随着联网人数的增长，旨在创建群体的网络的价值呈指数级增加。"⑤ 网民群体的产生是计算机网络和通信技术带来的必然结果。互联网和通信技术为网民群体的生成创造了客观的必要条件。

第二，大学生网民的网络实践活动——大学生网民群体生成与发展的社会条件。

---

① ［英］约翰·诺顿：《互联网从神话到现实》，朱萍等译，江苏人民出版社 2001 年版，第 39 页。

② ［美］比尔·盖茨：《未来之路》，辜正坤等译，北京出版社 1999 年版，第 6 页。

③ ［美］曼纽尔·卡斯特：《网络社会的崛起》，夏铸九、王志弘等译，社会科学文献出版社 2006 年版，第 19 页。

④ ［美］迈克尔·海姆：《从界面到网络空间——虚拟实在的形而上学》，金吾伦、刘钢译，上海科技教育出版社 2000 年版，第 2 页。

⑤ 胡泳：《网络社群的崛起》，《双周刊》2009 年第 22 期。

　　网民群体的生成是以电脑沟通和网络为中介的，网络和通信技术在网民群体的形成过程中扮演着非常重要的角色。但是，仅有网络和通信技术的发展、个人电脑和手机的普及，只是具备了网民群体生成与发展的必要条件。人作为社会性动物，不仅在现实社会中具有群体归属的需要，在网络世界里也不例外。网民们为了满足"工具性需要"和"表意性需要"而进行的网络实践活动（即网络行为）是大学生网民群体生成与发展的充分条件。

　　网络行为就是网民依托于网络空间"场域"所从事的各种日常社会活动的总和，包括浏览、阅读、搜寻信息，书写、发帖或回帖、聊天、通信、交友、购物、在线学习、下载或上传文件、在线看电影或听音乐、玩网络互动游戏等。黄少华认为，与现实社会生活中的行为相比，网络行为呈现出若干新的社会特征：首先，"网络行为是一种以身体不在场为基本特征的虚拟行为。其次，身体不在场使人们无须担心'规训权力'的约束，因为身体不在场使人们在网络空间可以隐匿自己部分甚至全部的社会身份，重新塑造另一个甚至几个在线身份，并同时维持数个可能截然不同的在线身份。再次，由于身体不在场，人们在网络空间的社会行为，必须依赖语言、符号或图标才能进行，网络行为在本质上是一种数字化的文字、图像、符号行为。"①

　　根据行为取向，可将网民的网络行为区分为工具性取向的网络行为（目的是通过理性方式获取一定的资源，如信息、社会地位等）和情感性取向的网络行为（目的是满足情感上的某种需要或获取愉悦感）两种基本类型（王卫东，2003）。由于网络行为的类型不同，网民群体的生成样态也就不同。

　　最常见的工具性取向的网络行为就是网上"点击"（click）以获取信息的行为。当网民通过电脑进入网络空间，开始"点击"浏览网页、搜集各种信息时，他们就已经在同网络上的其他网民进行接触和互动了。正如西方学者威尔曼（Barry Wellman）所指出的，"当网络联络计算机之时，也就联系了使用计算机的人们，而就在'连接上了'的时候，计算机网络就变成了社会网络。在此社会网络各节点上的人，尽管没有同其他的网络行动者产生直接的

----

　　① 黄少华：《网络空间的社会行为——青少年网络行为研究》，人民出版社2008年版，第52—53页。

互动，但是通过浏览信息等方式，他们之间已经产生了间接的联系"。① 多个的网民通过"点击"行为形成了对某一网络新闻的围观，实际上相当于现实社会中众多的人聚集在一起而形成的临时群体。在网络空间里，这种网民群体可以说比比皆是，是网络社会里结构相对较为松散的群体。此类网民群体是网民基于获取信息的需要而产生的。

最常见的情感性取向的网络行为就是网络交往行为。除因偶然的"点击"行为而产生的网民群体外，还有一些网民完全是有意识地在网络上寻找与自己有着共同兴趣、爱好或其他共同利益的网民，然后通过某种形式（如聊天室、论坛、QQ群等）联结起来，形成联系紧密，经常互动交流的网民群体。

社会是由人所组成的，是人们交互活动的产物。没有人们之间的交互作用，便无以形成社会。马克思说："社会——不管其形式如何——是什么呢？是人们交互活动的产物。"② 交往不仅是形成人们之间普遍的社会联系和关系的一条纽带，而且也是构成社会有机体的不可或缺的基本要素和内容之一。人类社会就是在交往的基础上形成的，同时交往又推动着人类社会的发展。在原始社会，由于社会生产力水平低下，社会封闭，人们之间的交往对象只能局限在一定的区域和血缘之间，交往的手段只能依靠面对面的语言与肢体表情，个人的发展受到限制。随着社会生产力水平的提高，出现了社会分工，人们交往的范围随之扩大，交往手段日益丰富，交往水平不断提高，社会关系日益丰富，在此基础上形成的社会群体也更加多样化，从而为人的发展创造了更为有利的条件。

网络的出现，迎来了人类交往史上的一次革命性的变革。网络空间的交往是一种新型的人际交往方式——网络交往。网络交往不仅可以实现信息资源的共享，而且也扩展了人的活动范围。通过网络，人的活动范围扩大到整个世界和人类。在世界向人开放的同时，人也向世界开放。每个人在网络上的活动都可能产生广泛的社会影响，乃至世界性的影响。从这个意义上讲，网络社会让每一个个体都能参与推动世界历史的进程，成为世界历史的主体，

---

① 童星等：《网络与社会交往》，贵州人民出版社2002年版，第27页。
② 《马克思恩格斯选集》第四卷，人民出版社1995年版，第520页。

"数字化生存"使得任何一个个体都能发出他的声音。

所谓网络交往就是以网络为中介，以屏幕为情境，以文字或图形为载体的特殊的社会交往活动。网络本身所固有的平等性、开放性、交互性、虚拟性、匿名性等多种特征，为广大网民之间的交往和互动提供了非常便利的条件。网民只要通过电脑、手机等通信终端设备进入网络空间，与其他的网民进行接触和互动，就会发生网络空间的交往活动。从广义上说，对于任何一个网民来说，网络交往活动在他通过网络终端进入网络空间时就已发生。当人们开始浏览网页、搜集各种信息时，他们就已经在与网络上的其他网民进行互动。从狭义上讲，网络交往就是网民以互联网络为活动平台、在网络空间中进行的，借助于信息的传递和共享达到相互沟通、相互理解，进而形成虚拟社会关系的活动。从这个意义上讲，网络交往活动的生成必须借助于各种网络工具或者软件，如通过电子邮件、新闻组、BBS、网络聊天、在线网络游戏等各种手段，同他人进行信息交流和沟通，从而发生具体的网络交往行为。无论是广义上的网络交往还是狭义上的网络交往，都可以生成网民群体，只不过是在广义网络交往基础上生成的网民群体，基本上都是单向互动的网民群体，而在狭义的网络交往基础上生成的网民群体，基本上都是双向互动的网民群体。网络交往的形式包括信息的发布与浏览，电子邮件与新闻组的使用，在线聊天与讨论，虚拟社区、网络论坛的参与等等，它的内容包括信息的获取，情感的交流，利益的交换，以及游戏娱乐等，以满足网民不同的需求。

第三，社会比较——大学生网民群体生成与发展的外在压力。

社会学理论认为，与他人进行比较是了解自我的重要源泉。一旦我们想要知道在某项具体的品质或能力上我们处于什么位置，而客观的信息又不可利用时，我们就会将自己与他人进行比较。这种策略就是社会比较理论的核心。1954年，现代社会心理学的先驱利昂·费斯廷格（Leon Festinger）提出了社会比较理论（social comparison theory）。费斯廷格认为人们需要对他们的能力水平和态度的正确性做出准确的评估。为了做到这一点，他们与和他们相类似的个体进行比较，而后评定自己的水平。

今天，心理学家对于社会比较过程的理解已经比费斯廷格最初的模型深入很多。社会比较理论的范围已经得到了扩展。我们现在了解到人们所做出的比较判断不仅包括了他们的能力与观点，而且还包括了他们的情感、人格与成绩维度（如薪水和声望）。社会比较的过程对社会生活的很多方面都有影响。研究者发现，社会比较可以为各种各样的个人目的和动机服务。不足为怪的是，这些动机与那些更加普遍的驱动自我调节的动机非常相似。社会比较的目的如下：第一，准确的自我评价。正像费斯廷格所提出的一样，有时人们想要真实地了解自己，甚至是在反馈信息并不完全令人满意的情况下也是一样。比如，当你通过比较，发现自己比他人表现得差时，可能反而会激励你付出更多的努力，或者促使你改变自己选择的目标。第二，自我强化。人们可能会用他们自己比较优秀的方面与他人进行比较，而不是追求一个真实的自我评价。自我强化的愿望会促使人们与那些不如他们幸运，不如他们成功或者不如他们幸福快乐的人进行向下社会比较（downward social comparisons）。将自己与不如自己的人进行比较，确定可以使一个人认为自己更优秀。第三，自我进步。人们有时会将自己与成功的模范进行比较。也就是说，自我进步的愿望会导致人们与那些更成功的人进行向上社会比较（upward social comparisons）。当然，这样做的危险是与我们强很多的人进行比较会使我们受到打击，并会让我们产生无能、嫉妒或者羞耻的感觉。

　　人是社会的人，生活在这个世界上，难免要与他人进行各方面的比较，所谓"比上不足，比下有余"就是对这种情况的典型反映。通过社会比较，有的人获得了自我满足和安慰，于是裹足不前（向下社会比较），有的人则获得了不断奋斗、进取的强劲动力（向上社会比较）。因此，在我国的社会文化环境中随处可见社会比较现象。比如，20世纪90年代以前，人们见面之后总是习惯地问候："你吃饭了吗？"，90年代以后，这种问候变成了："你上网了吗？"如今，人们见面时又会说："你开心了吗？""你偷菜了吗？"等等。这些问候的变化不仅反映着社会文化的转向，从社会学的理论上讲也是一种社会比较，这种自发的比较会对个体产生重要的影响。大学生身为"网络世代"，他们始终伴随着数字化成长，是否拥有一台属于自己的家用电脑，是否上网，是否有QQ号码、电子邮箱，是否在玩某个网络游戏，是否加入班级QQ群、校友录等等，是他们同群体进行社会比较的主要内容。通过这种比较，使他们认识到自己在某方面的"落伍"和有可能失去同群体交流话语权的危机，这强烈地刺激着他们的需要，驱使他们想尽一切办法迎头赶上，尽快走进网络，加入网民群体之中。这就构成了大学生网民群体生成的外在压力。

第四，大学生自身成长过程中所面临的学业、考研、就业等竞争压力——大学生网民群体生成与发展的外在动力。

随着我国高校信息化建设的突飞猛进，网络已经覆盖了大学校园，成为学校教学、科研、管理、后勤等各方面工作的重要组成部分。不仅校园网站里有着海量的关于大学生学习、考研、就业等方面的信息，而且一些商业门户网站为了吸引眼球，提高点击率也同样免费地提供了大学生所需要的学习资源。大学生在课程学习、考研、择业就业等方面对计算机和网络的依赖程度越来越高，大量课程的教学课件、参考资料都放在网上，学生们可以随时查阅和学习，学生和教师之间的学术讨论和学习答疑也通过网络学堂等教学网络平台或者电子邮件来实现；大学生的选课、借阅书籍、作业提交、甚至是考试都可以通过网络平台进行；大学生还可以通过校园网络获得学校教学管理的各种信息、查询学术研究的各类资料、参加学校在网上进行的各种教育活动；大学生还可以在校园 BBS、各种贴吧里面交流考研、求职就业方面的信息。正是为了满足学习、考研、择业就业等竞争的压力，驱使大学生选择网络，选择加入各种网民群体。

第三节 大学生网民群体生成与发展的基本机制

大学生网民群体的生成与发展是有一些基本机制可循的。机制原指机器的构造和工作原理。生物学和医学通过类比借用此词，指生物机体结构组成部分的相互关系，以及其间发生的各种变化过程的物理、化学性质和相互关系。现已广泛应用于自然现象和社会现象，指其内部组织和运行变化的规律。纵观大学生网民群体生成与发展的整个过程，主导其内部组织和运行的基本机制有四个：即情感共鸣机制、话题牵引机制、符号互动机制和角色扮演机制。

一、情感共鸣机制

情感是人对客观事物是否满足自己的需要而产生的态度体验。情感总是由一定的客观事物引起的，它不是反映客观事物，而是反映人的主体意识对客观事物的需要的关系，是人的某种倾向性的表现。情感不同于情绪，因为情绪有较明显的外部表现，由于它表现在冲动上，因此它缺乏稳定性，易于变化；又由于它是伴随着某种情景而产生的，因此它又随着情景的消失而顿时减弱或消失，具有暂时性特点。相对于情绪来说，情感就具有稳定性而缺少冲动性，容易受理性的支配而不表现于外。

所谓情感共鸣是指两个人或者一个群体在日常行为和生活上产生了一种灵魂上的和精神上的无限延展和沟通，对事物的看法和理解基本一致，达到配合默契的交往。从严格的社会学意义来讲，一个群体就是由两个或两个以上的具有共同认同和团结感的人所组成的人的集合，群体内的成员相互作用和影响，共享着特定目标和期望。情感共鸣机制则揭示了大学生网民群体的生成与发展是以大学生网民存在着共同的兴趣、爱好、价值观等为情感基础的，没有这种共同情感基础，就不可能也不会有大学生网民群体的生成与发展。因此，情感共鸣机制理应成为大学生网民群体生成与发展的基本机制之一。

"人非草木，孰能无情？"作为感情动物，每个人在交往中都会产生情感，不同的情感会对交往产生不同的影响。在现实生活中，人们对某种事物有大体相同的需要体验。如某一类人对某种事物表现出基本相同的态度，流露出大致相同的倾向。工作顺利则感到轻松愉快遇到挫折则烦躁苦恼；对知己好友亲密无间，对关系疏远或陌路之人则不予理睬。赞成与反对，喜爱与厌恶，温和与愤怒，这些完全相反的需要体验，可以引起同类人的共鸣，也可以激起另一类人的抵触。古人云："嘤其鸣矣，求其友声"。《荀子》说："友者，所以相有也；道不同，何以相有也？"意思是说，所谓朋友，就是能够互相交流、彼此助益的人；而思想志趣不同，又怎么交往、如何助益呢？穿行于网络空间的网民们之所以能够集结成群，是因为他们在心理上对某种事物都有着相同或相似的态度体验。换言之，是因为情感的共鸣才使得单个的网民集结成为数量可观的网民群体，正所谓"志同则道合，德同则相聚"。因为需要是人的心理活动的重要动力，尤其是社会性的需要，在人的情感中起着极为重要的作用，它是形成人的某种倾向的制约因素。正因为如此，不同的人，由于愿望与需要的不同，个体的实践的目的性不同，因而有着不同的体验，产生不同的情感。社会中每一个人都不能离群索居，都有交际的需要，但不管以什么样的方式进行交际，相互之间都怀有自己的打算，都是出于某种需要，都要以较合理的形式来满足自己，实现交际的目的。在网民群体的形成与维系活动中，情感的作用尤为重要。

二、话题牵引机制

根据《现代汉语词典》的解释，"话题"是指"谈话的中心"。话题牵引机制揭示的是在大学生网民群体生成的过程中，大学生网民总是围绕着一定的话题进行交流、互动进而形成共识，结成群体的；同样，一个群体的发展也需要相关话题的牵引，如果一个群体内部缺失了其成员感兴趣的话题，那么该群体就会限于停滞，其成员就会流失，群体的存在就会出现危机。因此，话题牵引机制是维系群体生成与发展的基本机制之一。

遨游于信息海洋中的网民根据各自的兴趣发起"话题"，即"发帖"。网络空间足够浩瀚，不管你的话题涉及政治、经济、文化、还是民生等社会热点，抑或是学习、生活及情感发泄等琐屑事件，你都可以在这个虚拟的国度中找到"志同道合"的朋友，他们会对你的帖子评头论足（即"跟帖"），也可以将之转发（即"转帖"）。当某种有影响的话题出现后，很快就在网络上各个论坛、新闻组以及邮件列表等地方迅速做出反应，并以"多对多"的交流形式在电子空间里"一石激起千层浪"，当网民的反应到达一定强度时，他们的意见或情绪，就会在更大范围内引起几何级数的震动与共鸣，形成混沌学所说的"蝴蝶效应"，吸引众多网民的围观，形成特定的网民群体。

大学生网民群体生成、发展与互动中所涉及的话题可以根据不同的标准划分为时政类话题、经济类话题、法律类话题、文学类话题、教育类话题、体育类话题、军事类话题、社会民生类话题、与学习有关的话题、娱乐类话题、情感类话题、择业就业类话题等等。上述话题还可以根据所涉议题是否与社会公众有关,将其归类为社会公众话题和私人话题,前者事关社会公众利益,是与现实社会中的事件发生、发展过程基本同步的,内容反映的是大众关心的事情,从娱乐圈到体育影视,从国内政治到外交风云,无所不有;后者主要是与大学生自身成长成才相关的事情,主要涉及个人情感、友谊、婚姻、家庭、考研、就业、理想等私密性的议题。根据笔者的网络跟踪观察与个别访谈,最受大学生网民欢迎的话题为社会热点话题、与自身成长相关的话题、情感类话题和校园新颖事件。

纵观大学生网民群体生成与发展的历程,不难发现其谈论的话题大多数都经过了一个逐步扩张到分类细化的过程。在论坛开设之初,一般只设综合性的栏目,在这些栏目中,网民天南地北无所不谈。但这种情况维持不了多久便难以满足网民不同的个性需求,由于网民的年龄、职业、文化程度、兴趣爱好、价值观等诸方面的不同,他们希望寻求一种与自己兴趣爱好相同或相似的公共话语空间。网民的这种内在需求催生了网络论坛的分类细化,即便是同一个论坛,其栏目的设置也越来越多,讨论的话题越来越细。可见,论坛与话题的分化过程也正是大学生网民群体生成与发展的过程。因此,我们可以说,在大学生网民群体生成与发展的整个过程当中,是一直围绕特定话题并由话题所牵引、所决定的。

三、符号互动机制

所谓符号是"指一群所认可的任何能有意义地表达其自身之外的事物的东西"。[①] 通过符号,我们能够理解现实,能够交换和保存复杂信息。符号互动机制的基本内涵是指在大学生网民群体的生成、发展以及网络互动的全过

---

① ［美］戴维·波普诺:《社会学》(第 10 版),李强等译,中国人民大学出版社 1999 年版,第 90 页。

程当中，就其形式来说是人（网民）与机（计算机）之间的互动，就其内容而言则是某种符号的互动，不论这种符号表现为语言、文字，还是声音、图像。符号互动机制是大学生网民群体生成与发展的基本机制之一。

哲学家们认为，人不但生活在物理世界中，同时也生活在符号世界中。德国现代哲学家恩斯特·卡西尔（Ernst Cassirer）把"人定义为符号的动物"，认为"符号化的思维和符号化的行为是人类生活中最富于代表性的特征，并且人类文化的全部发展都依赖于这些条件，这一点是无可争辩的。"[①]人类文化的各种现象——神话、宗教、语言、艺术、历史、科学等等都是人自身以他自己的符号化活动所创造出来的"产品"。"文化总是以各种各样的符号来表示，从人类的器具用品、行为方式到思想观念，皆为文化之符号或文本。"[②]人类学的研究表明，人与动物的根本差异，就在于人能够创造与使用符号。"人每时每刻生活在符号的世界中，运用符号作为意义表述的工具。借助于符号，人们表达自己、阐释世界、交流与传播各种信息资源。"[③]人类在符号的创造与使用中不断推动着社会文明的发展进程。

符号互动理论认为，人与人的互动是运用符号进行的。人是符号的动物，人用符号进行思考、交流和创造，这意味着我们可以建立并生活在一个不同于物理世界的纯粹的"符号世界"。现代计算机和网络技术的发展为我们编织了这个梦想，并且日渐将其演变为现实。网络空间是一个符号的世界，所有的信息都是以不同于原子世界的比特的方式而存在，由 0 和 1 组合而成的比特数据本身就是数字化的符号。在网络世界中，各种各样象征性的图标和符号不仅是网络行为主体沟通的中介，而且还是主体与符号进行直接互动时的对象，人们的网络行为在很大程度上奠基于并依赖于由这些信息符号及其相关的知识系统所构建起来的一片数字化疆土。

当大学生网民以自己的真名、假名或者一个匿名，甚至使用一串数字、图形或者字母注册一个 ID 号进入某一网络空间后，就意味着他已经从物理空

---

① ［德］恩斯特·卡西尔：《人论》，甘阳译，上海译文出版社 2004 年版，第 38 页。

② ［加］马歇尔·麦克卢汉：《理解媒介——论人的延伸》，何道宽译，商务印书馆 2007 年版，总序。

③ 曾令辉：《虚拟社会人的发展研究》，人民出版社 2009 年版，第 100 页。

间的原子的人转变为网络空间里的一个数字人或者符号，并由此开始了他的符号化交往历程。在网络空间里，他需要借助于语言、声音、图像、视频等符号与其他网民进行交流和互动。并且，与其他网民群体成员相比，大学生网民群体所使用的语言符号具有丰富性、创新性和引领性等独特的特点。因此，符号互动是贯穿于大学生网民群体生成与发展过程始终的一个基本机制。

四、角色扮演机制

所谓角色是指"对群体或社会中具有某一特定身份的人的行为期待"。[①]"角色"，原本是戏剧中的一个概念，通常指的是戏剧中演员所扮演的剧中人物。因此，一提起社会角色，人们自然而然地首先会联想到戏剧舞台中的角色。把舞台角色这一概念借用到社会学中来，指的就是"社会角色"。一个人占有的是地位，而扮演的是角色。在每一次高度结构化的社会互动中，社会都为其提供了一个"剧本"，用以指导分配不同社会成员的不同角色的扮演。角色扮演机制揭示了在大学生网民群体的生成与发展过程中，不管大学生网民是以真实身份，还是匿名身份出现的，抑或仅仅是一个 ID 号码，但是他们总是扮演着一定的社会角色，按照社会为其提供的"剧本"，承担着一定的社会责任，践履着社会对他们的角色期待。因此，角色扮演机制是大学生网民群体生成与发展的基本机制之一。

中国古语讲："人生如戏，戏如人生"。生活中的一切都是一场场表演，就看你如何去演，是否想把它演好。美国社会学家戈夫曼《日常生活中的自我呈现》这本书中引用莎士比亚的话说："世界是个大舞台，每个人都扮演着一个重要的角色"。人就像是生活大舞台上的演员，虽然他在舞台上扮演着多种角色，但是在每一个特定的场景下他只扮演特定的角色。在一个特定的场景下，演员一方面会努力管理自己的印象，根据需要尽量使自己的行为符合场景的实际和满足他人对自身角色的期望，另一方面，他会通过符号来识别

---

① ［美］戴维·波普诺：《社会学》（第十版），李强等译，中国人民大学出版社 1999 年版，第121 页。

别人的印象。这种角色扮演既包括自我的表演、情感的表达、信息的发出，也包括周围人对这些动作、符号的理解。表演者按着事先设计好的剧本进行表演，每个人都有自己在此情境里特定的角色，但是，每个人的角色会随着情境的变化而改变，并不是固定的。戈夫曼认为，人们表演的区域有前台和后台之分。前台是人们正在进行表演的地方，后台则是为前台表演做准备的、不想让观众看到的地方。前台与后台既是相对的，又可以相互转换，其前提是角色对自己所面对的互动对象的情景界定。

网络空间的出现不仅为网民们的匿名互动拓展了新的空间场域，也为他们的角色扮演提供了更大的舞台。在网络空间，每一个网民通常都会以一个ID账号或匿名出现，这样，他就可以隐匿部分甚至全部现实社会中的身份，甚至那些在现实中无法改变的先赋角色，如性别，外貌等，也都可以在网络空间中轻易地改变。网络行为的这种匿名性特征，使人们可以一方面始终处在隐秘的私人空间之中，而另一方面，他实际上也是在网络空间塑造一个或多个不同于其在现实社会中的身份认同，扮演各种角色与身份，并在网络空间这一公共领域与他人进行各种即时或延时的互动。美国互联网心理学家华莱士指出："网络世界的特点，激发了一系列五花八门的角色扮演、欺诈、半真半假和夸大的游戏，视觉和听觉的缺失以及互联网的隐蔽性，造就了这些内容的出现，同时使人们处于时空的隔离。即使网络并不完全隐蔽，远在天边的距离和较小的社会压力，会令人感到不受约束、不受监视，我们的手指在完成这些工作。"[①] 在虚拟的网络空间，原本是男儿之身，你却化身为一个妙龄女郎；原本是一个内向、木讷之人，你却可以在网络论坛中高谈阔论、滔滔不绝，甚至你还可能虚拟一个甚至多重自我游弋于各种论坛、聊天室。网络构建了一个虚拟的世界，就像一场假面舞会，人人都隐去了自己原有身份和地位，按照自己的意愿和想象，重新塑造自己的角色，尽情抒发自己的情感，发泄自己的欲望。

其实，网民们在网络空间中所扮演的角色，不仅仅是为了表演而表演，

---

① ［美］Patricia Wallace：《互联网心理学》，谢影、荀建新译，中国轻工业出版社 2001 年版，第44 页。

有些角色其实是他们真实的写照，有些则是他们在现实世界中渴望成为然而却由于种种原因无法实现的那些角色。"在互联网中，我们经常会遇到这样诱人的机会进行轻松的角色扮演，而在实际生活里是不可能以这样的方式做事情的。不过，问题在于这类游戏的真实与角色扮演分界，有时混杂在一起，必能为全体人理解或达成共识。"① 雪莉·特克也在《虚拟化身——网络时代的身份认同》中讲道："'你扮演什么，你就是什么……你就是你演的那个角色。'不过人们不只是成为他们扮演的角色而已，人们会扮演他们的真实面貌，或扮演他们心目中的理想自我，或扮演他们不希望自己成为的那种人物。玩'泥巴'（Multi-User Dungeon，简称为 MUD，即多人地下城游戏）的人有时会说，他们真实的自我是他们扮演的许多角色的混合物，有时会说，他们在荧幕上显现的人格是他们解决真实生活问题的工具。"②

　　根据社会心理学的解释，自我是在与他者的互动中逐步形成的，也只有在不同的特定的社会情境中以及与他人的互动关系中，个体的身份与角色才得以展现和确认。网络虚拟空间的特殊性在于人们可以建构虚拟的身份或多重身份，或者按照自己内心的想象建构理想的身份。这种虚拟身份的建构不但可以展露或满足被某些社会规范或者理性（的自我）压抑的人性的另一侧面，也可以探索自我的不同层面，重新认识内在的不同的自我，甚至塑造一个潜藏的内心渴望的自我，实现"新的"身份认同。雪莉·特克利用一系列的个案研究，揭示了 MUD（即"泥巴"）用户怎样利用网上身份来改善他们的现实生活。例如，特克介绍了一位名叫阿瓦（Ava）的研究生，阿瓦在一次车祸中失了一条腿，在康复的过程中，她来到 MUD 上，并创造了一个一条腿的人物。不久之后，她所创造的人物就与另一个人物发展出了感情，他们进行了虚拟的做爱。按照特克的说法，这些网上的交往，使阿瓦不再对自己的真实身体的感受忧心忡忡。对她来说，网络是个疗伤的地方。特克认为："我们每个人都是不完全的，虚拟空间提供一处安全的地方，让我们恣意发掘

---

　　① ［美］Patricia Wallace：《互联网心理学》，谢影、苟建新译，中国轻工业出版社 2001 年版，第 49 页。

　　② ［美］雪莉·特克：《虚拟化身——网络时代的身份认同》，谭天、吴佳真译，远流出版事业股份有限公司 1998 年版，第 264 页。

我们缺少的那个部分，好让我们更能接受自己。""虚拟世界不是监狱，它可以是橡皮艇、梯子、转型的舞台，或者暂时停止的状态，在得到更多自由后即可丢弃。我们无须放弃网络上的生活，但我们也不必将它看作是现实生活的替代品。我们可以拿它作为成长的地方，我们能够自己决定想要的个性，此点使我们更易了解自己在日常生活中想要的是什么。就像人类学家离开异邦文化回到家一般。虚拟世界中的旅行者，在回到真实世界后，将更加了解世界的巧妙之处"。①

　　综上所述，在大学生网民群体的生成与发展过程中，情感共鸣机制、话题牵引机制、符号互动机制和角色扮演机制相互依赖、相互作用，缺一不可。其中，情感共鸣机制是大学生网民群体生成与发展的前提，话题牵引机制是推动大学生网民群体生成与发展的强劲动力，符号互动机制是大学生网民群体网络互动的本质，角色扮演机制则是大学生网民群体生存与发展的必然结果。这四大机制密切联系，共同形成有机统一的基本机制体系。

---

① ［美］雪莉·特克：《虚拟化身——网络时代的身份认同》，谭天、吴佳真译，远流出版事业股份有限公司 1998 年版，第 375—376 页。

第五章 大学生网民群体网络互动的场域与问题

　　大学生网民群体因共同的兴趣、爱好、价值观念而建立，但是群体的存在和发展则需要群体成员主动、积极地参与网络互动而维系。本章旨在考察大学生网民群体网络互动的内涵、互动的结构与互动的模式，网络互动的场域，然后通过网络跟踪观察和问卷调查得来的实证数据揭示出大学生网民群体在网络互动中存在的问题。

第一节　大学生网民群体的存在需要网络互动

　　网络不仅仅只是传递信息的媒介，也形塑了一个人类生存的新空间和交往互动的新场景。因为它"打破了传统社会的时空限制，将距离和时间压缩到零，并且通过脱域机制把社会关系从地方场景中抽离出来，在无限延伸的全球时空中再嵌入。"[①] 这就意味着，网络的出现可以使世界各地的人们超越时空的限制，跨越高山大川的阻隔，自由自在地交往与互动，小小地球已俨然成为一个村落。大学生网民由于兴趣、爱好等诸多原因聚集在网络空间，形成特定的网民群体。同时，大学生网民群体的存在和发展需要通过网络互动来维系，如果没有固定的、频繁的网络互动，群体的存在就会缺少凝聚力，群体的成员就会逃离，群体就会分崩离析。

---

　　① 黄少华、翟本瑞：《网络社会学：学科定位于议题》，中国社会科学出版社 2006 年版，第 28 页。

一、大学生网民群体网络互动的内涵

社会互动是社会学的中心概念之一，因为社会就是通过人们的互动而形成的。不同流派的社会学家分别对社会互动提供了不同的解释，美国社会学家波普诺将社会互动界定为"人们以相互的或交换的方式对别人采取行动，或者对别人的行动做出回应。"① 英国当代著名社会学家吉登斯认为，社会互动就是"我们对周围的人采取行动和做出反应的过程。"② 笔者认为，所谓社会互动就是指人们主动对他人所采取的行动或者针对他人的行动而做出反应的过程。

社会互动概念包括以下内涵：首先，社会互动必须发生在两个以上的人之间。孤立的个体间不存在互动。其次，社会互动是一个双向的过程，互动主体之间相互影响，相互作用。第三，社会互动是以传递信息（包括思想和情感方面的信息）为目的的活动。如果没有思想和情感等信息的交互传递，互动就不可能持久进行。第四，随着科技的进步，社会互动已超越时空的限制，真正实现了"身体不在场"的互动——书信、电话、互联网等现代通信工具也能够让身处异地的人们进行互动。第五，社会互动总是发生在一定的场景之中，不同的场景下的同一行动往往具有不同的意义。

互联网的诞生，使得身体不在场的社会互动——网络互动日益成为人们社会互动的一种主要方式。关于网络互动的概念，有学者认为网络互动实际上就是"人机交互，包括敲击键盘、滑动鼠标或者触摸显示屏以及其他可能发展出的人机交互方式。"③ 显然，这种观点强调的是人机之间的交互，没有涵盖网民之间借助于电脑媒介沟通，尤其是通过即时通信手段如 QQ、MSN 等聊天工具的互动交流。笔者认为，所谓网络互动，是指网民个体、群体及

---

① ［美］戴维·波普诺：《社会学》（第 10 版），李强等译，中国人民大学出版社 1999 年版，第 117 页。

② ［英］安东尼·吉登斯：《社会学》（第 4 版），赵旭东等译，北京大学出版社 2003 年版，第 73 页。

③ 刘守芬、方泉：《行为与罪责：基于网络技术的几点适应性考量》，《北京大学学报》（哲学社会科学版）2004 年第 3 期。

其相互之间以电脑、手机等通信终端为互动平台，主要借助于语言、文字、声音、图像等多媒体的形式进行沟通，传递信息，分享经验，交流思想的社会交往活动。

网络互动不同于现实社会的互动。网络互动是一种身体不在场的互动，网民可以隐匿自己的姓名和真实身份，过滤所有的社会线索。并且由于不能面对面的交流，要准确地理解彼此之间发出的信息更多地需要借助语言文字符号，而缺少面部表情、身体姿势等非言语符号的支持。因此，在理解网络互动的内涵时，需要把握以下几个方面：

第一，网络互动发生的场域是网络空间。网络空间，又称赛博空间，电脑空间等。1984 年，威廉·吉布森（William Gibson）在他的科幻小说《神经巫师》中最早提出"赛博空间（cyberspace）"的概念。英国当代著名社会学家吉登斯认为，"网络空间指的是由组成互联网的全球计算机网络形成的互动空间。……在网络空间里，网民不再是'人'，而是出现在另一个电脑屏幕上的信息"[1]。可见，网络空间是一个数字化信息流动和存储的空间，也是一个交往互动的空间。网络空间被喻为电子的新边疆，但不存在具体的地理、国家或民族的疆域，而是信息化的虚拟空间。不管人们身在何处，只要有相同的兴趣爱好，有相同的背景，或者有相同的态度，就可组成一个虚拟社区，他们可以在这里分享大家的观点，交流信息，建立起密切的关系。在网络空间里，"参与者互不相见，也不需要暴露自己的真实姓名和住址，这就给人们敞开心扉提供了可能，也有人在网络中的表现可能与现实世界大相径庭。而平时，即使是对最亲密的朋友他都不会变成这样，甚至有时尤其不会对最亲密的朋友这样。他们在网上的这些举动或所透露的秘密，可能是'真实'的，也可能完全是一种伪装。在网上有一个说法，没有谁知道你说的是真是假。"[2]

第二，网络互动的主体发生在网民个体、网民个体与网民群体以及网民群体相互之间。网民是网络空间的主人，他们或者以单子的状态游弋于各种

---

① ［英］安东尼·吉登斯：《社会学》（第 4 版），赵旭东等译，北京大学出版社 2003 年版，第 449 页。

② ［英］戴维·刚特利特：《网络研究：数字时代媒介研究的重新定向》，彭兰等译，新华出版社 2004 年版，第 23—24 页。

网络空间场域，或者以群体方式活动于网络空间场域。因此，网络空间的互动，主要发生在网民与网民之间、网民与网民群体之间以及网民群体相互之间。网民不同于现实社会中的自然人，他们在网上冲浪时通常都会为自己起一个网名，网名是网民的身份标识，相当于现实社会人们的身份证，并且在大多数情况下网名都是匿名的，它只是网民的一个代码。总之，不同于现实社会中的社会互动，在网络互动中，网民的形象是符号化的、匿名化的。

第三，网络互动主要是借助于语言、文字、声音、图像等符号的形式而进行的交往活动。日常的社会互动主要依赖于我们言语表达的内容，以及通过多种形式的非言语交流（借助面部表情、身体姿势和行为举止等而进行的信息和意义交换）所表达的内容去理解对方的真实意思，然后做出适当的反应。同样的一句话，由于交流场景的不同，或者言说者的语音、语调的差异也可以做出截然不同的解读，这里更多地需要借助于非言语的信息。但是，在网络空间中人们的互动，身体始终是隐匿的，信息的发送者使用键盘传递数字化编码后的信息，接受者通过电脑荧屏进行解码，身体语言等非言语符号系统无法发挥应有的作用。即使在双方的互动交流中可以使用各种表情符号（譬如：—〉表示微笑、—D表示开心、—P表示吐舌头、—C表示悲伤、—O表示惊讶、张大口、ˆ_ˆ表示高兴等等）以表达某种特定的情绪，也是经过编码的"文本"，并非身体语言的直接表达。网络互动是一种虚拟化的交流，主体之间可以不通过物理空间和身体接触，仅仅符号就可以实现交往与互动。

第四，网络互动的目的是通过交换信息，分享经验，沟通情感，交流思想，进而构建虚拟社区，结成网民群体，以便获得群体的归属感。诚如美国学者埃瑟·戴森《2.0版数字化时代的生活设计》中所言，网络"并不仅仅是一个信息源：它是人们用来进行自我组织的一种方式"。[①]

---

① ［美］埃瑟·戴森：《2.0版数字化时代的生活设计》，胡泳、范海燕译，海南出版社1998年版，第52页。

二、大学生网民群体网络互动的结构

大学生网民群体的网络互动，一般由互动主体、互动客体和互动中介三个基本要素构成。其中网民是网络互动的主体，互动中双方所涉及的话题是互动客体，人性化的电脑界面成为互动的中介。

（一）网络互动的主体——网民

如前所论，"网民"就是利用电脑、手机等通信终端设备，通过有线或无线的方式与互联网连接，并保障有一定上网时间的网络使用者。"网民"的出现意味着世界范围内的各国公民从此又多了一种身份标识，开始同时拥有了两个生存世界即现实世界和网络世界，生活于两种社会样态之中即现实社会与网络社会，这无疑极大地拓展了人类的生存和发展空间，极大地丰富了当下人类的生存意义，是人的自由而全面的发展进程中不可或缺的一环。

随着计算机和通信技术的发展，因特网已经成为我们生活的组成部分，全球范围内网民的数量正在呈几何级数增长。美国社会学家曼纽尔·卡斯特曾预言："在万维网广泛传播的第一年——1995 年末，世界上有大约 1600 万的网络通信用户。2001 年初，这个数量已经超过了 4 亿；可信的预测是 2005 年这个数字将达到 10 亿，而在 2010 年将接近 20 亿大关，这还考虑到了因特网在进入贫困世界和技术进步缓慢阶段而造成的传播速度放慢的因素。以因特网为基础的网络的影响不仅仅限于用户的数量，它还包括使用的质量。世界上核心的经济、社会、政治和文化活动正在被因特网和其他的计算机网络重组。事实上，孤立于这些网络之外是网民经济文化生活中危害最严重的孤立之一。"最后，他说"我猜有人会说：'你们为什么不让我单独待着？我不需要你的因特网，不需要你的科技文明，不需要你的网络社会！我只想过我自己的生活！'好吧，如果你抱这种态度的话，我有个坏消息要告诉你。不管怎样，如果你不在乎网络，网络会在乎你。只要你想生活在社会中，就是现在你在的地方，你不得不面对网络社会。因为我们生活在网络星河中。"① 显然，由于网络已渗透到社会生活的方方面面，成为我们日常生活的一部分，我们每个人都无法拒绝网络，否则就不能够获得全面发展，而只能成为一个"单向度的人"。因此，我们别无选择，只能心甘情愿地被"一网打尽"。

大学生网民要进行网络互动首先需要具备一定的物质条件，比如一台电脑、一根网线，一个账号，或者需要具备能够上网的手机；其次大学生网民为了能够更好地使用计算机网络而需要做出积极的主体准备，特别是主体内在的观念、规范、能力等方面的准备。

（二）网络互动的客体——话题

话题，就是互动双方谈话的题目或者谈论的主题。各大商业门户网站和高校校园网都按一定的话题设置相应的板块，如全国最大的虚拟社区"天涯社区"设置有"天涯聚焦""天涯论坛""天涯微博""游戏""品牌""购物街"等一级板块，每个板块下面又按照不同话题设置二级板块，如"天涯聚焦"下面设置有"社会""新知""舆情""公益""文学""财经""汽车""IT""数码""女人""时尚""亲子""情感""娱乐""星工场""体育""旅游""图片""视频""传媒"和"换礼"。再如，各高校BBS论坛讨论的主题也非常广泛，涵盖了学习、生活、娱乐、情感等各个方面，如复旦大学日月光华站就有BBS、体育健身［运动］、感性空间［感性］、新闻信息［新闻］、学科学术［学科］以及影视音乐［影音］、交易专区［交易］十二个讨论区；而且每个分类讨论区的内容非常丰富，涉及经济、政治、军事、文化、艺术等各个领域，大学生能够在自己关注的话题中形成讨论，在自己感兴趣的讨论区中参与互动交流、发表意见建议。

一般根据讨论的话题将主动发起讨论，提出看法的帖子称之为"主帖"，而将根据这一主题帖，其他网友提出的看法和建议或自己的感受等等的帖子称为"跟帖"，所谓"回帖"就是论坛上的其他人对发帖人所发的帖子进行的

---

① ［美］曼纽尔·卡斯特：《网络星河：对互联网、商业和社会的反思》，郑波、武炜译，社会科学文献出版社2007年版，第2—3、299页。

评价。如果某一帖子得到的回帖较多，说明发帖人所发帖子的质量较高，因此得到的回应和共鸣也就越多。目前，在所有的论坛中，回帖数量的多少已成为衡量一个帖子质量好坏的标准。

（三）网络互动的中介——界面

所谓界面（interface），简单地说，就是人机交互的窗口。美国学者迈克尔·海姆认为"界面这个术语的来源极其平常，指的是用来连接电子线路的硬件适配器插头。后来又指用来窥视系统的视频硬件。最后，则是指人与机器的连接，甚至是人进入一个自足的网络空间。在一种意义下，界面指计算机的外围设备和显示屏；在另一种意义下，它指通过显示屏与数据相连的人的活动。"由此可见，界面的含义不仅指连接电子线路的硬件适配器、视频硬件等计算机外围设备，而且界面也可以指软件，即指我们积极改变计算机操作，继而改变由计算机控制世界的方法。他说："界面指的是一个接触点，软件在此把人这个使用者和计算机处理器连起来。这可是个神秘的、非物质的点，电子信号在此成了信息。正是我们与软件的交互作用，才创造出界面。界面意味着人类正被线连起来。反过来说，技术合并了人类。"最后，他将界面界定为"两个系统之间通信的场所，既可用在硬件也可用在软件或两者的结合。譬如，图形界面可以用些隐喻，如桌面或有垃圾箱的房子，画笔或尺子之类。字母数字界面，如 IBM 兼容机，由显示器、键盘加上相应的控制输入输出的软件组成。界面在技术哲学中是个关键术语，因为它指的是人与数字机器之间的连接点。"简单地说，"界面便是两种或多种信息源面对面交汇之处。人作为使用者与系统相连，而计算机则成为交互式的。"[①]

20 世纪 80 年代末，计算机的界面发生了革命性的变化并成为人们可以进入的虚拟世界的入口。从界面的发展史来看，最早出现的是只有专业人员才能操作的命令语言界面，然后发展为一般网民通过鼠标即可操作的图形界面，现在是将图形、声音、视频集成在一起的多媒体界面。计算机软件程序设计

---

① ［美］迈克尔·海姆：《从界面到网络空间——虚拟实在的形而上学》，金吾伦、刘钢译，上海科技教育出版社 2000 年版，第 80、79、169、78 页。

的一个长期趋势就是追求"越来越友好的用户界面"。多媒体界面的出现，"允许我们通过几种感官与计算机的连接来了解世界。声音、视觉、接触反馈，甚至物理定向都成为获取数据的方式。"多媒体界面主要提供图像和声音，让人的视觉、听觉参与互动，给人以身临其境的感知和体验、让人全身心沉浸在计算机所构筑的网络世界之中。正如迈克尔·海姆所说："人类与机器打交道的就是界面：机器成了器具，器具提供界面，界面通往网络空间，而网络空间提供了尚待探索的虚拟世界。"① 界面构成了一个通往网络空间的窗口，透过界面人类打开了一个神秘的、变化莫测的新的另类空间——网络世界。

三、大学生网民群体网络互动的模式

根据不同的分类标准，可将大学生网民群体网络互动的模式划分为不同的类型。

孟威从互动的形式上，将网络互动分为个人对个人的互动，个人对多人的互动，多人对多人的互动，个人、多人与网络媒体的互动和网络媒体之间的互动五种类型；从完成的时态上，将网络互动划分为同步互动和异步互动；从构成要素上将网络互动区分为人际互动、群体组织互动和大众传播互动三种类型；从参与者的自觉程度上，将网络互动区别为有意参与互动和无意参与互动。② 何明升、白淑英根据信息的流动与反馈情况，将网络互动方式划分为异时性网络互动（包括电子邮件、BBS、新闻组等，其特点是互动信息不同步，存在信息交流上的"时滞"）、共时性网络互动（包括网络聊天、网络游戏等，其特点是可以进行同步交流）和单向性网络互动（即网络阅读）三种类型。之后，他们根据对 BBS 讨论网的实证研究，又将网络互动模式分为单一式互动和复合式互动两种基本模式，其中复合式互动又可根据多个讨论话题是集中在一个讨论网中，还是分散在多个讨论网中，进一步划分为单网

---

① ［美］迈克尔·海姆：《从界面到网络空间——虚拟实在的形而上学》，金吾伦、刘钢译，上海科技教育出版社 2000 年版，中文版序、前言。

② 孟威：《网络互动：意义诠释与规则探讨》，经济管理出版社 2004 年版，第 54—78 页。

复合式和多网复合式两种。①

笔者认为，根据参与互动的双方人数的多少，可将网络互动分为一对一的互动、一对多的互动和多对多的互动。所谓一对一的互动，是指网民个人与个人之间所进行的一对一的信息传递和交流方式，通常网民可以借助电子邮件、QQ等即时聊天工具进行一对一的互动交流；所谓一对多的互动，是指网民个人与网民群体之间的信息传递和交流方式，比如在聊天室、QQ群中，往往一人发言，众人回应，从而形成一对多的互动交流模式；所谓多对多的互动，是指网民群体相互之间围绕某一话题而展开的交流与互动，比如在周正龙事件中，"挺虎派"与"打虎派"各自人数众多，他们围绕"虎照"是否真实，各自提供证据，相互之间开展论战，从而形成多对多的互动模式。

根据互动中所涉及话题的多少，可以将网络互动区分为单中心互动和多中心互动。所谓单中心互动，是指网民围绕某一个主题而形成的互动关系。在这种互动模式中，话题的发起者往往处于中心位置；而多中心互动，是指网民围绕两个以上相互关联的主题而形成的互动关系，或者说是在同一主题的讨论过程中涌现出若干个活跃分子。

根据互动所涉及话题是否是热门话题，可将网络互动区分为焦点互动与非焦点互动。所谓焦点互动，是指网民围绕社会热点话题所产生的互动。焦点互动会"使人们集中注意力于某一话题，并且具有最大程度的双向性和开放性"。同时，"它不仅具有开始、结束、退出的正式标识，而且存在一系列对不正常互动行为的纠正措施。"② 因此，焦点互动是一种有秩序的交互行为。而非焦点互动，是指网民互动中谈论的话题并非社会热点，因而，很少有网民关注和回应。在非焦点互动中，通常只有主帖没有回复，也就是说只有一人发出信息，而众多的人只是接受信息；或者主帖虽然也有人应和，但是由于回复的帖子较少，引起网民关注的程度不高，因而不能形成议论的焦点。

---

① 何明升、白淑英：《网络互动：从技术幻境到生活世界》，中国社会科学出版社 2008 年版，第 11、121 页。

② 白淑英、何明升：《BBS互动的结构与过程》，《社会学研究》2005 年第 5 期。

第二节　大学生网民群体网络互动的场域

　　场域是由社会成员按照特定的逻辑要求共同建设的，是社会成员参与社会活动的主要场所，是集中的符号竞争和个人策略的场所。基于布迪厄场域理论的原理，我们可将网络空间视为一个"大场域"，而把组成网络空间的电子邮件、BBS论坛、新闻组、聊天室、博客等"社会小世界"视为一个个"子场域"。每一个子场域既相互独立又相互联系，每一个场域都存在着一系列的规则，作为其行动者的网民穿梭于各个场域之间，并按照不同场域的规则要求进行着各自的活动与互动。

一、场域理论的主要内容

　　"'场'这个概念最初来自物理学，它是指物体周围传递重力或电磁力的空间，以库尔特·勒温为代表人物的格式塔心理学派将'场'引入社会科学，赋予了场论以元理论的地位，并将它定义为一种研究结构与关系的方法论。"①梅洛－庞蒂、萨特在其著作中就已经使用过"场域"这个概念，法国著名社会学家皮埃尔·布迪厄（P. Bourdieu）在其著作《论知识分子场及其创造性规划》中对这一概念首次进行阐释。但直到20世纪90年代，场域这一概念才在社会学等学科领域中确立其应有的地位。近年来，布迪厄的场域理论引起我国学者的重视和关注，不少研究者试图运用场域理论分析当代社会政治、经济、文化、科学、教育、艺术等领域的社会问题。

　　"场域"（field）不仅是布迪厄社会学理论的核心概念之一，也是其从事社会研究的基本分析单位。布迪厄认为，社会是一个空泛的概念，一个高度分化了的社会并不是一个浑然一体的整体，而是各个相对自主性小世界的聚合。

---

　　①　史文利、李华：《大众媒介时代的祛魅话语——布迪厄场域理论视角下的大众媒介》，《山西高等学校社会科学学报》2011年第1期。

因此，布迪厄将社会化约为一个个场域，并认为整个社会就是一个"大场域"，而高度分化的具有相对自主性的"社会小世界"就是一个个"子场域"，它们之间既相互独立又相互联系。

何谓"场域"，布迪厄说："我将一个场域定义为位置间客观关系的一个网络或一个形构，这些位置是经过客观限定的"。[①] 理解这一内涵需要把握它的下述特质[②]：

第一，场域是一个相对独立的社会空间。在布迪厄看来，场域是一种社会空间，而不是地理空间。布迪厄说："一个场就是一个有结构的社会空间，一个实力场有统治者和被统治者，有在此空间起作用的恒定、持久的不平等的关系，同时也是一个为改变或保存这一实力场而进行斗争的战场。"[③] 布迪厄认为，社会空间是由人的行动场域所组成的，社会结构并不是抽象的，而是由行动者在不同场域中进行象征性实践的社会空间，它永远是同从事象征性实践的行动者的"惯习"、同行动者在权力斗争和较量中所进行的各种不同类型的社会实践紧密相连的。

第二，场域是一个由客观关系构成的系统。布迪厄认为，场域是客观关系的系统，而不是实体系统。布迪厄说："一个场域由附着于某种权力（或资本）形式的各种位置间的一系列客观历史关系所构成"，因而，"根据场域概念进行思考就是从关系的角度进行思考""各种场域都是关系的系统。"[④] 场域是由各种客观力量所构成的一个关系系统，它对所有进入该场域的客体和行动者具有强大的吸引力，就像一个强有力的磁场一样把他们调整定型为一个体系。场域好比一面棱镜，根据内在的结构反映外在的各种力量。

第三，场域是一个充满争斗的空间。布迪厄认为，场域不是静止不动的空间，而是一个矛盾和争斗的空间。布迪厄甚至将场域形象地类比为一个战场。"在这里，参与者彼此竞争，以确立对在场域内能发挥有效作用的种种资

---

① 李全生：《布迪厄场域理论简析》，《烟台大学学报》（哲学社会科学版）2002 年第 2 期。

② 毕天云：《布迪厄的"场域—惯习论"》，《学术探索》2004 年第 1 期。

③ ［法］布迪厄：《关于电视》，许钧译，辽宁教育出版社 2000 年版，第 14 页。

④ ［法］布迪厄、［美］华康德：《实践与反思——反思社会学导引》，李猛、李康译，中央编译出版社 1998 年版，第 17、133、145 页。

本的垄断。"[①]

第四，场域具有自身的逻辑、规则与常规。布迪厄认为，每一个场域都具有自身的逻辑、规则和常规，进入这个场域就必须去遵循这样的逻辑、规则和常规，而这些逻辑与规则又是在不断改变的。正如布迪厄所说："每个场域都规定了各自特有的价值观，拥有各自特有的调控原则。这些原则界定了一个社会构建的空间。"[②]

第五，场域的边界是变化的、不确定的。布迪厄认为，场域作为一种社会空间是有一定边界的，但是其边界却是动态的、不确定的。他说："每一个场域都构成一个潜在开放的游戏空间，其疆界是一些动态的界限，它们本身就是场域内斗争的关键。场域是一个没有创造者的游戏，比任何人可能设计出来的游戏都更变动不居、复杂难测。"[③]

二、大学生网民群体网络互动的场域类型

根据场域理论，我们知道社会世界是由大量业已分化的场域组成的，而在网络这个虚拟的社会空间里同样存在着众多的场域，如电子邮件、BBS论坛、新闻组、聊天室、博客等场域。这些场域既具有某些恒定不变的特性，又具有根源于各个场域特有的逻辑和历史所形成的千变万化的特性。不同场域之间存在着极其复杂的相互关联。任何场域的存在，主要决定于在其中活动着的行动者，在其行动脉络和活动过程中所形构的各种相互关系网络。每一个行动者的活动力量依据其在场域中拥有的资本和权利及其所占有的社会地位，通过场域中的特定相互关系网络，同其他行动者进行形式多样的相互竞争、斗争和转换的行动。场域是"诸多力量较量之场所"，它对行动者及其社会实践具有相对自主的形塑作用，并表现为不同的形式或类别。

---

① ［法］布迪厄、［美］华康德：《实践与反思——反思社会学导引》，李猛、李康译，中央编译出版社1998年版，第18页。

② ［法］布迪厄、［美］华康德：《实践与反思——反思社会学导引》，李猛、李康译，中央编译出版社1998年版，第17页。

③ ［法］布迪厄、［美］华康德：《实践与反思——反思社会学导引》，李猛、李康译，中央编译出版社1998年版，第142页。

有研究者将网络空间场域分为公社型交往场域、科层型交往场域和广场型交往场域三种类型。"公社型交往场域指的是具有比较密切的非正式关系，依靠情感纽带以及约定俗成的规范等维系的交往社群及其活动空间。这类交往社群的形成基础是共同的兴趣爱好、目标和追求、信仰和价值观，或者是相似的社会身份，人生经历、思想观念和心理等。""科层型交往场域指的是具有正式关系的，并通过法律、社会规范等维系的交往社群及其活动空间。""广场型交往场域指的是相互之间存在交流或者交换，但不具有稳定交往关系的个体集合及其互动空间。"①

早期的网络交往是以"非面对面"的形式出现的，正如雪莉·特克所描述的："他们不会看着你的身体而做猜测。他们不会听你说话的口音而做出猜测。他们看到的只有你的字。"②但随着音频和视频的发展，网民可以通过语音和视觉进行一种"准面对面"的沟通（但无法直接触摸到对方和感受到对方的全部）。正是由于网民网络交往的方式不同，决定了他们存在的场域不同。因此，我们根据网民网络信息的流动与反馈情况不同，可将大学生网民群体存在的网络社会空间场域划分为两种类型：（1）同步性互动场域，也可以称共时性互动场域，指讨论或谈话实时发生或延时展开，其特点是互动信息可以同步进行，类似日常生活中的面对面地交谈，主要包括网络聊天、网络游戏、手机短信等。（2）异步性互动场域，又称为非同步性互动场域或异时性互动场域，指谈话或交流异时展开，其特点是互动信息不同步，存在信息交流上的"时滞"，类似于日常生活中的书信交流。主要包括电子邮件、BBS、新闻组、博客等。

（一）同步性互动场域

1. 网络聊天

网络聊天是在互联网上实现一对一、一对多、多对多的直接的文字交流

---

① 张再兴：《网络思想政治教育研究》，经济科学出版社 2009 年版，第 43 页。
② ［美］雪莉·特克：《虚拟化身——网络世代的身份认同》，谭天、吴佳真译，远流出版事业股份有限公司 1998 年版，第 253 页。

方式，是网络实时信息交流的典型体现，也是目前网络中最受使用者欢迎的一种网络服务。除了文字聊天外，音频和视频聊天现在也很流行。网络聊天主要通过聊天室或即时通信工具来实现。

聊天室是互联网上最为普遍的一种人际交流场所，这种网上人际交往具有平等性、虚拟性、仿真性、匿名性、情感寄托性的特点，因而能够吸引人们参与其中，成为网民网上行为的一个重要部分。大多数网站都拥有一个甚至几个属于自己的聊天室，社区成员可以实时与线上朋友对话，完全不受地域和时间的限制。聊天室往往被划分为很多不同的主题，网民根据自己的兴趣，选择不同主题的聊天室进行注册，无须下载软件，只要输入网站用户名字及密码，点击"进入聊天室"，网站会启动 Applet 软件，让你进入自己所选话题的聊天室。一个聊天室中，少则几人，多达上百人聚集在一起，围绕某一主题开展讨论。网民之间的关系或敌或友，随时可能发生变化，谈论的主体也时常会发生转移，正所谓"人多嘴杂"，最终难以达成共识。当然，网民也可以在聊天室里，选择一个合适的对象进行"私聊"，甚至对其"暗送秋波，眉目传情"。

即时通信（Instant Messenger，缩写为 IM），是指通过一种网络即时讯息传呼软件，用户之间建立起直接联系并进行实时信息交流的系统。由于聊天是在网络社会中与人建立关系的一种方式，而网络在线聊天过去是以 BBS 方式进行的，要依靠键盘组成文字沟通，因此已无法满足网友的需求，所以又开发出 Windows Live Messenger（MSN）、ICQ、QQ、Skype 等实时通信软件。这种沟通方式基本上像电话一样进行同步且快速的一对一沟通和实时互动。在全球范围的即时通信中，使用最广泛的莫过于美国在线的 ICQ 和 AIM（AOL Instant Messenger），其次是中国的腾讯 QQ、微软的 MSN 以及雅虎的 Yahoo Messenger。使用者必须先下载软件，同时在网站填上很简单的个人资料（Profile）建档。每次启动电脑时，IM 也会自动启动，告诉你哪个朋友现在也在网上，可以跟你聊天了。你也可以让世界各地的朋友，把你加入他们的朋友名单里。有些人也会通过你的个人资料联络你。但是你可别轻易相信，因为这些个人资料是未经查证的。

即时通信的特点：①它是更直接的通信方式。IM 不用等候，只要两个人都在线，就能相互传送文字、档案、声音等。②比较个人化。实时通信可以过滤聊天者，并借实时性的随传随现功能，立即让人知道。③具有灵活性（Flexibility）与表达性（Expressive），是形式多样的社交渠道。④可以满足不同网民的社交需要。⑤大部分 IM 同时也具备视频通信（影像）服务的能力。

2. 网络游戏

网络游戏，又称"在线游戏"，简称"网游"，是指以互联网为传输媒介，以游戏运营商服务器和用户计算机为处理终端，以游戏客户端软件为信息交互窗口的旨在实现娱乐、休闲、交流和取得虚拟成就的具有相当可持续性的个体性多人在线游戏。网络游戏从源头上讲应该属于角色扮演游戏，在游戏中扮演各种各样的角色如战士、法师等，以修炼到一定等级或完成某种目标为最终目的。网络游戏除了传统角色扮演游戏的特征之外，还融合了其他一些游戏的特色，使得玩游戏的过程更加曲折。多人在线同时玩游戏，各自的活动或多或少都会对其他人造成影响，人与人之间的互动使网络游戏成了一个虚拟社会。网络游戏似乎沾染了诸多媒介的特点。但是使用方式的互动性、内容的娱乐性无疑是其最突出的特点。当然，从技术层面来看，它是一种信息产品、一种软件、一种程序、一种人机互动。玩家通过操作界面激发的游戏程序，同时根据程序内设的规则做出符合游戏逻辑的反应。在网络游戏虚拟的世界里，你完全可以抛开现实生活中的一切，重新做一个你希望的自己。你可以选择不问世事埋头修炼，追求最高等级最好装备；也可以呼朋引伴自立山头，过一把掌门帮主的瘾；还可以倒买倒卖赚取利润，当个千万富翁；或者只是把它作为一个有图形的聊天室，广交好友。网络游戏就像一个造梦机器，人们在现实社会中难以实现的都能在网络虚拟空间里得到满足。也正是因为这个原因，越来越多的年轻人包括大量的青少年网民都热衷于玩网络游戏。

其中，MUD 是一种颇受欢迎的网络游戏。MUD 是"多人世界"（Multi-User Dimension）、"多人对话"（Multi-User Dialogue）或"多人地牢"（Multi-User Dungeon）的简称，俗称"泥巴"。"泥巴"通过一种虚拟现实（Virtual Reality）程序将用户带入一个虚幻的网络世界，参与者可以在这一世界中扮演自己喜欢的游戏角色，还可以利用创造与编辑技巧给自己的角色增添一些个人化的生动色彩。"MUD 以文字的形式，在网络上模拟了一个真实的世界。在 MUD 的世界里，和你打交道的不光是一些电脑所控制的人物，更多是一些由真实的玩家所扮演的角色，以虚拟 ID 面目出现的真人通过这个媒介进行交流。由于摆脱了日常生活的累赘、隐去了现实的社会身份，人们的行为变得更加自由，心灵沟通也更为纯粹。有人，有心灵，有沟通，也就有了感情。随着玩家的成长，他可能和 MUD 里其他的玩家建立真诚的友谊，或是亲身去演绎一段不朽的爱情，或者淋漓尽致地感受爱恨情仇的魅力。"[①] MUD 虽没有华丽的画面和惊险的剧情，但它为参与的玩家营造了一个轻松自由、互动交流的环境，独具魅力。在 MUD 的玩家看来，其所面对的不是冰冷的机器，而是一群有血有肉、充满智慧、个性张扬的游戏伙伴。MUD 旨在让玩家通过角色扮演，在一个虚拟的世界中探索、解谜，并与其他玩家进行沟通，发生互动。网民只需通过电话线或者网线与互联网进行连接后，就可与世界各地其他人进行连接，彼此相互合作。而且使用 MUD 的网民彼此可以实时、直接地互相沟通。在现实世界中人们无法随意地改变自己的角色，而在 MUD 中，所有的角色都是可变动的、并且是与虚实交错重叠的。人们可以从角色扮演的过程寻求不一样的身份认同，弥补自己在现实生活中的缺憾。由于游戏是多人同时进行的，因此许多玩家会互相帮助和竞争，这样一来，也可以将现实世界的人际关系和感情在虚拟的世界里充分地反映出来。

3. 手机短信

手机短信（Short Message Service），是手机传播功能的延伸，利用无线技术与有线技术的结合，使手机用户可以通过手机传送与接受文字、音频与图像信息，即使客户暂时关机或脱离服务区，短信服务中心也可以保证信息在用户开机或重返网络之后及时到达。大学生网民可以利用手机短信进行一对一的交流，也可以借助于手机的群发功能开展一对多的交流。手机短信服务价格便宜，使用方便，随时传达、互动性强，可以储存以备查阅，满足了用

---

① 赵凯：《解码新媒体》，文汇出版社 2007 年版，第 130 页。

户对隐私的需求。

（二）异步性互动场域

1. 电子邮件

电子邮件（Electronic Mail，通常简写为 e-mail），就是通过网络用电子形式发送的信件，也是当今世界最为流行的一种通信手段。电子邮件诞生于1971 年，其发明人雷·汤姆林森（Ray Tomlinson）为了让人们都拥有易识别的电子信箱地址，决定采用@符号，符号前面加用户名，后面加用户邮箱所在的地址，电子邮件由此诞生。1972 年，试验人员首次在实验网络上发出第一封电子邮件。e-mail 早期只能用来传递文字数据，而随着技术的演进，也可以传递非文字数据，如图片、录音、录像、声音、动画，甚至是软件、数据，电视或各类多媒体信息。电子邮件在 20 世纪 80 年代兴起。由于其无可比拟的广泛互连性，已覆盖了世界 179 个国家和地区，使用人口每天都有惊人的增长，是真正无国界的邮政系统。

电子邮件之所以成为最受欢迎的通信方式与网络服务，是因为它有许多独特的优点：第一，简便。发送电子邮件是一件极其容易的事，而且可以随时开启计算机阅读信件。如果想把收到的信给另一个人看，只要转发就行。要是给许多人发通知，也可同时列出这些人的网络地址一次发出。第二，快捷。可以随时利用电子邮件联络远方的亲友。传送速度非常快，其传输速度可以和电话、电报相媲美，即写即发，省去了粘贴邮票和跑邮局的麻烦。第三，随意。电子邮件最重要的也是最吸引人的地方是其不拘礼节。电子邮件为人们提供了一种全新的交流方式，人们不再需要顾及现实社会交往中的那些规矩。写信人完全可以不顾及拼写错误，只要对方能读懂。且有话则长，无话则短，还会让一些不善言谈的人勇于"开口"，让一些字迹丑陋的人敢于"提笔"。第四，异步性，为那些由于时差等问题不能或不用进行实时交流的网民提供了很好的交流方式，还可使网民仔细思考后进行深入交流。第五，节约、保密性强。很多时候电子邮件低廉到不管和世界上多远的地方通信都不用花一分钱，可使人的互动更加频繁。电子邮件也是目前保密性相对较好的一种网上交流工具。第六，不断完善的服务和功能。许多邮件服务器在基本邮件服务之外还提供了一些十分有用的附加服务，主要有邮件寻呼服务、邮件传真服务、邮件用户组服务（又称邮件列表）、网络新闻服务、多语言服务，等等。第七，可夹带音像，并能通过手机及时查看邮件。

当然，电子邮件也有一定的缺点，主要有：第一，这种通信方式是发信者处于主动地位，而收信者只是被动地接收。第二，较缺少人文气息，可以说电子邮件既疏远了人与人之间的情感，但也拉近了距离。毕竟计算机数字接口没有纸张书信来得亲切。第三，如果有很多朋友，而且有信必回的话，很可能每天要花半天时间写信。第四，垃圾电子邮件和广告防不胜防。

2. BBS

BBS（Bulletin Board System）即电子布告栏或电子论坛，是一种专门为有相同兴趣与爱好的人提供公共论坛的电子空间。参与者通过电子公告板以非实时交互的方式进行网上交流，提出问题、讨论问题、发表意见、传送文件，足不出户就能获得有关某一主题的最新信息。

世界上最早的 BBS 系统 1978 年出现在美国芝加哥。早期 BBS 是一些计算机爱好者在自己的家里通过计算机、调制解调器和电话连接起来的，同时只能接受一两个人访问。后来 BBS 逐渐进入因特网，出现了以因特网为基础的 BBS，使 BBS 迅速成为全世界计算机用户交流信息的园地。BBS 的信息交流是双向的，网民主要通过论坛讨论、发表文章等，使彼此产生一种心理认同感，久而久之可能会建立起某种联系，甚至形成虚拟的交往群体。

BBS 的主要功能为文章发表交流、文章搜寻、在线对谈、网络交易等。BBS 的管理人员主要有站主和各版主。BBS 的优点是：第一，所用网络技术简单，沟通和使用极其方便，可直接在线对谈。第二，流传速度快。BBS 通过网络提供给人们张贴信息、互相讨论的空间，也可以通过 BBS 对获得的信息、意见作实时响应。如当你想立即获得信息，只要把问题贴在版上，不一会儿就有数人响应。第三，BBS 可以让有共同兴趣或需求的人发表文章和讨论事情。BBS 以此作为内群体标记并进一步凝聚认同，成员可以分享彼此态度、经验并进行沟通。第四，有隐私性，可以匿名发表文章。BBS 因匿名特性，满足了一些好奇、好刺激人的心态。第五，可获得支持。网民在 BBS 上提出的问题多数能获回答，而且失意时也有人安慰。第六，BBS 可以使散居各地的成员有一种"家"的感觉，提供了一个情感交流的场所。第七，BBS 还可提供许多版面随时让一个议题做特别、深入的探讨。第八，BBS 这一场域中所讨论的资源都是累积性的，除非版主自己将文章删除，否则数据可以持续保存并且随时查阅。

BBS 的缺点是：第一，只有文字接口，必须要上站才能获得其所需功能。第二，不易对信息进行正确判断，常见激烈笔战，网民相互指责。第三，具有文字局限，所以多半是大学生在 BBS 上发表观点和进行沟通。

3. 新闻组

新闻组（Usenet 或 Newsgroup）是网络媒体中基于电子邮件系统的一项大众化的信息服务方式，是网民就相互感兴趣的话题结成的世界范围内的讨论小组。它就像一个可以离线浏览的 BBS，是个人向新闻服务器粘贴邮件的集合地。电脑在线时，网民可以通过新闻组浏览软件将新闻组里面的帖子（邮件）全部下载到本地电脑中来阅读，当然，网民也可以自由地在新闻组服务器上粘贴信息。使用新闻组既可以节省大量上网时间，又可以阅读到大量资料，可谓一举两得。

新闻组有以下优点：第一，信息量大。每个新闻组都集中于特定的兴趣主题，每一个主题所涉及的信息数量庞大，令人目不暇接。第二，直接交互。网民可以阅读各类寄来的电子邮件，可以发表文章予以附和或反驳，也可以发表自己的文章到新闻组供他人讨论，或者上传各种文件。第三，主题明确。新闻组通常根据讨论话题进行分类，每个网民都可以在新闻组里找到自己关心的话题，并与有相同志趣的人进行交流和讨论。第四，效率高。网民可以快速地访问近千个"帖子"，可以批量发送讨论主题或回复，将同一帖子同时发送到好几个板块，并保持同步，而且新闻组广告极少甚至没有，不会对阅读造成干扰。第五，自由交流。参与新闻组的讨论和信息交流，不需要任何注册，只要链接正确就能在其上发表意见，获取信息。一旦认为讨论结束，随时可以撤销讨论小组。第六，单方面过滤"不良"信息。在新闻组中讨论时，可以随时过滤掉某个人发送的信息。第七，结构清晰。新闻组的帖子均采用树型结构方式显示，使得一个讨论分支不对其他分支造成影响。

新闻组也有不足之处。新闻组不提供 BBS 支持的即时聊天，也不提供论坛系统的"短消息"即时私人对话。虽然通过不停地更新、下载新标题可以达到即时聊天的目的，但无疑是给服务器带来了压力。若要访问新闻组并得到新闻组的功能，通常都要使用客户端。对于大多数不熟悉新闻组的用户来说是一个门槛，而且 Usenet 中都是英文组名，使得不熟悉英文的用户不习惯。此外，由于新闻组是个开放的电子论坛，任何人都可以参与其中，而每个参与者的身份较难确定，这就造成新闻组中信息真实与否较难确定。

4. 万维网

万维网（World Wide Web，即环球信息网，简称为 WWW）。它起源于 1989 年 3 月，由欧洲核子研究组织（CERN）所发展出来的主从结构分布式超媒体系统。通过万维网，人们只要使用简单的方法，就可以很迅速方便地取得丰富的信息资料。万维网成功地将文本、图形聚合在一起，使互联网真正走向应用。万维网网页成为在互联网中发布信息的主要途径，浏览网页也已经成为人们通过网络获得信息的一个非常重要的方法。无论个体还是群体，万维网网页都可以提供一个个的信息展示平台，同时又如一个巨大的图书馆，成为人们获取信息的信息库。

5. 博客

博客（Blog 或 Weblog，意为"网络日志"）是一种采用简便的软件生成个人主页、能够按照时间顺序不断更新、实现个人信息的历时积累和传播的互联网个人出版方式。它是继 e-mail、BBS、ICQ 之后出现的第四种网络交流工具，同时具有很强的个人发布功能，是一种特别的网络出版和发布文章的方式，倡导实现交流和共享。博客可以是个人日记、合作空间、政治讲坛、特发新闻集散地、各种链接的汇集地、个人想法、世界大事备忘录等。任何人都可以源源不断地往里填充内容。新内容显示在顶部，以便访问者能够阅读到最新内容。然后他们可以发表评论、进行链接或给当事者发电子邮件。

博客的基本结构及相关特征包括标题、正文、评论、分类、博客圈链接、永久链接、发表日期、应用通告和 RSS Feed。博客之间由于某些特点（共同话题、共同爱好、共有目标等）而产生聚合所形成的圈子称为博客圈。

博客的表达形式多种多样，文字、图片、声频、视频都可以成为信手拈来、直抒胸臆的手段。总的来说，博客的种类主要包括图文博客、视频博客、播客、移动播客等。博客按功能可以分为基本博客和微型博客。基本博客是博客中最简单的形式，是博主基于特定的话题而提供的相关资源或发表的简短评论。微型博客是目前全球最受欢迎的博客形式，博客作者不需要撰写很复杂的文章，而只需要书写 140 字内（这是大部分的微博字数限制，网易微博的字数限制为 163 个）的心情文字即可（如 twitter、新浪微博、随心微博、Follow5、网易微博、腾讯微博、叽歪）。按照博客主人的知名度、博客文章受欢迎的程度，可以将博客分为名人博客、一般博客、热门博客等。按照博客内容的来源、知识版权还可以将博客分为原创博客、非商业用途的转载性质的博客以及二者兼而有之的博客。博客的运营模式有托管博客和独立博客两种。前者通常由博客服务提供商来提供域名、空间和管理工具，用户只需到相应服务商的网站免费注册便能实现基本的博客功能。后者需要用户拥有独立的主机（购买或租用）、域名及管理程序，独立博客更具个人风格和自主性。

博客具有以下特点：第一，共享性。以博客方式产生的知识，可以供所有网民分享，从而实现了个人资源最大限度的利用。第二，交互性。博客可以通过留言的方式使信息的发布者和接收者实现实时互动和交流。第三，大众化。博客具有一定的草根性，博客因其零技术、零成本、零编辑、零形式的"零进入门槛"，可以让任何一个普通网民都能成为博客。第四，娱乐性。许多博客们出于自娱自乐而写作，不图任何回报。[①]

当然，上述关于大学生网民群体存在场域的划分不一定能够穷尽所有，并且网络技术的创新永无止境，技术的铁犁也会永不停息地开拓出一个又一个崭新的网络空间，因此，大学生网民活动的场域必将不断地扩展。

---

① 匡文波：《网络传播学概论》，高等教育出版社 2009 年版，第 109 页。

第三节 大学生网民群体网络互动中存在的问题

通过网络跟踪观察和问卷调查所得出的实证数据，可以揭示出大学生网民群体在网络互动中存在的一些问题。这些问题集中表现为以下七个方面：

一、网络信息的泛滥导致大学生网民的信息异化

异化（Alienation）一词的德文即 Entfremdung，意指"异己"，也译为"疏远"，指原来自然互属或和谐的两物彼此分离，甚至互相对立。信息异化的本质是人与信息之间的主客体关系的颠倒或错位。人本是信息的创造者和传播者，信息本应合理地被人类共享、利用和开发，然而信息泛滥以及人对信息过度使用或沉溺，致使许多人对信息技术和信息本身产生盲目的依赖、崇拜，乃至诱发莫名的"信息恐慌症""信息疲劳症"或者所谓的"黑色眩晕"等。[①] 信息爆炸、信息超载和信息焦虑是信息异化的主要表现形式。

其一，信息爆炸。又称"信息泛滥"，是指当今世界人们面对汹涌而来的信息时感到无所适从，难以从浩如烟海的信息海洋中迅速而准确地获取自己最需要的信息。[②] 信息爆炸甚至被列为当代社会四大危机之一（其余为环境污染、人口猛增和能源危机），可见其危害之大，已引起国际社会的高度重视。

其二，信息超载。信息超载（Information Overload，又译为信息过载）的定义最早出现于 1970 年阿尔温·托夫勒（Alvin Toffler）的《未来的冲击》一书中，是指人们在应用或处理信息的过程中，由于信息量过大超出了个人的有效处理能力，从而产生的面对信息的低分析决策能力和无形的压迫感。因为，"信息过剩一旦发生，信息就不再对生活质量有所帮助，反而开始制造

---

① 苏宏元：《网络传播学导论》，中国社会科学出版社 2010 年版，第 113—114 页。
② 吕杰、张波、袁浩川：《传播学导论》，科学出版社 2007 年版，第 84 页。

生活压力和混乱，甚至无知。"① 同时，由于信息搜集成本提高以及信息利用率低下，也造成社会资源的浪费，甚至对社会经济的发展产生负面影响。信息超载具体表现为信息使用者无法理解特定信息、感觉信息容量过大、不知道自身所需信息是否存在、不知道从何处获取信息或者虽然知道从何处能获取信息，但却不知道以何种方式来获取。

其三，信息焦虑。所谓信息焦虑症是由于人们吸收过多信息、给大脑造成负担形成的。人如果在短时间内接受过多繁杂信息，大脑中枢来不及分解消化，便会造成一系列的自我强迫和紧张。我们经常看到身边有些大学生网民，每天花费大量时间在网络上浏览信息，并把有价值的信息下载保存，但从此以后他们就再也没有打开阅读过。有些大学生网民每天生怕遗漏了重大信息，以致不停留地游弋在各大门户网站，结果发现一些网站不断重复一些我们本已知道的没有任何价值的东西，因为根据搜索引擎的原理（技术专家们称之为运算程序）如果一条信息被越多的人点击，那么这条信息就越可能优先呈现给后来的搜索者。还有些大学生网民每天都要定时到网络上收发电子邮件或者在 BBS 论坛、QQ 群上冒个泡，以免错过某个重要通知，失礼于他人，或者害怕自己被其他成员边缘化。

除此之外，信息垃圾也是日益严重的信息异化现象。信息垃圾主要是从内容方面加以界定的。狭义的信息垃圾指那些完全无用的信息，广义的信息垃圾包括虚假信息、攻击性信息（如网络诽谤）、色情信息、暴力信息、颓废信息（如张扬性变态、一夜情、换妻、自杀等）、反社会信息、病毒信息等所谓不良信息或有害信息。

二、网络强化了部分大学生的人际隔离，使他们成为"茧居族"

关于互联网对社会互动和人际关系所产生的影响，历来有两种截然相反的意见：一种是一些观察者认为，网络世界以及新的电子关系的形成提高或

---

① ［美］戴维·申克：《信息烟尘：在信息爆炸中求生存》，黄锫坚等译，江西教育出版社 2001年版，序言。

补充了现有的面对面式的互动，互联网扩大和丰富了人们的社会网络。比如以卡茨（Katz）等人为首的一些心理学研究者认为，"互联网的使用是无害的。使用互联网，会使人们从时间和地域上的限制中解脱出来，从疾病、社会赞许中解脱出来，互联网允许人们基于自己的兴趣加入感兴趣的网上群体，而不是机械安排，从而会产生更多更好的人际关系。"[①] 另一种观点认为，"如果人们把越来越多的时间用于网上交流或者在网络空间处理日常工作，就可能会减少在物质世界里与他人互动的时间。一些社会学家担心互联网技术的发展将会强化社会隔离和原子化。他们认为在家庭里，如果人们上网的时间越来越长，那么他们与家人和朋友在一起的'质量时间'就会减少。当工作与家庭之间的界限变得模糊的时候，互联网正在对家庭生活构成侵犯：许多人下班后可以在家里继续工作，比如检查电子邮件或者完成他们在白天没有完成的工作任务。人际接触减少了，人际关系受到损害。"[②] "对无数人来说，网络降低了我们与他人不期而遇的机会。我们大多数人喜欢电子通勤，而非去公司上班，这样的工作形态已经成为趋势。我们不再逛地区书店，看里面形形色色的人，我们改在亚马逊书店买书。我们也不再去录像带出租店或杂货店，因为 kosmo.com 很乐意帮人外送电影《公民凯恩》（Citizen Kane）和比萨。有了 MP3 之后，去附近的唱片行好像有点浪费时间。"[③] 可见，互联网使得一些孤僻、内向的青年大学生成为资格的"宅男"或者"宅女"，他们终日待在家里或者学生宿舍，依赖网络与外界联系，他们没有现实生活中的朋友，害怕面对一些社交场合，有人形象地将他们称为"茧居族"。网络使人与人之间的交流变成了人与机器之间的交流，由于在"人——机——人"这样一个相对封闭的环境里，个体在很大程度上失去了与他人、社会接触的机会，因此很容易导致人与人之间关系的疏离，导致个人产生紧张、孤僻、冷漠及其他心理健康等问题。

---

① 谢海光：《互联网与思想政治工作概论》，复旦大学出版社 2000 年版，第 107 页。

② ［英］安东尼·吉登斯：《社会学》（第 4 版），赵旭东等译，北京大学出版社 2003 年版，第 450 页。

③ ［美］凯斯·桑斯坦：《网络共和国：网络社会中的民主问题》，黄维明译，上海世纪出版集团 2003 年版，第 15 页。

三、网络道德失范现象频仍

网络构建了一个虚拟的世界，就像一场假面舞会，人人都隐去了自己原有的身份和地位，按照自己的意愿和想象，重新塑造出新的角色，尽情抒发自己的情感，发泄自己的欲望，宣泄心灵的重负。但是，由于匿名和身体缺场使得部分大学生网民把网络空间视为可以不受任何约束的"电子边疆"。他们并不为言辞的大胆、挑逗的表露负责任或感到难为情，反而感到惬意、刺激并且流连忘返。过度的开放和自由使青年大学生在一定程度上丧失了真实感并产生放纵感和迷乱感，进而导致其行为脱离规范的约束，随意放纵自己，产生不道德行为。

同时，不少大学生迷恋网络游戏，因为像"第二人生"（Second Life）这类网站多媒体游戏的流行已经极大地混淆了人们的现实生活和虚拟生活，这种混淆不仅给人们的道德观念带来冲击，而且将带来极为有害的影响。"第二人生"的玩家只要在网站上创造一个身份，就可以从事在现实社会中能够进行的任何活动——办公司、结婚、买房子和装饰房屋等。"虚拟世界成为人们摆脱现实世界压力和困境的避难所。虚拟世界中的用户具有自由的身份，可以做任何事情——包括飞行、变性，甚至可以去杀人却不必负任何刑事责任。因此，对很多人来说，虚拟世界的诱惑是不可抗拒的。"[①] 当习惯了网络游戏中的暴力，杀戮之后，一个人的情感就会变得麻木、冷漠，甚至可能会在现实生活中犯下滔天罪行。再比如，2009 年 4 月以来，在开心网、校友网火爆流行的"开心农场"（后被腾讯改名为 QQ 农场后正式上线，之后其用户数量呈几何级数增长）致使"偷菜"游戏瞬间蹿红网络，席卷网民生活。于是，"你'偷'了吗"便成为大家见面的招呼语。很快，数百万都市白领成为"偷菜"队伍中的主力军，每天在"偷"与防"偷"中乐此不疲，甚至定闹钟半夜起床"偷"菜。有的人认为从中找到了乐趣，而有的人则觉得这无聊的游

---

① ［美］安德鲁·基恩：《网民的狂欢：关于互联网弊端的反思》，丁德良译，南海出版公司 2010 年版，第 157 页。

戏让人迷失自我。过去人们总是谈"偷"色变，而现在却气定神闲，甚至没有任何道德上的自责。因为"偷"在网络中是不犯法的，甚至有人认为可以将现实中的压力、焦虑、愤怒等负面情绪通过"偷"进行安全地发泄。当然，如果长期痴迷于类似的游戏，必然会模糊人们的是非观念和道德标准。

四、网络剽窃和侵犯知识产权的行为时有发生

一方面，信息的数字化和文件共享技术为网络剽窃和侵犯知识产权的行为提供了客观上的便利。数字化时代，一切信息都可以"比特"的形式存在，正如尼葛洛庞蒂所说，"过去，大部分的信息都经过人的缓慢处理，以书籍、杂志、报纸和录像带的形式呈现；而这，很快将被即时而廉价的电子数据传输所取代，这种传输将以光速来进行。在新的形式中，信息将成为举世共享的资源。"[1] 在文件共享技术的支持下，免费下载软件、图书、音乐、电影变得易如反掌，只需你轻轻点击一下鼠标，便大功告成。同时，"复制和粘贴变得异常容易，这给年轻一代中喜欢盗取他人智力成果的人提供了便利。利用复制和粘贴技术去拼凑一篇文采华丽、观点新颖的'独创'文章变得易如反掌。"[2]

另一方面大学生经济上尚未独立，他们的学费、生活费和日常开销大多依靠父母，这在某种程度上也为大学生网民侵犯知识产权的行为提供了貌似合理的借口。加上，大学生网民承袭了"黑客文化"中追求自由、共享、免费的价值观和信仰，利用他们手中掌握的计算机科学和网络技术，能够轻易地破解各种软件包的加密技术和序列号，然后把这些软件上传到网络论坛以供其他网民下载和免费使用。在这种铺天盖地的抄袭、复制、下载、上传的集体行为面前，既有的道德观念和行为规范几乎是不堪一击的。"Web2.0技术使所有权的概念更加模糊不清，也造就了整整一代人普遍从事盗版和侵权

---

① ［美］尼古拉·尼葛洛庞蒂：《数字化生存》，胡泳、范海燕译，海南出版社1997年版，第12页。

② ［美］安德鲁·基恩：《网民的狂欢：关于互联网弊端的反思》，丁德良译，南海出版公司2010年版，第22页。

行为，他们完全无视别人的知识产权。除了非法下载电影和音乐外，他们还剽窃别人的论文、研究成果、诗歌、小说以及在技术上可以数字化和复制的任何东西。我们的孩子还在中学或大学的时候就养成了盗取他人成果的习惯，他们抄袭别人的研究成果，当作是自己的课程论文、研究报告或毕业论文。"①

不管出于何种理由，网络剽窃和侵犯知识产权的现象不仅是非法的，而且是不道德的，应该受到谴责和制止。因为，人们如果对这些行为给予默许和接受，必将威胁到我们社会的文化基石——作家、记者、科学家、艺术家、作曲家、音乐家和电影制片人等的辛勤劳动、创新和知识成就。

五、网络群体极化现象不时出现

1961 年，社会心理学家詹姆斯·斯托纳（James Stoner）在其所做的一项关于群体决策的实验中发现："当个体最初的意见保守时，通过团体讨论的结果将更加保守；而当成员最初的意见倾向于冒险时，团体讨论将使结果更加冒险。也就是说，群体讨论会得到更加极端的决策，这种现象被称为群体极化（group polarization）。"② 正式提出群体极化这一概念的人是美国芝加哥大学法学院教授凯斯·桑斯坦，他认为，"所谓群体极化就是这样一种趋势，即志趣相投者彼此强化他们的观点以至达到极端。"③ 社会心理学家的研究证明，群体极化现象更有可能在网络空间中发生。

在解释群体极化产生的原因时，桑斯坦认为，"新的科技，特别是网络，会增强人们听到自己回音的能力，让自己和他人隔绝。虚拟社群将会产生，在信息交换的过程中，某些事实或观点将广为流传，只因很多人愿意相信它。"网民群体是以计算机网络为沟通中介，以信息联系为纽带，因工作、兴趣、价值取向和信仰及个人的特殊需要或者任何其他目的，主动与网络空间中的其他网民进行持续互动而形成的，它具有群内同质化、群际异质化的特

---

① ［美］安德鲁·基恩：《网民的狂欢：关于互联网弊端的反思》，丁德良译，南海出版公司 2010 年版，第 140—141 页。

② 侯玉波：《社会心理学》，北京大学出版社 2002 年版，第 219 页。

③ ［美］凯斯·桑斯坦：《网络共和国：网络社会中的民主问题》，黄维明译，上海世纪出版集团 2003 年版，第 47、151 页。

点。因而，网络让"人们更容易听到志同道合的言论，却也让自己更孤立，听不到相反的意见。仅仅由于这一原因，这就种下了极端化的因子。"① "当人们身处由持相同观点的人组成的群体当中的时候，他们尤其可能走向极端。当这种群体中出现指挥群体做什么，让群体成员承担某些社会角色的权威人士的时候，很坏的事情就可能发生"。②

根据桑斯坦的上述论述，我们知道群体极化发生的原因主要有二：其一是由于信息的窄化。互联网的迅猛发展使得人们提前进入媒体"个人化"的时代，允许网民定制他们想要的内容，除去他们不想看到的信息。麻省理工学院的技术专家尼葛洛庞蒂早就预言了"我的日报"的产生。而事实上通过这样的选择过程，人们得到的是窄化的信息。并且随着科技的发展，"针对个人量身定制的节目越来越蓬勃，不同的群体也将选择不同的节目"。这种个性化的筛选和过滤固然满足了不同信息消费者的需求和口味，但是过度的筛选和协同过滤也会导致信息的窄化。桑斯坦认为，"非预期的、未经筛选的信息披露以及经验分享，同样相当重要"，因为，信息的窄化会使"人们可能因此眼界窄小，或只沉溺于固有的品位。"③ 同时，信息的窄化也可能会强化某些具有共同利益和政治主张的人，使得他们的观点更加激进，以至于走向极端。其二，是群体的盲思。也就是社会心理学家所说的从众效应。所谓从众，是指随大流或遵从群体的意志，屈从群体的压力。法国著名的社会心理学家勒庞（Gustave La Bon）认为，"聚集成群的人，他们的感情和思想全都采取同一个方向，他们自觉的个性消失了，形成了一种集体心理"。④ 人作为行动群体中的一员，其智力是不起作用的，完全处在无意识情绪的支配下。他指出："群体通常总是处在一种期待注意的状态中，因此很容易受人暗示。最初的暗示，通过相互传染的过程，会很快进入群体中所有人的头脑，群体感情的一

---

① ［美］凯斯·桑斯坦：《网络共和国：网络社会中的民主问题》，黄维明译，上海世纪出版集团2003年版，第32、48页。

② ［美］凯斯·桑斯坦：《极端的人群：群体行为心理学》，尹宏毅、郭彬彬译，新华出版社2010年版，第3页。

③ ［美］凯斯·桑斯坦：《网络共和国：网络社会中的民主问题》，黄维明译，上海世纪出版集团2003年版，第2、6、17页。

④ ［法］古斯塔夫·勒庞：《乌合之众——大众心理研究》，冯克利译，广西师范大学出版社2007年版，第45页。

致倾向会立刻变成一个既成事实。"因为,"群体没有推理能力,因此它也无法表现出任何批评精神,也就是说,它不能辨别真伪或对任何事物形成正确的判断。"①

在网络空间场域中,特别是在新闻组、BBS论坛、聊天室,由于各种网民群体的形成来源于对事物的共同兴趣,这些因偏好相似而结成的网民群体具有很强的同质性。原本分散的个体非常容易聚集起来,通过交换链接、互通信息,拓展各自的影响,强化原有观点,最终产生极端观点。如果群体中的个别成员和多数人的意见相左,他们就会受到群体的压力,最后在"沉默的螺旋"的作用下发生分化和转移。其结果是要么放弃自己的观点而选择从众,要么坚持自己的观点而选择离开。而发出强音的一方或势均力敌的两方则推波助澜,最后形成网络群体极化倾向。对由此引发的群体极化现象的社会影响,应从正反两方面来看:一方面,群体极化有利于坚定信念、增强信心、加强集体团结、形成强大舆论、推进群体行动、促进群体价值的实现。极端未必就是坏事,关键是导向要正确。另一方面,如果群体极化造成网络舆论向错误方向偏移,一些极端化的小团体借机把它们的主张推向不受理智束缚的边缘,使社会失去对它们的控制,就可能危及社会稳定与公共安全。

大学生网民群体中群体极化的现象不时出现,从早期的仅仅利用高校BBS论坛进行群体动员而引发校园聚集事件,到后来的影响范围波及各大商业网站、论坛全程参与社会动员而形成的大规模的群体事件,网络极化现象都得到验证。前者如2000年5月,"一塌糊涂"BBS上传出北京大学一名大一女生在返回昌平校区途中遇害的消息,由此引发了历时四天的北大校园风波。此次事件是我国高校最早发生的由于网络的舆论动员和组织串连作用而引发的校园聚集事件之一。②再如2008年11月发生在南京大学小百合BBS中的"汉口路西延"事件的讨论也是一起典型的网络群体极化事件。后者如在近年来的中日钓鱼岛争端、反对日本"入常""家乐福"事件等活动中,大学生网民在博客、QQ群、论坛等区域热烈讨论,围绕中日关系、中法关系、

---

① 　[法]古斯塔夫·勒庞:《乌合之众——大众心理研究》,冯克利译,广西师范大学出版社2007年版,第57、81页。

② 　张再兴:《网络思想政治教育研究》,经济科学出版社2009年版,第11页。

抒发爱国热情，发表激烈的攻击，并转化为现实中的游行示威活动，如冲击家乐福，围攻伊藤洋华堂等，不仅扰乱了正常的社会秩序和商业秩序，而且造成了不良的外交影响。

六、网络互动中涌动着"三俗化"的逆流

所谓网络文化中的"三俗化"，是指网络文化的庸俗化、低俗化和媚俗化。大学生是时代的骄子，社会的精英。他们以其自身掌握的先进的科学技术、高雅的文化和高尚的追求，理应成为社会文化的引领者和塑造者。但是，受社会文化尤其是网络文化"三俗化"的影响，在大学生网民群体网络互动、交流过程中，也不时涌动着"三俗化"的逆流。

当前网络文化发展中出现了许多"三俗化"现象，特别随着 Web2.0 革命以来，在用户生成的网络空间场域，如 BBS 论坛、博客圈、微博群、QQ 等，存在着大量庸俗、低俗和媚俗的内容。它不仅降低了网络文化的品位，而且也严重污染了网络文化环境，毒化了社会风气。具体而言，这种"三俗化"信息可以分为三种类型："其一，根据网络谣言或恶意诽谤，报道低俗新闻，如河北'艾滋女'与279名性伴侣、合肥女教师诱奸90后男生、'兽兽视频门'等事件；其二，大肆炒作违反社会公德、违背公序良俗的新闻，如艳照门、'凤姐'征婚、富豪相亲会等事件；其三，报道商家和名人庸俗炒作行为，如露体促销、人体盛宴等。"① 这些庸俗、低俗、媚俗的内容不仅在大学生网民群体中得以广泛传播和热议，甚至有些同学还炮制出电梯门、摸奶门、喂奶门、酒瓶门、求婚门、"雷人毕业照"等大肆在网络上传播，为网络文化的"三俗化"推波助澜，以迎合大众的需求，吸引眼球，赚得点击率。

网络文化发展中之所以出现"三俗化"的痼疾，一些网站利欲熏心是主因。一些网站以排名为主要方向，以吸引人气为主要动力，以挣钱为主要目的，迎合人性中的低级趣味，对兽兽门、艳照门之类的低俗甚至黄色话题津

---

① 黄传武：《网络文化中的低俗现象及对策研究》，《北京邮电大学学报》（社会科学版）2010年第5期。

津乐道，不惜以专题等形式进行大肆炒作。他们放弃社会责任，一味追逐商业利益，以低俗内容拉高点击率，不仅对论坛、博客、播客等互动栏目中的低俗内容睁一只眼闭一只眼，甚至主动上传淫秽、色情、低俗信息。少数网站管理人员，以言论自由为幌子，放任黄色低级的东西在网上泛滥。而Web2.0革命催生的用户生成内容，使得一些品位较低的网民可以随时在网络上发布博文、上传照片、音乐和视频。正如安德鲁·基恩所说："数字革命给人类的文化、经济和价值观带来的影响是多方面的，其中也包括破坏性的后果。……伴随着网络的繁盛，愚昧和低品位，个人主义和集权统治也大量涌现。"①

　　网络文化中的"三俗化"现象严重毒化了社会风气，侵害了青少年网民的身心健康，引起广大民众的极度不满。对此，2009年1月7日，由国新办、公安部、文化部等7部门联手进行的全国整治互联网低俗之风专项行动，对一些涉足"三俗化"的网站进行曝光、责令整顿，甚至关闭，已经取得了阶段性的效果。2014年，习近平总书记在中央网络安全和信息化领导小组第一次会议上的讲话指出："做好网上舆论工作是一项长期任务，要创新改进网上宣传，运用网络传播规律，弘扬主旋律，激发正能量，大力培育和践行社会主义核心价值观，把握好网上舆论引导的时、度、效，使网络空间清朗起来。"②

　　我们要认识到反对和抵制"三俗化"必须付诸实际行动。正确方法就是以雅反俗，以雅代俗。其中最关键的就是要界定雅的标准。为此，国家"要加强社会主义核心价值体系建设，积极培育和践行社会主义核心价值观，全面提高公民道德素质，培育知荣辱、讲正气、做奉献、促和谐的良好风尚。"③同时，要制止媒体的"三俗化"，规范媒体行为。主流媒体必须宣传积极、健康、向上的思想观念和行为，要有强烈的社会责任感和使命感，勇于、善于批判那些腐朽堕落的世界观、人生观、价值观。最后，要加强对青少年的教

---

　　① ［美］安德鲁·基恩：《网民的狂欢：关于互联网弊端的反思》，丁德良译，南海出版公司2010年版，第1页。

　　② 《习近平谈治国理政》（第1卷），外文出版社2014年版，第198页。

　　③ 《习近平谈治国理政》（第1卷），外文出版社2014年版，第154页。

育工作。让青少年懂得什么才是真正美的和高雅的"阳春白雪"，从而使他们远离丑陋和"三俗化"的"下里巴人"。

七、网络舆论生成的蝴蝶效应明显

美国气象学家爱德华·罗伦兹1963年在一篇提交纽约科学院的论文中写道："一个气象学家提及，如果这个理论被证明正确，一个海鸥扇动翅膀足以永远改变天气变化。"后来，罗伦兹为了更加形象地说明这种现象，他将海鸥改为蝴蝶，他说："南美洲亚马逊河流域热带雨林中的一只蝴蝶，偶尔扇动几下翅膀，可能在两周后引起美国得克萨斯州的一场龙卷风。这就是广为人知的'蝴蝶效应'比喻。"[1] 在网络传播中，我们经常可以见证这种神秘的"蝴蝶效应"。也许只是因为网络上发布的一个帖子、一幅图片或者一段视频，就可能引起众多网民的关注，人们渴望了解事实的真相，于是有好事的网民以"道德法官"和社会正义的化身而自居，在网络上发布"人肉搜索"令，从而使事态扩大，矛盾升级，甚至由网络转向于现实生活，对当事人穷追猛打，最后形成压倒性倾向的舆论评价。类似的案例每年都有发生，如"铜须门""虐猫女""天价烟""局长日记""不雅照""艳照门"等等。

在虚拟的网络空间里，存在着媒体"把关人"弱化的现象。因此，当大学生网民对某一社会热点给予关注并就事件公开发表各自的意见时，难免会出现一些非理性的、偏激的观点。由于缺少"把关人"的及时疏导，这些个人意见很容易在"蝴蝶效应"的作用下将事件无限放大，犹如在一汪平静的池水中扔下一块巨石所激起的层层涟漪。因为"他们年龄结构单一，热爱新知，议论能力强，业余时间多，爱扎堆，好串联，以校园为中心，关注社会变化。同时，他们社会阅历浅，观念尚未定型，看问题简单，行事相对冲动，发在高校 BBS 里的信息流动或偶然事件，很容易被放大"。[2] 加上，互联网的

---

① 史周青：《蝴蝶效应在网络传播过程中的成因与防范》，中国传媒大学第二届全国新闻学与传播学博士生学术研讨会论文集，第333页。

② 李永刚：《我们的防火墙：网络时代的表达与监管》，广西师范大学出版社2009年版，第95页。

匿名性和身体缺场等特点使大学生网民有一种心理上的安全感，他们无须顾忌太多的限制而自由地发表自己的观点。这些观点在网络中互相激荡，最终形成统一的意见，网络舆论由此生成。这就是典型的"蝴蝶效应"生成的过程。

综上所述，在大学生网民群体网络互动的过程中的确存在着一些问题。正是由于这些问题的存在，有可能影响到大学生网民群体的和谐、有序、健康发展，也会给全社会网络环境的净化和网络文明建设带来一定的负面影响。因此，需要对该群体进行必要的引导和规范。

第六章 大学生网民群体的引导与规范

大学生网民群体是网络社会中一支重要的力量，也是网络思想政治教育最主要的对象，该群体能否和谐、有序、健康发展，不仅关系到大学生网民自身的健康成长，也关系整个社会能否理性识网、文明用网和谐建网，进而为网络环境的净化和网络文明的建设做出贡献。基于此，有必要对大学生网民群体给予一定的引导和规范。就大学生网民群体的引导而言，主要从引导的指导思想、引导的原则、引导的内容、引导的方针和策略等方面展开论述，其实质就是通过外部的教育，促使大学生网民自省的过程。就大学生网民群体的规范而言，则需要坚持自律与他律相结合、内化与外化相统一、网上与网下相一致的指导思想，通过道德自律、技术控制、法律规制和制度保障促使大学生网民群体规范自己网上的言论和行为。

第一节 大学生网民群体引导与规范的必要性和可能性

大学生网民群体何以需要引导与规范，又何以能够被引导与规范，以及应由谁来负责具体实施大学生网民群体的引导与规范等等，这些问题是每一位网络思想政治教育工作者都需要思考和解答的问题，当然也是本文研究的最终落脚点和目的所在。

一、大学生网民群体引导与规范的必要性

网络环境复杂多变，充满着不确定性；网络空间信息鱼龙混杂，良莠不

齐；政府监管宽严有别，价值取向不一；网络运营机构利益诉求不同，态度各异；网民来源甚广，成分多样，素质参差不齐。上述因素综合作用，相互影响，必然带来网络上的乱象纷呈，黄色、淫秽、有害等"三俗化"信息大肆盛行，网络道德失范、窥探隐私、网络剽窃和侵犯知识产权等行为各行其道。一个绿色、安全、无害、和谐、文明的网络生态环境不会自动形成，需要政府及其职能部门、社会运营机构、教育部门、网民等相互理解、相互配合、携手努力，共同打造。

大学生网民群体何以需要引导与规范？对于这一问题的回答，主要是基于以下两方面的原因：

第一，从客观上讲，网络是一把"双刃剑"，它既能够给人类带来福音，也能危害人间。

"谁掌握了信息，控制了网络，谁就将拥有整个世界。"美国未来学家托夫勒的这句话并非危言耸听。在网络时代，一个国家是否拥有发达的信息获取能力和在互联网中的"话语霸权"，将成为这个国家在 21 世纪的生存与发展竞争中能否占据主动地位的关键。美国作为互联网的诞生地和世界上使用互联网人数最多的国家之一，正自觉地和积极地利用互联网全方位、全时空、全天候地向全世界宣扬自己的意识形态、价值标准、外交政策、经济理念、社会文化和生活方式。对此，美国学者埃瑟·戴森直言不讳地说："今天的 Internet 带有明显的美国味道"，同时她又心存疑虑，"这一情形随着不同国家越来越多的人开始上网会逐渐消失。美国文化与网络文化的微妙交织是一个很大的谜团。网络会在多大程度上改变加入网络的人，而新网民又会在多大程度上改变网络？网络的自由精神是美国化的，还是它本来就内在于网络之中？"①

与此同时，欧洲、亚洲的许多国家已经警觉到美国利用网络谋取政治霸权和进行文化渗透的意图，正在全力加快各自的网络化发展进程。连非洲许多不发达国家，也在加快本国互联网的建设。"当前世界各国普遍关注网络发

---

① ［美］埃瑟·戴森：《2.0 版数字化时代的生活设计》，胡泳、范海燕译，海南出版社 1998 年版，第 16 页。

展，这无疑凸现了网络是现代文明的重要标志。无论哪个国家、不论社会制度如何，如果忽视网络发展，那就不可能适应新的文明时代的到来，就会跟不上时代发展的脉搏。在当代，要紧跟现代文明，就必须高度重视发展网络。"① 因此，高度重视网络已经成为各国政府的共识。

20世纪90年代中期以来，因特网在我国也获得了突飞猛进的发展。进入新世纪，方兴未艾的互联网正给中国带来急剧的变化，其影响力远远超出了常人的想象。然而，互联网这把"双刃剑"，在显示了其巨大威力的同时，也暴露出了它对人类社会的消极影响。无论是人流穿梭的门户网站，还是在人以群分的专业讨论群组，互联网构筑起的网络空间中到处"众声喧哗"，非理性的偏激的观点往往会引起其他网民的追捧和喝彩，理性的中肯的言辞反而会受到其他网民的谩骂和侮辱，争吵与喧嚣似乎已成为网络空间的常态，人肉搜索、恶搞、山寨……在这幅散漫无序的后现代图景中，到处充斥着网民的集体狂欢；泛滥于网络空间的色情、淫秽信息严重危害了青少年的身心健康，尤其是网络伦理道德日益陷入困境，严重地限制和影响了人们利用互联网所得的益处。诚如埃瑟·戴森所言："数字化世界是一片崭新的疆土，可以释放出难以形容的生产能量，但它也可能成为恐怖主义者和江湖巨骗的工具，或是弥天大谎和恶意中伤的大本营"。"网络赋予个人强大的权力——能够赢得全世界的听众，能够获取关于人和东西的信息……与此同时，也能够在全体范围内散布谣言，发掘朋友或路人秘密，并寻找诈骗、虐待儿童或其他骚扰活动的潜在牺牲品。"总之，在戴森看来，"网络既可以用来造福社会，也可以用来危害人间"。② 唐·泰普斯科特在《数字化成长：网络时代的生活主张》一书中也讲道："数字化的校园或网络上的游乐场有时是相当冷酷无情的，某些数字世界中的生活对网络新手而言也颇为艰难。行为粗鲁或行为不当的孩子，在上网时反而更容易为网络所害或被来自各方的肮脏信息所淹没。在网络上也存在着许多谎言或欺骗行为，……孩子们有时也会恶作剧，或是做出类似现实世界中的残酷行为。一些年轻人还去参加网络性爱（cyber

---

① 鲍宗豪：《网络与当代社会文化》，上海三联书店2001年版，第4页。

② ［美］埃瑟·戴森：《2.0版数字化时代的生活设计》，胡泳、范海燕译，海南出版社1998年版，第17—19页。

sex），或未经允许擅自使用父母的信用卡购物。"他进而讲："在现实中发生的事多数也会发生在网络上。这包括了好事——创造财富、学习、乐趣、社群、友谊；但也有坏事——色情、骚扰、犯罪行为。"①

毕竟，网络是现实社会的延伸。网络与现实社会之间具有千丝万缕的密切联系，现实世界中各种社会现象、各种关系、各种问题和各种矛盾都会在网络世界发生作用，使网络世界的各个方面都被打上现实世界的烙印。正如卡斯特所说："互联网只是现实社会的一个反照，它不是同这个现实社会相隔绝的、并不真是所谓的虚拟世界，这就是为什么现实社会中有黄色图片，所以互联网上也有这些东西。互联网，就其本质来说就是社会本身。"② 丹·希勒也指出："互联网绝不是一个脱离真实世界之外而构建的全新王国。相反，互联网空间与现实世界是不可分割的部分。"③ 网络世界与现实社会有着十分紧密的联系，因为网络世界是建立在现实社会基础之上的，是现实社会在网络空间的拓展和延伸，网民不仅是网络空间的主人，也是现实社会的公民，网络社会不可能脱离现实社会而独立存在。因此，作为一个群体生活的公共空间，网络空间也需要具有相应的秩序。"正如我们需要交通法规来约束驾驶行为以避免交通事故，我们也需要用规章制度来引导网络行为。在某些情况下，我们甚至需要政府管制来保护我们免受人类本能和个体行为的破坏。网络也需要管制。"④ 由此可见，网络世界的健康运行也需要现实世界建立、健全相关法律、伦理规范以实现有效的社会控制。只有这样，才能维持网络空间的有序性，保障网上群体和个人的利益。

第二，从主观上讲，人性中本来就潜藏着恶的一面，而在互联网的匿名和身体缺场等条件下，这种恶性就会毫无掩饰地暴露出来。

求新逐异、猎奇斗艳、窥探他人隐私、对性充满着永不停息的渴望与诱惑等等，这些原本都是人性当中固有的本能。早在两千多年前孔子就讲"饮

---

① ［美］唐·泰普斯科特：《数字化成长：网络时代的生活主张》，陈晓开、袁世佩译，东北财经大学出版社 2003 年版，第 12、324 页。

② 张卫华：《卡斯特访谈录》。

③ ［美］丹·希勒：《数字资本主义》，杨立平译，江西人民出版社 2001 年版，第 289 页。

④ ［美］安德鲁·基恩：《网民的狂欢：关于互联网弊端的反思》，丁德良译，南海出版公司 2010 年版，第 193 页。

食男女，人之大欲存焉"。就是说，人的一生，不外乎两件大事：饮食、男女。一个是生活的问题，一个是性的问题。人生就离不开这两件事。告子则将这两件事明确概括为："食色，性也。"法国大文豪巴尔扎克在《人间喜剧》序言中也写道，"情欲就是全人类。没有情欲，宗教、历史、小说、艺术就没有什么用处了。"可见，情欲和性欲是人类最基本的生存欲望，也是人类生活之所以丰富多彩的重要内容。但是在现实社会中，人的这些本性受到道德和法律的双重约束，大多数人只好将这些本能压抑到潜意识中。然而，互联网的出现，像是打开了潘多拉魔盒一般，人们发现网络聊天室、各大论坛里到处充斥着露骨的色情信息和肆无忌惮的性挑逗，人性中的某些本能不必再掩掩藏藏，网民们沉浸在恣情纵欲的集体狂欢之中不能自拔。如果说数年之前，网络色情还仅仅是在网站上浏览一些色情照片，而现在则有数不清的色情聊天室，他们为沉迷于此间的人们提供实时性伴侣，而且可以展示虚拟的性伴侣身体，此外这里还有网上性爱直播等内容。当然，网络色情成瘾的并不都是男性，那些对于生活感到乏味或不满的女性也容易网络色情成瘾。男性的成瘾主要体现在视觉方面，比如寻找色情站点浏览色情图片，而女性主要是到色情聊天室满足自己的交流需要。美国有位心理学家指出，目前美国网络色情成瘾的人数正在增加，电脑已经成为21世纪的"性玩具"，它会像地雷那样随时爆炸，破坏人们的私人生活甚至是工作。

　　对于这种现象发生的原因，美国互联网心理学家华莱士认为，"隐秘程度是影响行为的一个重要因素，它可以降低正常的社会限制，使人们对自己的抑制减少"。正是由于网络世界的匿名、身体缺场以及社会线索缺失等这些特点，"激发了一系列五花八门的角色、欺诈、半真半假和夸大的游戏，视觉和听觉的缺失以及互联网的隐蔽性，造就了这些内容的出现，同时使人们处于时空的隔离。即使网络并不完全隐蔽，远在天边的距离和较小的社会压力，会令人感到不受约束、不受监视，我们的手指在完成这些工作。"在匿名和身体缺场的情况下，网民的行为格外大胆，使得他们可以最大限度地按自己的渴望行动，满足参与、追求新奇刺激和互动的欲望。"网友们可以随心所欲，任性而为，尽情地包装和展示自己，宣泄他们的情感，使现实生活中所受到的压力得以舒缓。"①

综上所述，由于网络的两面性和网民人性中的恶，如果任其自由结合、畸形发展，不仅会妨碍网络空间的和谐、有序发展，也会波及现实社会。因此，对网络内容进行治理以净化网络环境，对网络使用者即网民进行一定的引导和规范就变得十分必要了。

二、大学生网民群体引导与规范的可能性

如前所述，由于网络和网民自身这两方面的原因使得引导与规范大学生网民群体成为必要，同时，还需要进一步追问大学生网民群体何以可能被引导和规范？对这一问题的回答，同样可以从以下两个方面展开：

首先，互联网高度去中心、无权威、自由、开放的特性并非意味着它就不能被规制。

"因特网既不是天堂也不是地狱，它是我们的自我表达——通过具体的通信符号，如果我们想改变我们的现实，我们就必须理解它。"② 互联网诞生的初衷是为了保障在毁灭性核打击下通信依旧能够畅通，因此在其设计上采用了"分布式网络"结构，这样就降低了中央主机的重要性，无数的电脑只需要通过硬件接口和安装全球适用的通信协议——TCP/IP——就能互相连接，每一个点都可以不依赖中央主机来与另一个点建立联系。这种高度去中心、无权威、自由、开放的架构就可以从技术上确保没有任何一个国家或利益集团能完全控制互联网。当然，如果一个国家或政府想要控制互联网的话，"唯一的方式是不要处于网络中，但是这对世界上的许多国家来说代价太高了，因为他们也失去了商业机会和使用全球信息的权利"。③ 因此，在互联网发展的早期，以崇尚网络自由的乌托邦分子就曾大声疾呼，互联网应该完全摆脱政府控制，让网民在网络空间中实现自我治理。1996 年 2 月，约翰·佩里·

---

① 陶国富、王祥兴：《大学生网络心理学》，立信会计出版社 2004 年版，第 29 页。

② ［美］曼纽尔·卡斯特：《网络星河：对互联网、商业和社会的反思》，郑波、武炜译，社会科学文献出版社 2007 年版，第 6 页。

③ ［美］曼纽尔·卡斯特：《网络星河：对互联网、商业和社会的反思》，郑波、武炜译，社会科学文献出版社 2007 年版，第 184 页。

巴洛（John Perry Barlow）以电子边疆基金会（EFF）创始人的名义在瑞士达沃斯论坛发布了著名的《网络空间独立宣言》。巴洛以诗人的激情大声疾呼："工业世界的政府们……我要求你们放我们一马。我们不欢迎你们，你们无权管辖我们的世界……也没有任何强制的方法让我们害怕。"[①] 美国记者丹迪·W.摩尔（Dinty W. Moore）也认为："网络不为任何单一实体所拥有，它是由日益增多的独立网络自愿者所形成的巨大合作效应所形成的。根本没有人能为它设立强制性的规则。"[②]

然而，这并非是说，任何一个国家和政府对互联网都将束手无策，任由其不良影响无限地扩大。美国斯坦福大学法学教授劳伦斯·莱斯格认为，"这些关于政府和网络空间的最初想法——误入歧途了。网络空间的自由绝非来源于政府的缺席。自由，在那里跟在别处一样，都来源于某种形式的政府控制。"[③] 美国芝加哥大学法学院教授凯斯·桑斯坦也认为："因为政府在虚拟空间创设和施行财产权，所以政府对网络的管制，并不比实体空间来得少。这并不意味着政府可以为所欲为，但却意味着真正的问题在于什么样的管制，而非是否有管制。""网络不是无政府状态，也非全无规范。原因是政府已经准备好了要保护那些有被侵害之虞的财产权。——假如，我们可以想象政府从网络中淡出，而网站'拥有者'必须运用自己的科技力来排除他人的入侵。——以现在的技术能力来说，这是不能想象的事。"[④] 正是基于"保护和识别因特网通信的需要，以及保护因特网知识产权的需要，导致了新的软件体系结构的发展（莱斯格称之为'代码'），这使得控制计算机通信成为可能。"[⑤] 劳伦斯·莱斯格（Lawrence Lessig）提出，代码的存在证明，网络并

---

① ［美］凯斯·桑斯坦：《网络共和国——网络社会中的民主问题》，黄伟明译，上海人民出版社2003年版，第91页。

② ［美］丹迪·W.摩尔：《皇帝的虚衣：因特网文化实情》，王克迪、冯鹏志译，河北大学出版社1999年版：第190页。

③ ［美］劳伦斯·莱斯格：《代码：网络空间中的法律》，李旭、姜丽楼等译，中信出版社2004年版，第5页。

④ ［美］凯斯·桑斯坦：《网络共和国——网络社会中的民主问题》，黄伟明译，上海人民出版社2003年版，第95—96页。

⑤ ［美］曼纽尔·卡斯特：《网络星河：对互联网、商业和社会的反思》，郑波、武炜译，社会科学文献出版社2007年版，第185页。

不是本质上不可规制的，它并没有什么"本质"，它只有代码——组成网络空间的软件和硬件。他说："网络空间存在着对行为的规制，但规制主要是通过（技术）代码施加的。代码导致了规则的不同，进而区分了网络空间的不同部分。在一些地方生活相当自由，而在其他一些地方则受到约束，这种区别只是控制架构的不同，即代码的不同……代码构筑了网络空间，空间使个人和群体能或者不能。因此，选择代码部分地就是使谁能，使谁不能，以及最为重要的，使什么样的生活方式能或者不能。"①

当前，对互联网给予必要的治理已成为世界各国的共识。联合国前秘书长科菲·安南曾在突尼斯举行的信息社会世界峰会上表示："加强对互联网的保护是理所当然的。同时，对利用互联网煽动恐怖主义和帮助恐怖分子、传播色情、进行非法活动、宣传纳粹主义和其他不良意识形态保持高度关注也是合理的……互联网对每个国家的经济、管理已变得重要，要求政府不插手是很幼稚的想法。"即便是标榜自由优先的美国，在经历"9·11"恐怖袭击后，也明显强化了对互联网内容的监管。

国际社会对互联网的治理已从早期的技术管理逐步转向内容管理。尽管后一种治理模式涉及意识形态、人文价值取向，并遭到发达国家和相关组织的阻挠，但以联合国为首的国际组织仍在积极探索网络社会的管理模式。一般而言，对互联网内容的监管主要有两种方法：消极防范和积极利用。消极防范是最普遍的和容易被观察到的，包括限制上网（只让有限的人员和电脑与互联网联通）、过滤信息、封锁网站、监视上网者或者是完全禁止使用互联网。积极利用则是把互联网引导到符合体制利益的轨道上来，在这个前提下非但不禁止、反而鼓励使用互联网，这种情况比较复杂，在很多情况下无法根据个人电脑和网吧的表面繁荣来判断。当然，这两种策略不是相互排斥，而是相辅相成的，多数国家都是两者兼用。②

其次，网络是人的延伸，如何使用网络主要取决于人，取决于人的伦理

---

① ［美］劳伦斯·莱斯格：《代码：网络空间中的法律》，李旭、姜丽楼等译，中信出版社 2004 年版，第 25 页。

② 李永刚：《我们的防火墙：网络时代的表达与监管》，广西师范大学出版社 2009 年版，第 6 页。

道德。

早在 20 世纪 60 年代，加拿大学者麦克卢汉就提出"媒介是人的延伸"。他认为电子媒介是中枢神经系统的延伸，其余一切媒介（尤其是机械媒介）是人体个别器官的延伸。人类利用自己聪明的智慧发明出来的技术实质上已成为人的延伸。义齿、拐杖和假肢延伸了人的肢体，眼镜、望远镜和显微镜等延伸了人的视觉，助听器、听诊器和电话等则延伸了我们的听觉。互联网作为一项综合的集成技术，不仅延伸了人的肢体，而且延伸了人的感官、大脑和智力。"我们和工具之间的紧密联系是双向的。就在技术成为我们自身的外延时，我们也成了技术的外延。"[1]

几个世纪以来，围绕技术在文明形成过程中所起的作用以及人该如何对待技术的问题，历史学家和哲学家一直在探索、争论。主要存在着技术决定论和工具论两种不同甚至截然对立的观点。前者认为，技术进步是人类无法控制的独立力量。他们主张，技术进步一直都是影响人类历史进程的首要因素。如马克思认为："手推磨产生的是封建主为首的社会，蒸汽机产生的是工业资本家为首的社会。"[2]

显然，在马克思看来，生产工具成为衡量社会进步与否的标尺，也是划分社会不同形态的主要依据。拉尔夫·沃尔多·爱默生解释得更为直白："造物控制了人类。"后者相信工具是中立的人造物，完全屈从于工具使用者有意识的愿望。我们的工具是用来实现我们目标的手段，它们没有自己的目标。爱因斯坦说过："科学是一种强有力的工具。怎样用它，究竟给人类带来幸福还是灾难，全取决于人自己，而不是取决于工具。"雅斯贝尔斯认为，要想克服技术对人的生活的不利后果最终还是取决于人自身，取决于人类的道德。他说："对技术的领导不能从技术本身中找到，而必须从有意识的伦理中去寻找。"在他看来，对技术的领导，只有"通过具有责任感、义务感和责任心的人的行动，这样的行动知道区分好与坏。用这样的方式，人就会重新占有对滑脱的技术的领导。"通过道德判断，"技术人员、科学家、政治家及一切行

---

① ［美］尼古拉斯·卡尔：《浅薄——互联网如何毒化了我们的大脑》，刘纯毅译，中信出版社 2010 年版，第 227 页。

② 《马克思恩格斯全集》第 4 卷，人民出版社 1958 年版，第 144 页。

动着的人不应该把凡是可制造的东西都生产出来，而应该注意到政治上社会上的后果，使它的不利的方面不要成为现实，其途径则是使他们的行动准则服从道德的命令。"①

技术工具论是最为人们普遍接受的观点，因为它强调了人的主体性，是典型的人类中心主义。因此，在对待网络的问题上，笔者完全赞同技术工具论的观点，即如何使用网络，完全取决于人自身的价值观念和伦理道德。正如 S. Gene 在《信息空间的犯罪活动》一文中指出的："展望未来，要通过技术或常规的立法程序去遏制信息空间的犯罪活动困难重重。最根本的解决办法只有一条，那就是道德与人生价值观。"②

既然网络的内容在技术上是可以治理的，网络的使用最终取决于网民价值观念和伦理道德，那么对大学生网民群体进行引导与规范，无论在理论上还是在实践上都是可能的。

三、大学生网民群体引导与规范的主体

既然对大学生网民群体的引导与规范具有必要性，同时也具有可能性，那么随之而来的一个问题就是应由谁来负责大学生网民群体的引导与规范？这实际上涉及引导与规范的主体问题。

笔者认为，对大学生网民群体进行引导与规范，是政府部门、社会机构、高校和大学生网民等所有网络利益相关者的责任，并且是一个系统的复杂的综合工程，缺少其中任何一个环节，都会最终影响治理的效果。

首先，政府部门（包括中央政府和地方政府及其职能部门）是大学生网民群体引导与规范的主导者。政府主要通过立法、行政手段全面主导对互联网的治理，从宏观上引导与规范着大学生网民群体的健康发展。

就政府对互联网的立法而言，截至 2008 年 10 月，全国人大、中宣部、

---

① ［德］刚特·绍伊博尔德：《海德格尔分析新时代的技术》，宋祖良译，中国社会科学出版社1993 年版，第 174—175 页。

② R. R. Katz：《世纪末的法律、法庭与法律实践》，《现代外国哲学社会科学文摘》1994 年第 4期。

国务院新闻办、公安部、信息产业部、文化部、新闻出版署等 14 个部门已推出 60 余部与互联网相关的法律法规，其中直接规范互联网服务提供者和互联网用户的法律、法规和规章有 27 部，直接涉及对网络内容进行监管的重要法规有 16 项。另外，中共中央办公厅、国务院办公厅以文件形式下发了《关于进一步加强互联网新闻宣传和信息内容安全管理工作的意见》（2002 年 3 月 9 日）和《关于进一步加强互联网管理工作的意见》（2004 年 1 月 8 日），这两个文件虽然不是法规，但其影响力胜似法律法规。除上述法律法规外，还形成了用户登记上网和相关信息保存制度、运营机构审查备案制度、电子公告系统许可制、责任人制和过滤制。对申请开办 BBS 的单位必须同时建立栏目明确制度、版主负责制度、用户等级制度、规则张贴制度和安全保障制度。2016 年 11 月 7 日，第十二届全国人民代表大会常务委员会第二十四次会议通过了《中华人民共和国网络安全法》。该法于 2017 年 6 月 1 日起施行，成为我国境内建设、运营、维护和使用网络，以及网络安全监督管理的重要法律。

政府还运用行政权力开展了各种互联网的专项整治活动，以净化网络环境，倡导网络文明。2002 年 4 月 30 日，公安部、教育部、国家安全部、信息产业部、文化部、国家工商行政管理局、国务院新闻办公室、国家保密局等部门联合下发了《互联网有毒信息专项清理整顿工作方案》，在全国范围内集中开展互联网有毒信息专项整治工作。2002 年 7 月 1 日，文化部、公安部、信息产业部、国家工商行政管理总局联合开展了全国范围的网吧等互联网上网服务营业场所专项治理行动。2004 年 6 月 10 日，中宣部、公安部、最高人民法院、最高人民检察院等 14 个部门联合发布《关于依法开展打击淫秽色情网站专项行动有关工作的通知》，行动有关部门对互联网上淫秽色情、赌博、诈骗等网站和有害信息进行了"拉网式"排查和清除。2005 年，信息产业部颁布《非经营性互联网信息服务备案管理办法》，规定 4 月 15 日前所有网站要重新备案登记。之后不久，清华大学"水木清华"、南京大学"小百合"、复旦大学"日月光华"、南开大学"我爱南开"、武汉大学"白云黄鹤"等著名 BBS 站均进入只读状态，校内网络用户无法再登录发言，校外用户则无法登录。后来，这些 BBS 陆续开放，但相继改为实名制登录访问模式，即要求本校学生以真实姓名和学号重新登记，否则不准在论坛上发言。2006 年下半年开始，各大门户网站版主开始进行实名制登记，包括搜狐、网易、Chinaren 等有全国性影响的论坛。其他稍有规模的地方性论坛，也开始接到上级命令，要求进行版主登记。2006 年 1 月 1 日，深圳率先推出网络警察公开上网巡逻，检查网上言论资讯。同年 5 月 16 日，公安部决定在重庆、杭州、宁波、青岛、厦门、广州、武汉、成都等 8 个试点城市，推广深圳公安机关的做法，设立网上"虚拟警察"，把公安机关互联网管理纳入社会治安管理总体框架，依法公开管理互联网。2006 年 2 月 21 日，信息产业部启动了"阳光绿色网络工程"系列活动，内容包括：清除垃圾电子信息，畅享清洁网络空间；治理违法不良信息，倡导绿色手机文化；打击非法网上服务，引导绿色上网行为等活动。2009 年 1 月 5 日，国务院新闻办、文化部、新闻出版总署等七部门召开电视电话会议，部署在全国开展整治互联网低俗之风专项行动，要求采取有力措施坚决遏制网上低俗之风蔓延，进一步净化网络文化环境，保护未成年人的健康成长，推动互联网的健康有序发展。2009 年 11 月 16 日，全国"扫黄打非"办公室下发了《关于严厉打击手机网站制作、传播淫秽色情信息活动的紧急通知》。12 月，中央对外宣传办公室、全国"扫黄打非"办等九部委在全国范围内联合开展深入整治互联网和手机媒体淫秽色情及低俗信息专项行动。2010 年 6 月 8 日，国务院新闻办公室首次发表《中国互联网状况》白皮书，说明了中国政府关于互联网的基本政策，即"积极利用、科学发展、依法管理、确保安全"。2011 年 5 月，国家互联网信息办公室正式设立。这一机构的设立，其目的是进一步加强互联网建设、发展和管理，提高对网络虚拟社会的管理水平，体现出国家层面对互联网的高度重视。为依法严厉打击利用互联网制作传播淫秽色情信息行为，全国"扫黄打非"工作小组办公室、国家互联网信息办公室、工业和信息化部、公安部决定，自 2014 年 4 月中旬至 11 月，在全国范围内统一开展打击网上淫秽色情信息"扫黄打非·净网 2014"专项行动。国信办已依法查处淫秽色情网站110 家，关闭相关频道、栏目 250 个，关闭微博、博客、微信、论坛等各类账号 3300 多个，关停广告链接 7000 多个，删除涉黄信息 20 余万条。

其次，社会机构（主要是各种商业性质的机构，如商业网站、网络运营商、网吧等）是大学生网民群体引导与规范的具体参与者和主要执行者。

商业网站、网络运营商、网吧等社会机构是政府各项法律、法规的主要执行者，也是各种专项行动的积极参与者，它们执行政府法律法规的力度如何直接关系到网络环境治理的效果。如果这些社会机构具有高度的社会责任感，能够严格按照政府的要求从事网络营运业务，依法提供相关网络服务，切实做到行业自律，那么网络环境就会净化，网络文明建设就有了良好的依托。因此，社会机构实际上在中观上对大学生网民群体的引导与规范起着重要作用。2002 年 4 月，由中国互联网协会起草发布了《中国互联网行业自律公约》，倡议全行业从业者从维护国家和全行业整体利益的高度出发，积极推进行业自律，创造良好的行业发展环境。2006 年 2 月，信息产业部启动了"阳光绿色网络工程"活动，旨在用 1 年时间通过一系列措施净化互联网和移动通信网网络环境，2007 年 8 月，人民网、新浪、搜狐、网易、腾讯、千龙等十多家内容提供商签署《博客服务自律公约》，鼓励博客服务提供者对博客用户实行实名注册。2008 年 12 月，国务院新闻办公室指导召开了第八届中国网络媒体论坛。参加论坛的全国百余家网站代表签署了《建设诚信互联网宣言》，表示愿大力推动网上内容建设，宣传科学真理，传播先进文化、倡导和谐理念，塑造美好心灵，弘扬社会正气；坚持正确的舆论导向，肩负起网络媒体的社会责任。

第三，高校是大学生网民群体引导与规范的直接教育者和主要落实者。

学校作为教育机构承担着十分重要的育人功能，也是大学生网民群体引导与规范的直接教育者和主要落实者。高校可以通过对校园网的治理、合理利用 BBS，强化对大学生网民的思想政治教育工作，培养大学生网民的网络素养等等，从而在微观上引导与规范大学生网民群体。早在 2000 年前后，许多高校的思想政治教育工作者就主动移师到网络上，纷纷建设各类思想政治教育网站，自觉地将传统的思想政治教育工作延伸到网络，如北京大学"红旗在线"、北京师范大学"学生党建之窗"、南开大学"觉悟网站"、南京大学"网上青年共产主义学校"、华中科技大学"党校在线"、电子科技大学的"银杏网"、西南交通大学的"前沿"网站、重庆邮电大学的"红岩网校"等，这些红色网站成为高校传播马克思主义的网络阵地，成为高校思想政治教育工作的重要载体。一些高校在党委领导下，成立了由网络建设部门（如信息中心）、宣传部门、学生工作部门以及有关技术部门（如网管中心）组成的领导机构，加强对思想政治教育工作进网络的领导，建立相应的管理机制，投入专门的工作队伍和经费设备；开设网上党校、网上团校，建立理论学习、时事政策、思想政治理论课辅导和答疑、心理咨询、学生生活服务等网站，完善网络管理措施和队伍培训等工作。还有许多高校的职能部门如教务、学工、研究生院、后勤管理等利用 BBS 发布信息，及时收集学生对教学、管理和服务方面的意见和建议，并适时进行反馈，从而为学生参与学校管理提供了一个重要的窗口，对 BBS 的一些重要版块的版主进行培训，适时进行"议程设置"，着意培养"意见领袖"，建立专兼结合的网络信息评论员队伍等等，从而使高校 BBS 成为师生交流与沟通的重要平台，思想政治理论课教师、学生辅导员开展大学生思想教育工作的重要阵地。

第四，大学生网民是大学生网民群体引导与规范的自律者。大学生网民群体的引导与规范离不开大学生网民的积极参与和高度自律。大学生是大学生网民群体的主人，他们思想比较独立，求知欲比较强，有着强烈的主体意识和主体精神。同时，他们文化程度较高，敢于担当，有着强烈的社会责任感和使命感。这些因素决定着大学生网民能够通过自律建设好他们自身的群体。

上述四种引导与规范大学生网民群体的角色既在各自不同的领域内发挥作用，同时它们又相互影响、相互作用，共同构成大学生网民群体引导与规范的有机统一体系。其中高校和大学生网民是大学生网民群体的主要引导者，而政府部门和社会机构则是大学生网民群体的规范者。

第二节　大学生网民群体的引导

对大学生网民群体进行引导就其实质来讲，就是通过外部教育，以提高大学生网民的网络素养，激发他们的网络社会责任感和正义感，唤醒沉睡在其内心深处的道德良知，帮助大学生网民群体的内部自省进而达到自律的过程。对大学生网民群体进行引导必须以符合党的路线方针政策的要求、契合网络发展的基本规律和满足大学生网民成长成才与全面发展的需要为基本的指导思想，坚持平等性原则、参与性原则、及时性原则、真实性原则、针对性原则和艺术性原则六项基本原则，从心理、思想、行为和安全四个层面着手，并且在引导的过程中需要讲究一定的方式方法，综合运用一定的策略。

一、对大学生网民群体进行引导的指导思想

对大学生网民群体进行引导必须坚持以下指导思想：

第一，符合党的路线方针政策的要求。大学生是祖国未来的建设者和接班人，也是我们民族的希望所在。因此，我们党十分重视对青年大学生的思想政治工作，重视利用互联网开展思想政治工作，以引导大学生网民树立正确的世界观、人生观和价值观，自觉抵制各种错误思想和观念的侵袭，提高他们的政治敏锐性和政治鉴别力。早在 2000 年 6 月 28 日，江泽民同志在中央思想政治工作会议上指出："要重视和充分运用信息网络技术，使思想政治工作提高时效性、扩大覆盖面、增强影响力。……要主动出击，增强我们在网上的正面宣传和影响力……善于利用网络开展工作，努力掌握网上斗争的主动权。"① 2001 年 9 月 22 日，教育部在《关于加强高等学校思想政治教育进网络工作的若干意见》中指出："用正确、积极、健康的思想文化占领网络阵地，同时防止一些人利用网络传播错误的思想和信息，已经成为高校思想政治工作非常重要而又紧迫的课题。"② 2004 年 10 月 14 日，中共中央、国务院发布《关于进一步加强和改进大学生思想政治教育的意见》（即 16 号文件）。文件指出："要全面加强校园网的建设，使网络成为弘扬主旋律、开展思想政治教育的重要手段。要利用校园网为大学生学习、生活提供服务，对大学生进行教育和引导，不断拓展大学生思想政治教育的渠道和空间。"③

① 《江泽民文选》第三卷，人民出版社 2006 年版，第 94 页。
② 教育部：《关于加强高等学校思想政治教育进网络工作的若干意见》（教社政〔2000〕10 号），2000 年 9 月 22 日。
③ 中共中央、国务院：《关于进一步加强和改进大学生思想政治教育的意见》（中发〔2004〕16 号）。

2007年1月23日，胡锦涛同志在主持中共中央政治局第三十八次集体学习的讲话中再次强调加强网络文化建设和管理的重要性，并提出"要加强网上思想舆论阵地建设，掌握网上舆论主导权，提高网上引导水平，讲求引导艺术，积极运用新技术，加大正面宣传力度，形成积极向上的主流舆论。"①2016年，习近平总书记在网络安全和信息化工作座谈会上的讲话指出："互联网是一个社会信息大平台，亿万网民在上面获得信息、交流信息，这会对他们的求知途径、思维方式、价值观念产生重要影响，特别是会对他们对国家、对社会、对工作、对人生的看法产生重要影响。"他强调"网络空间是亿万民众共同的精神家园。网络空间天朗气清、生态良好，符合人民利益。网络空间乌烟瘴气、生态恶化，不符合人民利益。谁都不愿意生活在一个充斥着虚假、诈骗、攻击、谩骂、恐怖、色情、暴力的空间。互联网不是法外之地。……我们要本着对社会负责，对人民负责的态度，依法加强网络空间治理，加强网络内容建设，做强网上正面宣传，培育积极健康、向上向善的网络文化，用社会主义核心价值观和人类优秀文明成果滋养人心、滋养社会，做到正能量充沛、主旋律高昂，为广大网民特别是青少年营造一个风清气正的网络空间。"②

对照这些讲话精神和文件要求，在对大学生网民群体进行引导时必须坚持将德育为先、立德树人置于首位，培养他们成为热爱党，热爱祖国，热爱社会主义的建设者，坚决拥护党的路线方针政策，高度认同邓小平理论、"三个代表"重要思想、科学发展观和习近平新时代中国特色社会主义思想，坚定走中国特色社会主义道路，为实现全面建设小康社会的宏伟目标贡献力量。

第二，契合网络发展的基本规律。一般认为，开放、自由、平等和共享是互联网精神的实质，也是其不断创新的内在动力。"20世纪60年代和70年代发源于大学校园中的个人主义自由的文化使得计算机之间的互联发挥到了极致——在大多数情况下是纯粹出于对发明的喜欢而进行技术创新的"。如果没有早期一些崇尚个人自由、思想独立、同伙伴共享与合作的阿帕网人对

---

① 胡锦涛：《胡锦涛主持中央政治局第三十八次集体学习的讲话》，新华社，2007年1月25日。
② 《习近平谈治国理政》（第2卷），外文出版社2017年版，第335—337页。

互联网文化的影响和民间计算机网络人士对互联网技术的贡献,"那么互联网将与目前的大不一样,也许不会像现在那样深受世人的欢迎,或者至少不会发展得那么快"。"如果没有软件的公开、免费开放以及早期黑客们公认的行为准则——合作使用资源,那么计算机通信协议的快速发展也不会发生。"因此,可以说开放、自由、平等、共享是互联网拥有源源不断创新活力的源泉。同时,"互联网架构的开放性也是其自我进化发展的主要力量来源:使用者变成技术制造者,也是整个网络的塑造者"。[①] 正是由于上述原因,所以早期的互联网一直被视为一个开放的理想化的自由空间。因为在发展初期,很多问题法律来不及规定,而且早期使用者大多数就是互联网设计者和大部分技术结构和标准的创造者,在他们身上体现了网络空间最原始的精神实质。这个时候对互联网最合适、最可行的管理方式就是通过使用者自我约束形成共识,建立可供遵循的网络礼节和自律规范,以维持网络的正常发展。由此可见,互联网规范和自律机制之所以能够成为网络空间的基本法制和运作原则,是由其成长过程中的历史原因以及本身的技术架构特点决定的。今天网络内外环境的变化已对互联网传统带来了极大的挑战,单靠自律监管已经不能规范所有的网上行为。为了维持网络空间的和谐、有序和安全,以及减少、遏制对现实社会产生不良影响的网上行为,网络自律必须由法治来支撑。特别是在依靠其自身的自律机制尚不足以摆脱危机时,适时适度地借助外部的法治手段予以强制性干预,不失为一种必要的监管对策和途径,而且,法律手段对整治网络环境的作用是技术、管理和其他手段不能取代的。基于上述认识,笔者认为,要想有效地引导大学生网民群体,使之健康和谐有序的发展,就必须契合网络发展的基本规律,根据网络特性利用外部控制因素对网络自律机制予以促进,以作为有效监管的补充。比如,向大学生网民灌输新的文化理念和集体主义价值观,使其内在自律机制和功能得以强化。因为,法律只是调整人们的外部关系,而道德则支配人的内心世界和动机,具有自控性。网络社会的秩序并不能仅仅依靠行为上的"契约"来保证,而必须同时依靠

---

① [美]曼纽尔·卡斯特:《网络星河:对互联网、商业和社会的反思》,社会科学文献出版社2007年版,第27、31页。

思想和文化上的认同来支持。

第三，满足大学生网民成长成才与全面发展的需要。大学生在校期间不仅要学习专业知识和理论、拓展知识面、提升自身综合素质，还需要培养为人处世和与人交往的能力、关注就业情况，为走向社会做积极准备，这些都是他们自身成长过程中的基本需要和发展诉求。因此，在我们对大学生网民群体进行引导时也必须考虑大学生成长成才与全面发展的正当需求，满足他们在学习、生活、社会交往、就业、人生发展等各种需要。这就要求高校校园网的建设者需要根据大学生的思想、兴趣特点和发展诉求，把校园网真正办成大学生的学习园地、精神家园和成长成才的基地。高校 BBS 很多板块、讨论区的设置正是满足了大学生网民自身发展的需要，所以才会赢得他们的积极参与。通过高校 BBS，大学生网民可以下载相关学习资料，咨询学习、科研活动中遇到的难题，了解到学校即将举办的讲座、论坛活动的时间、地点等与学习有关的信息，也可以沟通交流，发泄、灌水，宣泄心中的不满和愤懑等，还可以了解到兼职、就业招聘等方面的信息。高校 BBS 已成为大学生思想动态的"晴雨表"和网络舆情的"集散地"，思想政治教育工作者可以通过 BBS，及时了解大学生思想动态，真正做到"寓教于乐""寓引导于服务之中"，通过信息、服务、娱乐等各类栏目吸引他们的注意力，提高他们的点击率，使越来越多的大学生网民留在校园网络和高校 BBS 内，从而在潜移默化中影响他们的思想，左右他们的行为。

二、对大学生网民群体进行引导的基本原则

基本原则是对大学生网民群体进行引导活动如何开展所做的规定，是贯穿于大学生网民群体引导活动过程始终并对整个引导活动具有决定意义的基本准则。笔者认为，在对大学生网民群体进行引导活动中，必须遵循以下六项基本原则：

（一）平等性原则

平等性原则要求网络思想政治教育工作者必须尊重大学生网民的人格，

不能因为性别、年龄、身份、地位的不同而轻视他人，而应把自己置身于与大学生网民完全平等的地位，真心实意与他们交朋友，平等地对话与交流。大学生网民是信息化、网络化程度较高的群体，具有强烈的主体意识，独立思维和自我学习能力，他们厌烦了内容陈旧、形式枯燥、盛气凌人式的传统教育方式，渴求与教育者进行平等双向的交流与对话。因此，这就要求引导者放下身段与大学生网民真心地交朋友，切忌以长者或师者的身份，居高临下，在参与相关问题的讨论时，教育者应放下说教的架子，摆正位置，对提问者，坚持言之有据、评之有理的要求，化解矛盾，解决问题。此外，还要求引导者特别注意表达语言的年轻化、幽默化、生活化、学生化，变师者的身份为讨论者的身份，变一味训导为讨论引导，在宽松的氛围中有效地开展引导工作。

（二）参与性原则

毛泽东同志说过："没有调查，就没有发言权。"网络思想政治教育工作者要想对大学生网民群体进行正确的引导，他自己必须接触网络，了解网络，并能熟练地使用网络，发起组建或参加至少一个网民群体，经常参与群体的网络互动，或者亲身参与网络游戏，真正体验玩家的心理与感受。如果没有实际的网络参与，他就不可能找到问题的症结所在，当然也就不可能对症下药，真正解决大学生网民的实际问题。因此，作为思想政治教育工作者只有亲身参与网络实践，才能了解大学生网民的虚拟生存与虚拟生活方式，了解大学生网民的思想特点与内在需求，卓有成效地开展相关的引导与教育活动。

（三）及时性原则

及时性原则要求思想政治教育工作者在对大学生网民群体进行引导时面对突发事件要及时应对，及时反馈。大学生网民群体在网络互动中，针对某一社会热点问题展开讨论的过程中某种偏激的、非理性的观点可能在瞬间生成，由于网络传播的及时性和快捷性，一个焦点事件的存在加上一种情绪化的意见，就可以成为点燃一种舆论的导火索，经过"沉默螺旋"的层层放大迅速形成网络舆论生成的"蝴蝶效应"。因此，在对这种网络舆论的引导上，必须做到及时反馈，防微杜渐，防患于未然，积极探索引导网络舆情的有效办法。及时应对，并非就是发现网上带有不好苗头的帖子就简单地删除了事，而是要迅速分析帖子所涉及事件的性质、真相以及发帖人的情绪，然后做出正确反应。这种反应具体可以分为三类："第一类针对事件，如果事件的确存在且事件本身存在问题，就要及时解决并做出答复；第二类针对发文者，如果发文者不够理智，情绪偏激，就要及时分析并进行疏导；第三类针对多数网民，如果文章反映的问题带有普遍性，就要及时摆事实、讲道理并开展讨论。"[1]

（四）真实性原则

真实性原则要求网络思想政治教育工作者在对大学生网民群体进行引导时，在尊重客观事实的基础上，对某些现象的评论必须发乎于自己的真情实感，并且能够从大学生网民的立场和利益出发去思考问题，学会换位思考；对大学生网民中凸显的问题必须通过摆事实、讲道理，指出问题的实质和危害，然后切中肯綮地予以批评教育，让学生知道这样做都是为了他好，对他的批评纯粹是出于对他的关心和爱护，从而拉近教育者与受教育者之间的心理距离。切忌为了批评而批评，给人以说教之嫌从而在内心产生抵触情绪。《学记》中讲："亲其师，信其道"。意思是说学生只有和老师亲近了，才会信任老师，相信老师所说的，接受老师的教育。教师只有用对学生真挚、深沉、无私的爱，善于运用自己的智慧、崇高的品质、渊博的学识、高超的育人艺术，才能在学生心目中树立起真正的威信，才能取得良好的教育效果。

（五）针对性原则

针对性原则就是要求引导者在对大学生网民群体进行引导时要针对不同的群体或者同一群体中不同的问题开展有针对性的工作。只有坚持针对性原

---

[1]　胡钰：《网络时代的思想政治工作新方法研究》，《清华大学学报》（哲学社会科学版）2001年第1期。

则，才能吸引人，才会有影响力和效果。具体地说，针对性包括对象的针对性和内容的针对性。对象的针对性，要求针对不同的对象，采取不同的引导策略，比如，针对大学生网民个体和针对大学生网民群体应有不同的侧重。内容的针对性，一是针对公众对事实了解的需求，二是针对被歪曲或曲解的事实，三是针对主流意识形态的攻击，四是针对各种偏激的非理性言论。

（六）艺术性原则

坚持艺术性原则，就是要求引导者树立以学生为本的服务意识，通过网络隐性德育的发生，发挥渗透教育方式，增强大学生网民对网络思想政治教育工作的认同度和归属感。这就要求必须贴近大学生，找准切入点，着力在吸引大学生、增强大学生对引导者和网络思想政治教育的认同感上下功夫。因此，无论是栏目的设计还是信息选择都要表现出艺术性，切实体现对大学生的人文关怀，把以大学生为本的服务意识贯穿于网络思想政治教育工作的全过程，让网络思想政治教育在贴近学生中深入学生的内心世界，把网上的虚拟平台转化为真心实意为学生办实事，在解决学习、生活具体问题的同时解决他们的思想问题，把思想政治教育工作做到大学生的心坎里，在服务大学生的过程中激发他们关心和参与网络思想政治教育工作的热情，增强认同感，这样才能达到网络思想政治教育润物无声的效果。坚持艺术性，还要求网络思想政治网站要有令人愉悦的视觉页面。因为在网络的使用上，视觉依然是主要的感官接触。思想政治教育网站只有具有令人愉悦的视觉效果，才能够增强大学生的吸引力，这些视觉上的美感包括美丽的网页设计、温馨的页面风格、适当的色彩搭配、优美的字体、恰当的字号安排以及恰到好处的图片配置等。

三、对大学生网民群体进行引导的主要内容

对大学生网民群体进行引导的内容是指从哪些方面着手去影响大学生网民，从而使得他们的思想能够符合社会主义先进文化前进方向的要求，使他们的言论和行为与社会主流相一致并且符合当今社会的道德规范和法律规定。

具体而言，主要从心理、思想、行为和安全四个层面进行引导。

（一）心理疏导

对于在校大学生来说，他们正处在人生的黄金阶段，除了文化知识的获取，实践能力的不断提高外，思想、心理也在逐步地走向成熟，不断趋于完善。但在完善与发展的过程中，如果疏于引导，往往会出现各种问题，从而不利于他们的成长成才。

有的大学生或因环境的不适应，或因学习压力太大，或因理想与现实的矛盾突出等等，导致他们逃避现实，终日沉迷于网络，缺乏有感情的人际交往，长此以往，最终养成了孤僻、自私、冷漠和边缘化的性格，对他人和现实社会表现出冷淡、漠然，甚至无法适应。不少大学生迷恋网络游戏，严重的可能导致人格异常和心理障碍，甚至患上"网络综合征"。高校应当加强对沉迷网络，尤其是沉迷于网络游戏的部分学生的心理疏导，鼓励他们多与周围的同学交流，组织他们参加各类集体活动，在人际交往中建立自信，重新找回迷失的自我。

此外，大学生在个人情感、人生规划、就业择业等问题上，如果没有恰当地处理好，也会引起心理的波动、情绪的失控，甚至做出令人意想不到的事情。所以高校领导、思想政治理论课教师以及学生辅导员甚至专业课教师都应善于利用高校校园网站和BBS对大学生网民进行心理疏导，尽可能多的在校内网站和BBS上发表积极向上的文章或者图片，以此来引导和感染大学生，使他们树立起积极乐观的生活态度，使他们走出网络的阴霾，勇于和敢于担当社会赋予他们的责任。

胡锦涛同志在党的十七大报告中指出："加强和改进思想政治工作，注重人文关怀和心理疏导，用正确方式处理人际关系。动员社会各方面共同做好青少年思想道德教育工作，为青少年健康成长创造良好社会环境。"对大学生网民群体进行引导也必须注重人文关怀和心理疏导。因为思想政治教育工作就是做人的工作。做人的工作就要以人为本，就离不开人的本性和特点，即人的尊严、独立人格、人的理想、人的发展等相关问题。坚持人文关怀和心理疏导原则，教育者要通过尊重人、理解人，关心人，以解决人的情感问题；

通过教育人、引导人，以解决人的思想认识问题；通过服务人、满足人以解决人的利益需求问题。并通过心理交流、语言交流、思想交流等方式，解开大学生思想上的疙瘩，化解他们心理上的矛盾，提升他们的思想认知水平和道德觉悟，使他们真正愿意、乐于接受社会主义核心价值体系所蕴含的道德原则、精神信仰和价值理念，让社会主义核心价值观真正入脑入心，最终转化为大学生的价值自觉与行动自为。

（二）思想引导

当今社会，随着经济所有制形式的多元化，人们的价值取向和价值观念也随之多样化，各种思想观念相互激荡、多元并存的结果必然引起意识形态领域的激烈争夺，尤其是在互联网上，西方发达国家凭借其文化霸权正在不遗余力地推行他们的意识形态和价值观，企图通过影响青年大学生并通过他们来改变一个国家的现存制度。在这样一个意识形态多元并存的格局下，必然需要一个占据主导地位的意识形态，否则就会引起人们思想意识领域的混乱，从而导致社会的动荡不安。而这个主导性意识形态就是社会主义核心价值体系。社会主义核心价值体系集社会主义价值理念之大成，在所有社会价值目标中处于统摄和支配地位，是中国特色社会主义的主导价值，体现了和谐社会建设所需要的文化认同和价值追求，是人们观察世界、判断事物的基本标准。因此，在对大学生网民群体进行引导时，必须以社会主义核心价值体系统一大学生的思想认识，升华他们的思想境界。

大学生正值青春年少，对新鲜事物充满好奇，拥有强烈的求知欲望，但是他们的世界观、人生观、价值观还没有最终定型，还处在不断的发展变化之中。看问题不够全面，容易犯主观性和盲目性的错误，如果引导正确，措施得当，大学生就会积极健康地成长，并顺利完成学业；反之，就会贻误大学生的前程。只有用社会主义核心价值体系给予大学生网民正确的导向和指引，才能使他们树立正确的世界观、人生观和价值观，正确认识社会发展规律，正确把握社会思想意识中的主流和支流，正确辨识社会现象中的是非、善恶、美丑，树立起崇高的理想和坚定的信念，确立与社会主义核心价值体系相一致的人生价值目标。

（三）行为匡正

大学生思想还不够成熟，容易走向偏激与极端，受此影响他们经常会在网络上表现出一些偏离正常社会常规的不良行为，比如，不讲诚信，剽窃他人论文，使用盗版软件，侵犯他人知识产权，或者在网络论坛里语言粗俗，骂人泄愤、侵犯他人人格尊严，或者痴迷于网络暴力游戏，以"杀人"为乐，或者迎合社会"三俗化"之风，浏览甚至沉迷于一些内容不健康的网络，下载黄色图片，甚至进行网络性爱等，或者网络恶搞，网络围观，甚至出现网络群集行为，如此等等，不一而足。

对于这些发生在大学生网民身上的网络不良行为，不能一味地指责，甚至上纲上线地将其归结为品质恶劣、道德败坏、行为下流等等，必须搞清楚隐藏在其行为背后的心理因素，弄明白每一种行为是出于何种动机，才能有针对性地对其引导和匡正。此外，在对大学生网络不良行为进行引导与匡正时，也不能急于求成，毕其功于一役，而是要循序渐进，从易到难，渐次提高。

（四）安全引导

大学生网民借助网络查找信息、获取知识、交友娱乐，在充分享受网络的便捷性和资源丰富性的同时，也要时刻提防网络"陷阱"，注意自身的安全，防止受到来自网络领域的伤害。

网站内容良莠不齐，上网者的知识水平、思想道德觉悟也不一致，不法分子往往利用网络进行诈骗，散布反动信息，制造网络谣言，蛊惑民众。大学生没有什么社会经验，思想单纯，如果缺乏一定的网络安全意识，就会上当受骗，深受其害。高校思想政治教育工作者要充分利用高校校园网和 BBS，加强对大学生网络安全教育，引导他们在网络世界树立起自我防范和自我保护意识，并不断地提高自我保护能力，进而达到远离网络危险，遏制网络诈骗，提高网络安全的目的。同时也要引导大学生网民树立积极健康的网络道德标准，正确合理地使用网络资源，尊重他人利用网络的权利，禁止利用网络对他人进行恶意攻击和陷害，或者从事违法犯罪活动。

四、对大学生网民群体进行引导的方式与策略

对大学生网民群体进行引导的方式与策略是指采用什么方法去引导大学生网民，以便于他们愿意接受，并能入脑入心，取得引导的良好效果。

（一）对大学生网民群体进行引导的方式

当代大学生主体意识、民主意识、平等意识较强，加之网络互动本身的匿名性、去社会线索、身体不在场等特点使得他们不喜欢居高临下的说教与灌输，这给传统的思想政治教育工作带来了严峻地挑战，必须改变过去那种相对简单粗暴的工作方式与方法，以平等的身份与大学生进行对话与交流，晓之以理，动之以情，水到渠成，恰如其分，才能让他们口服心服地接受。基于此，笔者认为，可以采取以下方式对大学生网民群体进行引导：

第一，充分利用网上评论，引导大学生全面、理性地看待问题。网络评论主要是就社会热点，特别是事关学校改革发展和大学生成长成才方面的问题，在师生访问比较频繁、关注度高的新闻网站、门户网站、互动类网站上对大学生提出的问题、投诉、发泄出来的情绪等进行密切关注，给以相应的解释，撰写评论文章，以引导大学生全面、理性地看待问题。

高校的网络评论员一般应由资深教师担任，他们对于时局的把握，事件的分析都有自己独特的观点和看法，并且具有一定的引领性。事件发生时，网络评论员要迅速做出反应，准确判断事件发展的态势，撰写出相关的评论文章，在文章中就学生关心的事件进行深入的分析和论述，发表正面观点，引导网络舆论，使大学生对整个事件的把握和认识有一个合理的高度，防止不必要的猜测和流言传播。

第二，通过网络"把关人"滤除消极、负面、有害信息。"把关人"是新闻传播学中的一个专用名词，是指新闻传媒组织对新闻信息进行取舍，最终决定哪些内容与受众见面。尽管网络时代，媒体"把关人"有弱化的现象，但这并不意味着网络不需要和不存在"把关人"。一般来说，各高校校园网和

BBS论坛在信息的发布与传播中都有自己严格的规范和纪律，网站的编辑、记者，以及各种维护人员也会慎重、仔细地考虑信息发布后可能产生的影响。这些信息的维护者本身就是高校校园网络的"把关人"，他们的工作将直接决定网络中每一天信息的取舍，他们每天都会对校园网上的信息进行把关，筛选，对正面、积极、健康、向上的信息进行传播，而对消极、负面，甚至不健康的信息则会及时清除，从而保持高校校园网络环境的洁净，努力避免高校校园网信息鱼龙混杂现象的发生。

第三，鼓励同伴引导，互动共享，共同成长。大学生网民由于触网早晚、涉网深浅有一定的差异，他们对于网络技术的掌握程度、利用网络的熟练程度各不相同。鉴于此，可以充分发挥每一个大学生网民在网络使用上的优势，鼓励同伴之间互相学习，互相引导，通过互动共享，达到共同成长。这种引导与交流是建立在同学之间完全平等和相互信任的基础上的，往往以深厚的同学之情做铺垫。大学生网民在共同游戏或娱乐或交流的无形之间就完成了教与学的全过程，双方不存在任何距离感，很容易在潜移默化中学习和接受。重要的是这种同伴之间的学习针对性和时效性都很强，完全不受时间、地点的限制，可以说是全天候的。

第四，有意识地培养"意见领袖"，充分发挥领头羊的作用。高校校园网站、门户网站及BBS、网络社群等可以有意识地选择并培养一批政治可靠、知识丰富、熟悉网络语言特点和规律的学生充当"意见领袖"。当然，"意见领袖"不是自封的，也不是选举产生的，而是由于个人见多识广、见解独到、具有高尚人格魅力以及丰富的网络经验、能力、知识得到网民肯定和认同而处于中心位置。他们是大学生网民群体自觉追随的对象，对群体成员有较大的影响力和号召力。这些"意见领袖"常常在网上就有争议的问题发表评论，通过实事求是的材料和观点，以有见地、有主张、视角独特而富有个性的言论，吸引其他网民点击和跟帖，充分发挥领头羊的作用，借助他们在某个网站、论坛或社区中的威信和声望来实现对大学生网民的引导。

网络中的"意见领袖"类似于BBS论坛里的版主，他们多为参与网络讨论，发帖较多的人，其言论有一定的深度和高度，以致在网络环境中的口碑很好，深得其他网民的尊重与信任，他们所发表的言论一般易被其他网友接受和认可。因此，通过有意识地选取和培养一些这样的"意见领袖"，充分发挥他们在网络中的模范带头作用，依靠他们在网络上的良好声望，传播积极健康的思想和有价值的信息，从而达到教育引导广大大学生网民的目的。

第五，尊重并信任每一位大学生网民，放手让他们尝试网络自我引导。大学生虽然处在不断成长和成熟的人生阶段。但是这一群体文化知识水平高，思维活跃，同时具有一定的自我辨别能力。因此，在对大学生网民群体进行引导时，可以充分发挥他们自身的主观能动性，给他们自主探索，独立学习的空间和时间，培养学生自我教育、自我管理、自我约束、自我负责的意识和能力，从而实现大学生网民的自我引导与自我提升。

大学生网民利用网络自我引导，要做到严格自律，端正上网态度，认真遵守国家的网络法律法规和学校的网络规章制度，提高自身的网络道德修养。在网络资源的选取利用上，远离网络中的违法信息和不良信息，自觉抵制网络违法犯罪活动，养成良好的网络使用习惯。

（二）对大学生网民群体进行引导的具体策略

对大学生网民群体进行引导的策略是指可以实现对大学生网民群体引导目标的方案集合。具体说来，有以下四种策略可供选择：

第一，主体性引导——自主立人。"主体性是指主体在对象性的活动中，运用自己的本质力量，能动地改造自然、社会和自身的能力和特性"。[①] 人的主体性主要包括人所具有的自主性、能动性和创造性三个方面。

所谓大学生网民的网络主体性是指大学生网民在参与和开展网络实践活动过程中所具有的独立性、自主性，能够根据自己的实际需要能动地获取信息和选择信息，并能创造性地参与网络各项实践活动的能力和特性。大学生网民的主体性引导，首先应加强对大学生网民的网络独立性引导，引导他们对网络的认识、判断，在网络世界树立起自己的人格，对自己的网络行为负责，并且具有自我控制的能力；其次，要引导大学生网民树立网络自主性，分清网络中虚拟自我和现实自我，不被网络所异化，能够轻松自如驾驭网络；

---

① 李超元：《凝视虚拟世界：网络的社会文化价值》，天津社会科学出版社 2004 年版，第 29 页。

第三，加强对大学生网民的网络信息能动选择性引导，引导他们在丰富的网络资源中迅速、快捷地选取自己所需信息；第四，要加强对大学生网民主体创造性的引导，积极引导大学生网民在网络世界的实践中充分发挥自己的聪明才智，充分利用互联网的优势和各种服务功能，开展各种有利于其学习和身心健康的各类活动。

第二，环境性引导——环境育人。马克思说："人创造了环境，同样，环境也创造了人"。网络环境是指将分布在不同地点的多个多媒体计算机物理上互联，依据某种协议互相通信，实现软、硬件及其网络文化共享的系统。环境总是与一定的空间或范围有关，有大有小。从大学生网民群体活动的场域来看，微观的环境是仅指高校校园网络环境；中观的环境是指中国境内的网络环境，不仅包括高校校园网，也包括商业网站、门户网站、社交网站等；宏观的网络环境则是指全球范围的网络环境，即国际互联网（Internet）环境。

网络环境的好坏直接影响到大学生网民能否健康成长。在良好的网络环境下，大学生网民讨论的话题都是积极健康向上的，而且网络上所发布的信息也都是有利于大学生学习和成长成才的，他们每天生活在这种高尚健康的网络文化环境中，受此种文化环境的熏陶，日久天长自然而然地就会养成追求进步，乐观进取的生活学习态度。如果网络中到处存在着黄色、淫秽、不文明、不诚信及其他虚假信息、违法犯罪信息等等，或者少数网民把互联网作为宣泄不良情绪的工具，一些论坛、聊天室里个别网民的谩骂诋毁，造谣惑众，甚至对个人进行人身攻击、人格侮辱，语言低级下流，格调极为卑劣，在构建文明和谐社会中出现了"杂音""噪音""不和谐音"。这些现象的存在，不仅会侵害了大学生网民的身心健康与切身利益，也会给我们的社会造成一定的负面影响，阻碍了整个互联网产业的健康发展。这些问题如果不能得到解决，最终将影响到社会的和谐、稳定和进步。

网络环境的净化是全社会的共同责任。政府和相关职能部门要重视学习互联网知识，积极主动运用好网络技术，传播社会主义先进文化，了解社会问题，疏导社会情绪。各个网站要自觉进行行业自律，努力做到文明办网、依法办网、诚信办网，引导从业人员积极参与创建文明网站活动。广大网民也要努力做到文明上网，自觉抵制假恶丑，弘扬真善美。只有社会各界共同参与，携手努力，切实发挥好监督作用，推动网站行业自律，大力提倡文明上网、诚信上网，我国的网络文化环境才有可能得到进一步地净化。

第三，文化性引导——文化化人。文化是一种无形的力量，并且对人的影响最为深远。美国文化学者莱斯利·怀特在《文化科学》中指出："每个人都降生于先于他存在的文化环境中。当他一来到世界，文化就统治了他，随着他的成长，文化赋予他语言、习俗、信仰、工具等等。总之，是文化向他提供作为人类一员的行为方式和内容"。他认为，"文化的重大特征之一在于，它可以通过非生物学的方式获得传播。不论在物质的、社会的以及意识形态的任何一个方面，文化极易通过社会机制而从一个人、一代人、一个时代、一个民族或一个地区传播给另一个人、下一代人、新的时代、其他民族或地区。可以说，文化是社会遗传的一种形式。他们把它看成为一个连续统一体、一系列超生物、超肉体的事物和事件，他们随时间的推移而世代相传。"① 对大学生网民群体进行引导必须要重视文化的力量，通过传统文化和社会主义先进文化引导大学生网民，使之成为传统文化的继承者和社会主义先进文化的代表者。这就要求：

首先，利用网络积极传播中国传统文化中的优良道德传统。中国传统文化中有许多的宝贵资源，比如，在人与人的关系上强调"己所不欲，勿施于人""己欲立而立人，己欲达而达人"，讲求诚信、重视道德践履和慎独等优良道德传统在当今网络时代仍然具有十分重要的现实意义。

其次，主动迎接挑战，积极传播社会主义先进文化。网络是一个没有边界的世界，各种不同思想文化、价值观念在这里交织碰撞激荡。西方发达国家欲建立"网络霸权"，垄断信息的制造和传播，竭力将自己的思想意识凌驾于世界之上，试图进行没有硝烟的战争，凭借网络文化强势地位改变人们的思想价值观念。因此，我们必须主动迎接网络的挑战，充分利用网络的优势，主动占领网络阵地，积极传播以社会主义核心价值体系为内容的社会主义先

① ［美］莱斯利·怀特：《文化科学》，曹锦清等译，浙江人民出版社1988年版，第158、348页。

进文化，消除西方意识形态的消极影响，把大学生培养成为中国特色社会主义事业的合格的建设者和可靠的接班人。

再次，加强高校校园网络文化的建设与管理。一方面，积极引导大学生网民学会自觉辨识和选择各种网络信息的能力，提高他们的网络信息素养。美国学者戴维·申克认为，要想走出被"信息烟尘"淹没的困境，回归有意义的生活，需要采取以下措施："（1）自己充当过滤器：找到信息混乱所在，然后将它们删除；（2）自己充当编辑：限制自己的信息输出，不做乱扔信息垃圾者；（3）追求简洁：过新式的简单生活，让注意力更加集中；（4）反区位化：走出网络亚文化群体的小圈子，参与广泛的文化际对话；（5）不要撇开政府，助其改进工作。"[①] 上述五点对于提高大学生网民的网络信息素养具有重要的参考价值，也可以帮助大学生网民摆脱"信息异化"的困扰，并从根本上消除"信息焦虑症"。另一方面，加强高校校园网络文化的建设与管理，大力发展各类红色网站，鼓励开展马克思经典著作和马克思主义中国化的最新理论成果的网上读书会、讨论会、学习经验和心得的交流活动，定期举办关于这类知识的网上竞赛，坚持弘扬社会主义先进文化的主旋律，引导社会主义核心价值体系在校园网络的传播；全力封堵一些反科学、伪科学的以及宣传封建迷信思想和资产阶级腐朽思想的网络信息，坚决删除网络中的色情、淫秽和暴力信息，严格监控网络违法信息，通过建立功能全面、多级防范的网络监管体系，净化大学生网民的网络环境，确保大学生网民的网络活动能够趋利避害，有利于他们的身心健康和成长成才。

最后，实践性引导——实践树人。实践性引导又称为网络活动引导，就是通过开展一系列积极、健康向上的网络活动，使大学生网民在参与活动的过程中，既提高自身的网络知识水平，也提升自己的动手能力，同时在思想精神上得到进一步的提高和升华。比如有些高校利用校园网开展的网上祭奠英雄先烈活动、庆祝建国七十周年和建党九十八周年网络知识竞赛活动、校园摄影大赛、校园 DV 大赛等一系列借助于网络平台而展开的网络实践活动，

---

① ［美］戴维·申克：《信息烟尘：在信息爆炸中求生存》，黄锫坚等译，江西教育出版社2001年版，第180—196页。

大学生网民通过参与此类赛事，不仅展示了自己的才华，同时也陶冶了情操，锻炼了自己。

第三节 大学生网民群体的规范

如果说对大学生网民群体的引导主要是通过外部的教育，促使大学生网民自省、自律的软性约束，那么对大学生网民群体的规范则是依靠道德、技术、法律、和制度的力量，为大学生网民群体构筑一种硬性的约束机制。

一、对大学生网民群体进行规范的指导思想

规范大学生网民群体应坚持自律与他律相结合、内化与外化相统一、网上与网下相一致的指导思想。

（一）自律与他律相结合

所谓自律，是指大学生网民的自我约束、自我管理，使自己的言行符合网络伦理（或网络道德规范）和其他社会规范的要求。也就是说，行为人在没有他人现场监督的情况下，通过自己要求自己，变被动为主动，自觉地遵循法度，约束自己的一言一行。自律包含了人们应有的自我监督意识和自我控制能力。而个人的自我监督和自我控制的程度则主要取决于其自觉性和文化、道德水平。所谓他律就是大学生网民非自愿的受他人约束、检查和监督。也就说，行为人需要借助于法律、纪律、规章制度等外在的强制性的措施才能被迫遵守相应的法度，否则就有可能遭到相应的惩罚和报复。

对大学生网民群体进行规范必须坚持自律与他律相结合的原则。一方面，由于网络所具有的无中心、无权威、高度自由性、虚拟性、匿名性、身体缺场等特点，使得人们更容易放纵自己的行为，仅仅依靠网民内在的自律尚不足以建立一个和谐、有序、安全、文明的网络秩序。因为自律的前提是对那些有着自觉的道德意识和道德觉悟的人，而对那些缺乏道德意识和道德觉悟

的少数网民来说，必须借助于外在的强制性的他律。另一方面，尽管外在的他律是网络社会的必要治理手段，但是强制性的他律，即行政管理和法律并不能完全解决网络的种种复杂问题，而且过度使用，也有损网络自由和共享的基本价值，阻碍网络资源的有效利用和开发。因此，自律作为一种软性手段就成了必要的补充，甚至是更有效的方法，为世界各国所重视。总之，自律和他律作为规范大学生网民群体的基本手段，两者必须结合起来加以使用，才能发挥最大的效能。侧重或偏废其中的任何一个方面，都不可能获得良好的治理效果。

（二）内化与外化相统一

内化（internalization）是指大学生网民在接受教育时，高度认同并真心愿意接受教育者所施加的影响，从而在思想观点上与教育者的思想观点相一致，自己所认同的新的思想和自己原有的观点、信念，结合在一起，构成一个统一的态度体系。这种态度是持久的，并且成为自己人格的一部分。外化就是大学生网民将自己所接受的思想观点以外在的言行表现出来，也就是说他们不仅在内心认同和接受了教育者所灌输的思想观点，而且能够以符合社会规范的要求来表达自己的思想和行为。

对大学生网民群体进行规范时必须坚持内化与外化相统一的原则。如果作为受教育对象的大学生网民在内心深处不认同教育者的思想观点，就会发生抵触情绪，就意味着教育的失败。如果大学生网民虽然在内心能够认同并接受教育者的思想观点，但是却不愿意将这种思想观点付诸行动。换言之，只做到了内化而不能外化，那么思想政治教育的效果就要大打折扣。因此，只有大学生网民将教育者所灌输的思想观点内化于心，且外化于行，也就是说只有将内化与外化真正统一起来，才能取得思想政治教育的实效。

（三）网下与网上相一致

由于网络拓展了人类的生存空间，从而使得人们可以自由地游弋于现实的物理空间和虚拟的网络空间两种不同的空间场域，这就意味着一个人的行为也可以细分为网下行为和网上行为两个部分，因此要想对一个人做出比较全面的认识和把握，不仅要看他在网下的行为表现，更要观察、分析他在网上的行为。只有把两者兼顾起来，才能对一个人得出全面的、客观的认识和评价。

对大学生网民群体进行规范时必须坚持网下与网上相一致的原则。一般来说，生活于现实社会中，由于受到社会化的影响，加之在众人的监督和社会规范的约束下，大学生的网下行为还是比较中规中矩的，或者说他们的绝大多数网下行为是符合社会规范和要求的。但是，当他们身处网络空间场域时，由于匿名、身体不在场以及缺少其他社会线索，他们可以无所顾忌，随心所欲地发泄自己的情感，放纵自己的行为。大学生网民的网下和网上的关系犹如一个人生活在公共生活领域与私人生活领域一样，在公共生活领域必须遵守社会公德，而生活在私人生活领域必须遵守私德。正如梁启超先生曾在《论公德》一文中说："人人独善其身者谓之私德，人人相善其群者谓之公德"。"两者皆人生所不可缺之具也，无私德则不能立，合无量数卑污、虚伪、残忍、愚懦之人，无以为国也；无公德则不能团，虽有无量数束身自好、廉谨良愿之人，仍无以为国也。"如果一个人只讲社会公德，而没有私德，那么他就不是一个品德高尚的人，至少他不能做到慎独，是典型的人格不统一；而如果一个人的私德不好，那么他的社会公德也绝对不会好到哪里去。同理，规范大学生网民群体必须坚持网下行为与网上行为相一致，不能只看他们的网下行为，而忽视其网上行为，或者相反。

二、对大学生网民群体进行规范的具体措施

实践证明，规范大学生网民群体的网络行为需要综合运用道德的、技术的、法律的和制度的手段。

（一）道德自律

网络道德，是指以善恶为标准，通过社会舆论、内心信念和传统习俗等形式来评价人们的网上行为，调节网络社会中人与人之间、个人与群体之间

以及个人与社会之间关系的行为规范。网络道德是道德的延伸，是道德基本理论、基本原则、基本规范在网络空间的延伸和运用，是道德发展的新领域。

网络生活不能脱离现实生活，网民其实也是现实的人，因而，在现实生活中普遍适用的基础道德规范，在网络生活中同样适用。因此，针对大学生网民群体网络互动中的道德失范现象、网络剽窃、侵犯知识产权以及"三俗化"逆流等，需要加强大学生网民的网络道德教育。具体来说：

首先，需要加强大学生网民的网络道德意识教育。意识是一种认识，也是一种养成。思想是行动的先导，意识对行为具有能动的反作用。要引导大学生网民树立以下网络道德意识：第一，要认识到网络道德是网络社会正常生活必不可少的人际关系调节器；第二，要认识到道德行为和不道德行为之间，总是有着本质区别和原则界限的，绝不容混淆，因此不仅自己要在网上遵守道德规范，而且对网上的不道德现象还要勇于批判；第三，要认识到在网络生活如同在现实生活中一样，善恶无大小之分，勿以善小而不为，勿以恶小而为之。

其次，需要加强大学生网民的网络道德原则教育。网络道德原则是网络道德规范、行为准则的核心。关于网络道德的基本原则应包括哪些内容，学界尚未统一认识。综合他人的研究成果，根据自己的认识，笔者认为网络道德最基本的原则有以下三条：第一，自主原则。即尊重自我与他人的平等价值和自主权利。要知道在网络空间里，每一个网民都有充分表达自己意见和观点的自由，任何人都不得干涉他人言论自由。对于与自己观点不同，甚至相反的观点应善于倾听，尊重他们发言的权利，而不能爆粗口，进行人身攻击和人格侮辱。第二，共享原则。自由和共享是互联网精神的终极体现，也是互联网文化的内在价值。网络浏览、网上冲浪和网络搜索引擎等已淋漓尽致地体现了网络资源的共享和免费原则。当然，免费原则具有限定，那就是免费使用的是网络世界提供的默认资源，如果超出限定，任意下载或者上传他人享有知识产权的资源就可能构成网络侵权行为。第三，无害原则。即人们不应该利用计算机或者互联网给他人造成直接或间接的损害。这一原则是网络伦理的底线，是评价网络行为的最初的道德检验。正如斯皮内洛提出的，

"这一原则对分析信息技术领域里出现的道德两难的困境是很有帮助的"。[①]

再次，需要加强大学生网民的网络道德规范教育。目前，国外一些社会学家和心理学家以及计算机网络组织提出了许多网络道德规范。其中，维吉里亚·谢（Virgnia Shea）提出的网际自我行为指南比较具有代表性："（1）记住人类；（2）在虚拟生活中，遵守你真实生活所依照的标准；（3）知晓你处于网络空间的何处；（4）珍视他人的时间和带宽；（5）令自己在线表现良好；（6）共享专业知识；（7）协助制止网络谎言及其纷争；（8）尊重他人隐私；（9）不要滥用你的权力；（10）忘却他人的错误。"[②] 2001 年 9 月，《公民道德实施纲要》明确提出要"增强网络道德意识，共同建设网络文明"。同年 11 月，共青团中央、教育部、文化部、国务院新闻办公室、全国青联、全国学联、全国少工委、中国青少年网络协会联合召开网上发布大会，向社会正式发布《全国青少年网络文明公约》，提出"五要五不"的网络道德要求，即要善于网上学习，不浏览不良信息；要诚实友好交流，不侮辱欺诈他人；要增强自护意识，不随意约会网友；要维护网络安全，不破坏网络秩序；要有益身心健康，不沉溺虚拟时空。目前，我国各大网站、BBS 论坛、聊天室等也都有自己十分具体的网络道德规范，在网民点击进入或注册成为其成员之时就明确告知，要求其接受这些规范，否则只能以游客的身份浏览而不允许发帖或跟帖。

最后，需要加强大学生网民的网络礼仪教育。网络礼仪是大学生网民对网络道德准则认同的基础上，对其他网络主体的行为态度和基本礼仪，是大学生网民文明程度的体现。BBS 论坛和网上聊天室给人提供了自由而隐蔽交谈的机会和尽情宣泄的场所，受到广大网民的青睐。但有些人进入聊天室后不能像现实生活中那样彬彬有礼地与他人进行人际交往，而是毫无克制地谈论庸俗话题，语言粗俗，打情骂俏，以致污染网络语言环境，这是极其不文明的行为。因此需要加强对大学生网民网络礼仪的教育。网络礼仪主要包括：第一，招呼礼仪。要求大学生网民在和其他网民交谈时应该给予必要的问候

① ［美］理查德·A. 斯皮内洛：《世纪道德：信息技术的伦理方面》，刘钢译，中央编译出版社1999 年版，第 54 页。

② 段伟文：《网络空间的伦理反思》，江苏人民出版社 2002 年版，第 132 页。

和礼貌的称呼；第二，表达礼仪。要求大学生网民在表达自己的观点时必须使用文明的语言和规范的文字，以表明对对方的尊重；第三，交往礼仪。要求大学生网民在网络交往过程中应该尊重现实社会中的已有的习俗，不要刻意打探他人的隐私。比如，不要随便问一个女孩的年龄、身高、体重、家庭住址、电话等，如因有事需要外出，不能继续聊天时一定要事先向对方告别，给人留下文明、有教养的良好印象。

总之，通过网络道德教育使大学生网民了解网络道德规范和要求，加强网络道德修养，严格自律，文明上网，为营造健康向上的网络环境，提高网络道德水平而做出自己应有的贡献。大学生网民群体作为网络的先行者和生力军，应当积极倡导网络文明，坚持文明上网，养成科学、文明、健康的上网习惯，在网络生活中加强道德自律。

（二）技术控制

技术控制是世界各国加强互联网管理的有效手段之一。西方学者认为，利用技术手段对网络内容予以监管可以形成更有效的政策选择。此外，网络垃圾邮件、网络蠕虫病毒、恶意代码、恶意程序等这些影响网络安全的违法行为本身具有较高的信息技术水准，也必须通过技术手段本身来控制或解决。网络内容监管主要采用分级技术、过滤技术、识别技术、监督技术和审查技术等技术的手段对互联网的内容予以控制。

目前，对色情等不良信息的防范，主要依靠分级系统和过滤软件来实现。美国麻省理工学院所属的 W3C（World Wide Web Consortium）设计了 PICS（Platform for Internet Content Selection）技术标准协议。严格地讲，PICS（即互联网内容选择平台）并非一种分级过滤软件，只是一种对网上内容进行标记（label）的技术标准。它完整地定义了网络分级所采用的检索方式，为分级提供了一个平台。基于 PICS 平台建立的分级系统和标准以 ICRA（Internet Content Rating Association）最为普及，其他的还有 Safe for Kids、Safe Surf 等系统可供选择。类似 ICRA 这样的分级系统通常并不对内容提供分级，只是提供一套分级标准，让内容提供者自行"对号"。内容提供者自行分级的关键取决于 ICRA 的词库。目前，ICRA 网站上的词库共有七类分级标准，分别是裸体（Nudity）、与性有关的材料（Sexual material）、暴力（Violence）、语言（Language）、潜在的有害行为（Potentially harmfully activities）、用户生成内容（User generated）和语境（Context）。每一类根据从无到极强予以程度排序。网页制作者或网络管理者可以经由浏览器连接到 ICRA 在线评分系统，对他们的网页进行评分。

电脑巡视（Cyber Patrol）是美国过滤软件的代表，分为家庭版和教育版。Cyber Patrol 利用网址、关键字名单和分类法筛选大部分网络内容，并提供自动网页分析服务。其他过滤软件有网络保姆（Net Nanny Parental Controls）、安全眼（Safe Eyes）、电脑保姆（Cybersitter）等。"通过 Net Nanny、Cybersitter 和 SmartAlexd 软件，家长可以让浏览器具备过滤功能，从而使孩子远离特定的网站和图片、限制上网时间、挑选安全的聊天对象、筛选下载内容以及防止电脑将电话号码和地址等私人信息泄露出去。"[1]

识别技术包括密码的应用，"cookies 工具"和鉴别程序。"cookies 工具"是数字标记，他们由网站自动放置在浏览过这些网站的计算机的硬盘上。一旦"cookies 工具"被放置在计算机中，所有这台计算机的上网信息都会被放置在"cookies 工具"的网站服务器自动记录。鉴别程序采用数字签名，这个签名允许其他计算机验证相互通信者的来源和特性。它们通常依赖于加密技术。鉴别通常是在层内，服务器识别个人用户，而网络识别服务器。因特网上最早的安全协议是 Netscape 公司采用的"加密套接字协议层"（secure socket layer，SSL）。而一些信用卡公司和电子商务公司采用了其他标准的安全协议。

监督技术是另外不同的一类。但是通常依赖于识别技术来定位个人用户。这项技术中途拦截了信息，并且做了标记，允许对来自一个特殊计算机位置的信息进行追踪，并且连续地监视机器。监督技术可以在信息的源头识别指定的服务器。然后，通过说服或强迫，政府、公司或法院可以从因特网服务提供商那里，采用识别技术或仅仅是当信息出现时查阅它们的列表以获取潜

---

① ［美］安德鲁·基恩：《网民的狂欢：关于互联网弊端的反思》，丁德良译，南海出版公司 2010 年版，第 198 页。

在罪犯的身份（因为电子地址与大多数因特网服务提供商的客户的真实地址一致）。

审查技术是指依据监督和日常记录信息建立数据库。一旦以数字形式收集到数据，所有数据库中包含的信息项都够根据目的和法定身份被合计、分解、结合以及被识别。有时候，就像在市场调查中一样，或是为了商业或是为了政治目的，仅仅是合计概况。而在其他情况下，是可以导向目标的，因为包含在他/她电子记录中的大量信息表述了这个人的特征，这些信息包括用于支付网站的信用卡，电子邮件和电话。在现有的技术环境下，任何电子传输的信息都是被记录的，并且在集体或个体单元的分析中，最终被处理、识别以及组合。[①]

中国对网络内容的技术监管独具特色。学者李永刚认为，"经过数年持续不懈的努力，中国互联网内容监管技术已发展到了一个非常成熟的地位，通过多手段、多途径、多层次、分布式的处理，实现了国家级网关的 IP 地址阻断、主干路由器的内容检测、域名过滤、监控软件、内容发布过滤等功能"。[②]具体而言，我国对网络的技术控制包括：第一，国家入口网关的 IP 阻断。根据《计算机信息网络国际联网管理暂行规定》，"计算机信息网络直接进行国际联网，必须使用邮电部国家公用电信网提供的国际出入信道。任何单位和个人不得自行建立或者使用其他信道进行国际联网。"目前，我国与国际互联网连接出口只有教育网、高能所和公用数据网 3 个国家级网关出口。这样，所有的网络用户或网民都被编入一个分级的网络网籍，并由一个（管理上的一个，而不是物理信道数量上的一个）接口连入因特网，这就为实施国家级入口 IP 阻断提供了条件。在国家级入口网关直接进行 IP 地址阻断，是阻拦国外有害信息进入的行之有效的技术手段。因为每一个网站都对应着一个 IP 地址，阻断 IP 地址后，网站就无法正常访问。一般来说，这个阻断清单有 2 个列表，一个是固定的列表，表示常年阻断；另一个是动态变化的，就是被阻

---

① ［美］曼纽尔·卡斯特：《网络星河：对互联网、商业和社会的反思》，郑波、武炜译，社会科学文献出版社 2007 年版，第 186—188 页。

② 李永刚：《我们的防火墙：网络时代的表达与监管》，广西师范大学出版社 2009 年版，第 131 页。

断的 IP 可能在这个列表中保留了若干时间，然后再解阻。第二，主干路由器关键字阻断。2002 年左右，我国研发出一套系统，交由各主要互联网服务提供商使用。其中数据包级别的内容过滤路由器的功能是入侵检测系统。它能够从计算机网络系统中的关键点（如国家级网关）收集分析信息，过滤、嗅探指定的关键字，并进行智能识别，检查网络中是否有违反安全策略的行为。利用这些设备可以进行精确的网址过滤和全网范围内的网页内容过滤。第三，域名过滤。域名系统（DNS）被视为登载网站的电话簿。如果 DNS 被控制，返回一个空地址或者提供错误的地址，用户就不能到达正确的网站。世界上一共有 13 个根级别的域名服务器，到目前没有一个安装在中国。因此，当我国用户访问某一网站时，不同级别的域名解析服务器就会一级一级查询到海外来。骨干网节点的监视系统会捕捉到这样的请求，正常的予以放行，在审查范围内的就返回一个假的 IP 地址，于是用户就无法访问该网站。第四，内容发布过滤。也就是敏感词过滤。大多数网站、论坛、聊天室以及 QQ 等即时通信软件，根据影响力不同都会采用或接受程度不同的敏感词预先过滤或延后发布，其结果是任何出现涉及敏感词汇的言论不能在网上发表或被删节后才能发表，个人电子邮件或即时消息有时也会被阻挡或删除。第五，网吧监控软件。该软件可以保存上网记录，一旦发现问题即可追查到相关全部记录，此外还包括实时查屏功能——有关部门可随时看到当前用户的窗口显示信息。

中国政府对互联网信息实施监管和防御的系统被统称为"国家防火墙"（The Great Firewall of China），一般译为"防火长城"，主要指中国政府监控和过滤互联网内容的软硬件系统，由服务器和路由器等设备，加上相关的应用程序所构成。后被扩大到国家在其管辖互联网内部的多套网络审查系统的总称，包括相关行政审查系统。除了拥有防火长城外，中国还有一套网络安全软件构架的金盾工程。据说，这很可能是一个比防火长城更为严密的网络监控过滤系统。

（三）法律规制

美国法理学家埃德加·博登海默（Edgar Bodenheimer）有句名言："法律

是人类最大的发明，其他发明使人类学会了如何驾驭自然，法律使人类学会如何驾驭自己。"人类的历史经验也表明：法治是人类管理自身及其事务极为有效的方式。对网络的规制也应遵循这一规律。

网络的发展使人们越来越清醒地意识到：一方面，过去在现实空间中遇到的各种道德和法律问题，不可避免地会反映到网络空间中来；另一方面，网络空间又产生了许多现实空间中没有过的新的道德和法律问题。因此，各国政府都高度重视网络管理，陆续颁布了一系列有关计算机网络的法律法规。比如，美国政府对于互联网的规制，主要表现在通过多部法律，严防儿童受到色情、淫秽信息的侵害；整治黑客和计算机犯罪，确保国家安全；重视对知识产权的保护；通过立法管控垃圾邮件等方面。

中国可能是最早最全面立法对网络进行管理的国家。据不完全统计，自1994年《计算机信息系统安全保护条例》颁布以来，我国已先后颁布了60多项法律法规，其内容涉及中国互联网管理（如国际联网管理、域名注册管理、安全保护等）、网络管理以及网络传播内容管理、互联网上网服务营业场所管理和互联网信息服务管理等。通过这一系列法律法规，"政府不仅全面控制与互联网有关的基础设施建设，而且还通过专门的法规，使政府有关部门可以直接介入对网络准入的控制和网络内容的管制。"[①]

我国网络立法的重点之一就是防范网络违法信息和有害信息。所谓违法信息是指违反我国法律法规所明文禁止传播的各类信息。而有害信息主要是指色情信息、淫秽信息和病毒信息等。几乎大部分有关互联网的法律、法规、规章都有禁止在互联网上制作、复制、发布、传播违法和有害信息的规定以及互联网服务提供商所应承担的责任。根据《互联网服务信息管理办法》第20条的规定，对于制作、复制、发布、传播上述违法和有害信息，"构成犯罪的，依法追究刑事责任；尚不构成犯罪的，由公安机关、国家安全机关依照《中华人民共和国治安管理处罚条例》《计算机信息网络国际联网安全保护管理办法》等有关法律、行政法规的规定予以处罚。"同时，对于违反规定的

---

① 胡泳：《众生喧哗：网络时代的个人表达与公共讨论》，广西师范大学出版社 2008 年版，第319页。

经营性互联网信息服务提供者可根据具体情况给予责令停业整顿、吊销经营许可证、责令暂时关闭网站、关闭网站等行政处罚。

倘若单纯以法律法规所覆盖的范围、规定的细密以及惩罚的力度而言，我国已经织就了针对各级政府、互联网接入服务提供者以及网民的严密的法律法规体系。但在事实上，绝大多数大学生网民并不熟悉这些略显烦琐的条文，即便是运营机构也未必把它们牢牢记在心上。因此，仅有法律规定还不够，还需加大法制宣传和教育的力度，使大学生网民真正成为一个知法、懂法和自觉守法的合格公民。

（四）制度保障

规范大学生网民群体不仅需要道德自律、技术控制和法律规制，也需要依靠制度的设计。根据我国现有法律和相关规定，能够对大学生网民群体起约束作用的制度主要包括以下五个方面：

第一，许可证制度和备案制度。根据 2009 年 9 月 25 日发布的《互联网信息服务管理办法》第 4 条的规定："国家对经营性互联网信息服务实行许可证制度，对非经营性互联网信息实行备案制度。未取得许可或者未履行备案的，不得从事互联网信息服务。"根据《互联网上网服务营业场所管理条例》第 7 条的规定："国家对互联网上网服务营业场所经营单位的经营活动实行许可制度。未经许可，任何组织和个人不得设立互联网上网服务营业场所，不得从事互联网上网服务经营活动。"同时，该条例还具体规定了县级以上人民政府文化部门、公安机关、工商行政管理部门和电信管理部门等各自的管理职责和权限，它们对互联网上网服务营业场所经营单位分别实施有关的监督和管理。

第二，用户登记上网和相关信息保存制度。根据《互联网信息服务管理办法》第 14 条的规定："从事新闻、出版以及电子公告等服务项目的互联网信息服务提供者，应当记录提供的信息内容及其发布时间、互联网地址或者域名；互联网接入服务提供者应当记录上网用户的上网时间、用户账号、互联网地址或者域名、主叫电话号码等信息。互联网信息服务提供者和互联网接入服务提供者的记录备份应当保存 60 日，并在国家有关机关依法查询。"

第三，电子公告系统许可制、责任人制和过滤制。互联网电子公告服务实行专项申请或者专项备案。电子公告服务指的是在互联网上以电子布告牌、电子白板、电子论坛、网络聊天室、留言板等交互形式为上网用户提供信息发布条件的行为。根据2000年11月6日发布的《互联网电子公告服务管理规定》第5条的规定："从事互联网信息服务，拟开展电子公告服务的，应当向省、自治区、直辖市电信管理机构或者信息产业部申请经营性互联网信息服务许可或者办理非经营性互联网信息服务备案时，提出专项申请或者专项备案"。申请开办BBS的单位必须同时建立下述各项制度：（1）栏目明确制度，即应明确列出拟开办的BBS的各具体栏目和类别，网站开办BBS时应严格按批准的栏目进行，不得超越范围随意开设。（2）版主负责制，即获准开展BBS的网站必须对获得批准的各个栏目指定专职人员充当版主，每个栏目不得少于一个专职版主，并实行版主负责制。版主负责监管该栏目的信息内容，除采取必要的技术手段外，应对登载的信息负有人工过滤、筛选和监控的责任，一旦发现BBS的栏目中有违规内容，将追究网站和该栏目版主的责任并予以处理。（3）用户登记制度，即提供BBS的网站应要求上网用户使用BBS前预先履行用户登记程序，网站提供的注册表格应提供真实、准确、最新的个人信息（包括姓名、电话、身份证号）。（4）规则张贴制度，即严格要求开办BBS的网站在留言板、论坛、聊天室、跟帖等BBS网页的显著位置张贴ICP经营许可证号或备案号，上网使用者点击BBS某一栏目时，应首先弹出载有电子公告服务规则的页面，该页面内容旨在对使用者的行为做出符合法律规章要求的警示和限定。（5）安全保障制度，即开展BBS的网站，对BBS用户发出的信息应预先进行软件自动过滤和人工过滤。[①]

第四，网络实名制。网络实名制是指将上网者的身份和其真实姓名、身份证号等相对应联系及统一的一种制度。其目的主要在于净化网络环境，抑制网络犯罪。一般认为，早在2003年清华大学新闻系教授李希光就提出了网络实名制的主张；2004年教育部"17号文件"《关于进一步加强高等学校校

---

① 李永刚：《我们的防火墙：网络时代的表达与监管》，广西师范大学出版2009年版，第87—88页。

园网络管理工作的意见》第三点中明确提出"高校校园网 BBS 是信息交流的平台，要严格实行用户实名注册制度"；2005 年，自清华大学水木清华 BBS 率先实行实名制以后，北大未名、南大小百合、复旦日月光华等高校 BBS 都开始实施实名制；2005 年 3 月 20 日，信息产业部开始实施《非经营性互联网信息服务备案管理办法》，要求对所有非经营性个人网站实行实名制登记；2005 年 7 月 12 日，信息产业部和文化部联合下发《关于网络游戏发展和管理的若干意见》，其第十二点明确规定"PK 类练级游戏应当通过身份证登录，实行实名游戏制度，拒绝未成年人登录进入"。随后，电信领域内又展开了一场关于"网络实名制"的大讨论。2006 年 7 月，深圳公安局下发了《关于开展网络公共信息服务场所清理整治工作的通知》，腾讯公司随后立即表示，将对所有新 QQ 群的创建者及管理员实施实名制登记。此后，天津、上海等地在网吧推行身份验证制度。尽管实行网络实名制的争论还在继续，但是网络实名制基本上已在我国全面推行，这项制度在客观上对于抑制网络犯罪，净化网络环境起到了一定的作用。

第五，网络警察网上巡逻制度。早在 1998 年 2 月，湖北省武汉市计算机国际互联网安全监察专业队伍组建，同年 8 月，公安部正式成立了公共信息网络安全监察局，负责组织实施维护计算机网络安全，打击网上犯罪，对计算机信息系统安全保护情况进行监督管理。2006 年 1 月 1 日，深圳率先推出网络警察公开上网巡逻，检查网上言论资讯。同年 5 月 16 日，公安部决定在重庆、杭州、宁波、青岛、厦门、广州、武汉、成都等 8 个试点城市，推广深圳公安机关的做法，设立网上"虚拟警察"，把公安机关互联网管理纳入社会治安管理总体框架，依法公开管理互联网。2007 年 9 月 1 日，北京推出"首都网络 110 虚拟警察"，首先在新浪、搜狐等门户网站上岗，到同年 12 月底覆盖北京所有网站。北京还招收了 4000 名网络安全员，由公安局网络监察处培训合格后发放证书。网络保安没有执法权，主要通过网络监控，为服务单位及时删除各种不良信息，及时叫停违法行为，向网监部门报警。除此以外，网络保安员还负责维护社会治安，打击网吧黑势力，震慑不法分子的破坏活动，起着辅警作用。

综上所论，道德自律是前提，因为网络社会是一个高度自律型社会，在网络空间里网民崇尚的是个性与自主，道德自律是通行的法则。只有道德自律失效时才需要他律的辅助，即通过技术控制、法律规制和制度保障迫使网民能够遵守网络空间的规则，以维持网络空间的秩序。而单纯的技术控制和法律规制都有一定的局限，制度的设计也总是滞后于网络发展的现实，因此他律总是需要自律来维系。总之，这四个方面缺一不可，它们有机联系、共同发挥着对网络内容的管理和大学生网民群体的规范作用。

结束语

　　本书将大学生网民群体作为网络思想政治教育的对象进行系统的研究，综合运用思想政治教育学、社会学、心理学、社会心理学、传播学等多学科的理论，并从不同的视角和不同层面对大学生网民群体进行理论分析和实证研究，初步建构了一套分析大学生网民群体问题的理论框架和学术话语体系，形成了关于大学生网民群体的基本范畴与价值、大学生网民群体的生成与发展及其基本机制、大学生网民群体网络互动的场域与问题、大学生网民群体的引导与规范等诸多理论认识。这些理论认识对于深化网络思想政治教育对象的研究做了一些积极的、有益的尝试，对于推动网络思想政治教育学科的发展起到一定的促进作用，同时也为网络思想政治教育工作者如何适应网络新环境，有针对性地开展对大学生网民群体的网络思想政治教育工作提供了有益的借鉴。

　　本研究的主要贡献在于：

　　首先，本研究在梳理归纳网民、群体以及网民群体等概念的基础上，将大学生网民群体界定为"一群具有相同兴趣、爱好、情感或其他任何特定目的的大学生网民通过网络持续地参与、交流、互动及经营，以共享知识、信息、价值而形成的'数字化'人的集合体"。这就从本质揭示了大学生网民群体的实质所在。同时，本研究从大学生网民群体的外延方面进一步深掘，概括出该群体与其他网民群体相比的六大特征，即自我实现的渴求性，数字化的浸淫性，生存发展的依赖性，网络风尚的引领性，群体困惑的倍增性，社会角色的预演性。本文认为大学生网民群体存在的价值在于：丰富和发展了人的社会关系，有助于大学生网民个性的全面发展和人的本质的实现；扩大了大学生政治参与的途径，对社会稳定起着重要作用；网民群体的多样化可以弥补现实社会群体生活的不足；对社会文化具有引领的作用；能够满足大学生网民多种层次的需要；有助于促进大学生网民的社会化；有利于大学生网民的情感宣泄。

其次，本研究提出了大学生网民群体生成与发展与网络技术发展具有同步性的观点，并依据网络技术的发展将大学生网民群体的生成与发展分为四个阶段，即大学生网民群体的萌芽阶段、起步阶段、普及阶段和井喷式增长阶段。分析了大学生网民群体得以生成与发展的内在动因和外在原因，提出了需要是大学生网民群体生成与发展的基本前提，兴趣和爱好是大学生网民群体生成与发展的导向，共同利益是大学生网民群体生成与发展的核心，基于大学生自身成长和全面发展需要的基本诉求是大学生网民群体生成与发展的强劲动力。上述四个方面构成了大学生网民群体生成与发展的内在动因。而大学生网民群体生成与发展的外在原因主要可归纳为：网络和通信技术的发展——大学生网民群体生成与发展的技术前提；大学生网民的网络实践活动——大学生网民群体生成与发展的客观基础；社会比较的压力——大学生网民群体生成与发展的外在压力；大学生自身成长过程中所面临的学业、考研、就业等竞争的压力——大学生网民群体生成与发展的外在动力等四方面的原因。在考察大学生网民群体生成与发展轨迹的基础上，进一步概括出纵贯大学生网民群体生成与发展全过程的四大基本机制，即情感共鸣机制、话题牵引机制、符号互动机制和角色扮演机制。

再次，本研究认为大学生网民群体的持续和发展需要网络互动，并对网络互动的内涵、互动的结构和互动的模式进行阐述，将法国著名社会学家皮埃尔·布迪厄的"场域"理论引入大学生网民群体研究。认为不仅现实世界中存在着经济场域、政治场域、法律场域、文化场域、艺术场域、教育场域、新闻场域等诸多场域，而且在网络这个虚拟的社会空间里同样存在着众多的场域，如电子邮件、BBS论坛、新闻组、聊天室、博客等。根据互动是否同步将大学生网民群体互动的场域区分为同步性互动场域和异步性互动场域。通过网络跟踪观察和问卷调查等实证手段，揭示了在大学生网民群体网络互动过程中存在的一些问题，如网络信息的泛滥导致大学生网民的信息异化；网络强化了部分大学生的人际隔离，使他们成为"茧居族"；网络道德失范现象频仍；网络剽窃和侵犯知识产权的行为司空见惯；网民网络群体极化现象不时出现；网络互动中涌动着"三俗化"的逆流；网络舆论生成的蝴蝶效应明显，等等。

最后，针对大学生网民群体网络互动中存在的问题，本文分析了对大学生网民群体进行引导和规范的必要性和可能性，提出通过外部教育，以提高大学生网民的网络素养，激发他们的网络社会责任感和正义感，唤醒沉睡在其内心深处的道德良知，帮助大学生网民群体的内部自省进而达到自律的过程。指出对大学生网民群体进行引导必须符合党的路线方针政策的要求、契合网络发展的基本规律和满足大学生网民成长成才与全面发展的需要三大基本思路，坚持平等性原则、参与性原则、真实性原则、针对性原则、艺术性原则等五项基本原则，从心理、思想、行为和安全四个层面着手。在引导的过程中需要讲究一定的方式方法，主要有：充分利用网上评论，引导大学生全面、理性地看待问题；通过网络"把关人"滤除消极、负面、有害信息；鼓励同伴引导，互动共享，共同成长；有意识地培养"意见领袖"，充分发挥领头羊的作用；尊重并信任每一位大学生网民，放手让他们尝试网络自我引导等。综合运用主体性引导——自主立人，环境性引导——环境育人，文化性引导——文化化人，实践性引导——实践树人等引导的具体策略。对大学生网民群体进行规范应坚持自律与他律相结合、内化与外化相统一、网上与网下相一致的指导思想，需要综合运用道德的、技术的、法律的和制度的手段。

毕竟本研究只是笔者学术道路上前进的一小步，难免会出现一些错讹之处。因此，笔者衷心地希望各位学术界的前辈们、大师们不吝批评指正，以待笔者在将来的后续研究中能够进一步修改和提高。

参考文献

一、著作类

1.《马克思恩格斯选集》第1—4卷，人民出版社1995年版。

2.《马克思恩格斯全集》第1卷，人民出版社1956年版。

3.《马克思恩格斯全集》第3卷，人民出版社1960年版。

4.《马克思恩格斯全集》第4卷，人民出版社1958年版。

5.《马克思恩格斯全集》第12卷，人民出版社1962年版。

6.《马克思恩格斯全集》第19卷，人民出版社1963年版。

7.《马克思恩格斯全集》第25卷，人民出版社1974年版。

8.《马克思恩格斯全集》第42卷，人民出版社1979年版。

9.《马克思恩格斯全集》第44卷，人民出版社2001年版。

10.《马克思恩格斯全集》第46卷（上），人民出版社1979年版。

11.《列宁选集》第1—4卷，人民出版社1995年版。

12.《列宁全集》第1卷，人民出版社1955年版。

13.《毛泽东选集》第1—4卷，人民出版社1991年版。

14.《江泽民文选》第3卷，人民出版社2006年版。

15. 黄少华、翟本瑞：《网络社会学——学科定位与议题》，中国社会科学出版社2006年版。

16. ［美］曼纽尔·卡斯特：《网络社会的崛起》，夏铸九等译，社会科学文献出版社2006年版。

17. ［美］唐·泰普斯科特：《数字化成长——网络时代的生活主张》，陈晓开、袁世佩译，东北财经大学出版社2003年版。

18. ［苏联］乌申斯基：《人是教育的对象》，科学出版社 1959 年版。

19. ［美］曼纽尔·卡斯特：《网络星河：对互联网、商业和社会的反思》，郑波、武炜译，社会科学文献出版社 2007 年版。

20. ［英］戴维·冈特利特：《网络研究：数字化时代媒介研究的重新定向》，新华出版社 2004 年版。

21. Rheingold，H.，The Virtual Community：Homesteading on the Electronic Frontier. Reading. Massachusetts：Addison Wesley，1993.

22. 苏宏元：《网络传播学导论》，中国社会科学出版社 2010 年版。

23. ［美］尼古拉·尼葛洛庞蒂：《数字化生存》，胡泳、范海燕译，海南出版社 1997 年版。

24. ［英］N. 巴雷特：《赛伯族状态：因特网的文化、政治和经济》，李新玲译，河北大学出版社 1998 年版。

25. ［美］凯斯·桑斯坦：《网络共和国——网络社会中的民主问题》，黄维明译，上海世纪出版社 2003 年版。

26. 郭玉锦、王欢：《网络社会学》，中国人民大学出版社 2005 年版。

27. 刘毅：《网络舆情研究概论》，天津人民出版社 2007 年版。

28. 黄少华、陈文江：《重塑自我的游戏——网络空间的人际交往》，兰州大学出版社 2002 年版。

29. 钟明华、李萍等：《人学视域中的现代人生问题》，人民出版社 2006 年版。

30. ［英］休谟：《人性论》（下册），商务印书馆 1980 年版。

31. ［美］艾·阿德勒：《理解人性》，陈刚、陈旭译，贵州人民出版社 1991 年版。

32. ［美］马斯洛：《人的潜能和价值》，华夏出版社 1987 年版。

33. 徐建军：《大学生网络思想政治教育理论与方法》，人民出版社 2010 年版。

34. 张明仓：《虚拟实践论》，云南人民出版社 2005 年版。

35. 王双桥：《人学概论》，湖南大学出版社 2004 年版。

36. 王齐彦：《儒家群己观研究》，中国社会科学出版社 2006 年版。

37. 张岱年:《中国哲学大纲》,中国社会科学出版社 1982 年版。

38. 赵馥洁:《中国传统哲学价值论》,陕西人民出版社 1991 年版。

39. 黄楠森主编:《人学原理》,广西人民出版社 2000 年版。

40. 王晓霞:《现实与虚拟社会人际关系的文化探究》,中国社会科学出版社 2010 年版。

41. 〔美〕保罗·F.拉扎斯菲尔德、伯纳德·贝雷尔森、黑兹尔·高德特:《人民的选择:选民如何在总统选战中做决定》,唐茜译,中国人民大学出版社 2012 年版。

42. 屠忠俊、吴廷俊:《网络新闻传播导论》,华中科技大学出版社 2002 年版。

43. 匡文波:《网民分析》,北京大学出版社 2003 年版。

44. 〔美〕戴维·波普诺:《社会学》第 10 版,李强等译,中国人民大学出版社 1999 年版。

45. 窦胜功、张兰霞、卢纪华:《组织行为学教程》第 2 版,清华大学出版社 2009 年版。

46. 俞国良:《社会心理学》,北京师范大学出版社 2006 年版。

47. 彭兰:《网络传播概论》,中国人民大学出版社 2001 年版。

48. 章文光、李永瑞、王昌海:《公共组织行为学》,北京师范大学出版社 2009 年版。

49. 乐国安:《社会心理学》,中国人民大学出版社 2009 年版。

50. 黄佩:《网络社区:我们在一起》,中国宇航出版 2010 年版。

51. 〔美〕雪莉·特克:《虚拟化身——网络时代的身份认同》,谭天、吴佳真译,远流出版事业股份有限公司 1998 年版。

52. 〔美〕约翰·帕尔弗里、〔瑞士〕厄尔斯·加瑟:《网络原住民》,高光杰、李露译,湖南科学技术出版社 2011 年版。

53. 〔美〕尼古拉斯·卡尔:《浅薄——互联网如何毒化了我们的大脑》,刘纯毅译,中信出版社 2010 年版。

54. 〔美〕金伯利·S.扬:《网络心魔:网瘾的症状与康复策略》,毛英明等译,上海译文出版社 2005 年版。

55．〔美〕安德鲁·基恩：《网民的狂欢：关于互联网弊端的反思》，丁德良译，南海出版公司 2010 年版。

56．杜任之：《现代西方著名哲学家述评》续集，生活·读书·新知三联书店 1983 年版。

57．〔美〕Kara Shelton，Todd McNeeley：《虚拟社会》，前导工作室译，中国水利水电出版社 1998 年版。

58．郑杭生：《社会学概论新修》，中国人民大学出版社 1994 年版。

59．〔美〕Patricia Wallace：《互联网心理学》，谢影、苟建新译，中国轻工业出版社 2001 年版。

60．〔美〕埃瑟·戴森：《2.0 版数字化时代的生活设计》，胡泳、范海燕译，海南出版社 1998 年版。

61．〔英〕约翰·诺顿：《互联网从神话到现实》，朱萍等译，江苏人民出版社 2001 年版。

62．刘津：《博客传播》，清华大学出版社 2008 年版。

63．〔美〕艾伯特—拉斯洛·巴拉巴西：《链接网络新科学》，湖南科学技术出版社 2007 年版。

64．《现代汉语词典》2002 年增补本，商务印书馆 2003 年版。

65．〔美〕马斯洛：《马斯洛人本哲学》，成明编译，九州出版社 2003 年版。

66．〔美〕查尔斯·霍顿·库利：《人类本性与社会秩序》，包凡一等译，华夏出版社 1989 年版。

67．《中国大百科全书·哲学卷》，中国大百科全书出版社 1982 年版。

68．王伟光、郭宝平：《社会利益论》，人民出版社 1988 年版。

69．〔法〕霍尔巴赫：《自然的体系》上卷，管式滨译，商务印书馆 1999 年版。

70．〔美〕比尔·盖茨：《未来时速》，蒋显、姜明译，北京大学出版社 1999 年版。

71．〔美〕马斯洛：《动机与人格》，许金声等译，华夏出版社 1987 年版。

72．〔美〕马斯洛：《自我实现的人》，许金声等译，生活·读书·新知三联书店 1987 年版。

73. 童星等：《网络与社会交往》，贵州人民出版社 2002 年版。

74. ［美］比尔·盖茨：《未来之路》，辜正坤等译，北京出版社 1999年版。

75. ［美］迈克尔·海姆：《从界面到网络空间——虚拟实在的形而上学》，金吾伦、刘钢译，上海科技教育出版社 2000 年版。

76. 黄少华：《网络空间的社会行为——青少年网络行为研究》，人民出版社 2008 年版。

77. ［德］恩斯特·卡西尔：《人论》，甘阳译，上海译文出版社 2004年版。

78. ［加］马歇尔·麦克卢汉：《理解媒介——论人的延伸》，何道宽译，商务印书馆 2007 年版。

79. 曾令辉：《虚拟社会人的发展研究》，人民出版社 2009 年版。

80. ［英］安东尼·吉登斯：《社会学》第 4 版，赵旭东等译，北京大学出版社 2003 年版。

81. 孟威：《网络互动：意义诠释与规则探讨》，经济管理出版社 2004年版。

82. 何明升、白淑英：《网络互动：从技术幻境到生活世界》，中国社会科学出版社 2008 年版。

83. ［法］布迪厄：《关于电视》，许钧译，辽宁教育出版社 2000 年版。

84. ［法］布迪厄、［美］华康德：《实践与反思——反思社会学导引》，李猛、李康译，中央编译出版社 1998 年版。

85. 张再兴：《网络思想政治教育研究》，经济科学出版社 2009 年版。

86. 赵凯：《解码新媒体》，文汇出版社 2007 年版。

87. 匡文波：《网络传播学概论》，高等教育出版社 2009 年版。

88. 吕杰、张波、袁浩川：《传播学导论》，科学出版社 2007 年版。

89. ［美］戴维·申克：《信息烟尘：在信息爆炸中求生存》，黄锆坚等译，江西教育出版社 2001 年版。

90. 谢海光：《互联网与思想政治工作概论》，复旦大学出版社 2000 版。

91. 侯玉波：《社会心理学》，北京大学出版社 2002 年版。

92. ［美］凯斯·桑斯坦：《极端的人群：群体行为心理学》，尹宏毅、郭彬彬译，新华出版社 2010 年版。

93. ［法］古斯塔夫·勒庞：《乌合之众——大众心理研究》，冯克利译，广西师范大学出版社 2007 年版。

94. 李永刚：《我们的防火墙：网络时代的表达与监管》，广西师范大学出版社 2009 年版。

95. 鲍宗豪：《网络与当代社会文化》，上海三联书店 2001 年版。

96. ［美］丹·希勒：《数字资本主义》，杨立平译，江西人民出版社 2001 年版。

97. 陶国富、王祥兴：《大学生网络心理学》，立信会计出版社 2004 年版。

98. ［美］丹迪·W. 摩尔：《皇帝的虚衣：因特网文化实情》，王克迪、冯鹏志译，河北大学出版社 1999 年版。

99. ［美］劳伦斯·莱斯格：《代码：网络空间中的法律》，李旭、姜丽楼等译，中信出版社 2004 年版。

100. ［德］刚特·绍伊博尔德：《海德格尔分析新时代的技术》，宋祖良译，中国社会科学出版社 1993 年版。

101. 李超元等：《凝视虚拟世界：网络的社会文化价值》，天津社会科学出版社 2004 年版。

102. ［美］莱斯利·怀特：《文化科学》，曹锦清等译，浙江人民出版社 1988 年版。

103. ［美］理查德·A. 斯皮内洛：《世纪道德：信息技术的伦理方面》，刘钢译，中央编译出版社 1999 年版。

104. 段伟文：《网络空间的伦理反思》，江苏人民出版社 2002 年版。

105. 胡泳：《众生喧哗：网络时代的个人表达与公共讨论》，广西师范大学出版社 2008 年版。

二、论文与报纸类

1. 《中共中央、国务院关于进一步加强和改进大学生思想政治教育的意见》,《人民日报》2004 年 10 月 15 日。

2. 昝玉林:《网络群体:现代思想政治教育的新对象》,《思想·理论·教育》2005 年第 11 期。

3. 曹银忠、石维富:《网民群体研究综述》,《攀枝花学院学报》2009 年第 4 期。

4. 朱家骢:《"网缘"——管窥 e 时代人际关系》,《社会》2001 年第 1 期。

5. 何玉芳:《全面建设小康社会与人的全面发展》,《人民论坛》2003 年第 4 期。

6. 刘晓虹:《整体主义与个人主义之争:西方哲学的一条重要线索》,《学术界》1999 年第 6 期。

7. 郑永廷、昝玉林:《论网络群体与人的发展》,《思想理论教育导刊》2005 年第 12 期。

8. 赵坤:《大力促进网络群体的发展》,《新西部》2009 年第 2 期。

9. 胡树祥、杨直凡:《对 80 后青年学生的再认识和有效引导》,《思想理论教育导刊》2008 年第 11 期。

10. 曹银忠:《高校 BBS 建设的新拓展:大学生网民热点话题引导》,《思想教育研究》2011 年第 2 期。

11. 吴华:《网络中虚拟同辈群体刍议》,《高教论坛》2008 年第 3 期。

12. 郑志勇:《网络社会群体研究》,《2006 中国传播学论坛论文》2006 年。

13. 胡泳:《网络社群的崛起》,《双周刊》,2009 年第 22 期。

14. 刘守芬、方泉:《行为与罪责:基于网络技术的几点适应性考量》,《北京大学学报》(哲学社会科学版)2004 年第 3 期。

15. 白淑英、何明升:《BBS 互动的结构与过程》,《社会学研究》,2005 年第 5 期。

16. 史文利、李华:《大众媒介时代的祛魅话语——布迪厄场域理论视角下的大众媒介》,《山西高等学校社会科学学报》2011 年第 1 期。

17. 李全生:《布迪厄场域理论简析》,《烟台大学学报》(哲学社会科学版），2002 年第 2 期。

18. 黄传武：《网络文化中的低俗现象及对策研究》，《北京邮电大学学报》（社会科学版）2010 年第 5 期。

19. R. R. Katz：《世纪末的法律、法庭与法律实践》，《现代外国哲学社会科学文摘》1994 年第 4 期。

20. 周青：《蝴蝶效应在网络传播过程中的成因与防范》，《中国传媒大学第二届全国新闻学与传播学博士生学术研讨会论文集》。

21. 胡钰：《网络时代的思想政治工作新方法研究》，《清华大学学报》（哲学社会科学版）2001 年第 1 期。

三、网络资源类

1. 中国互联网信息中心（CNNIC）发布的《中国互联网发展状况统计报告》。

2. 燕七：《十类网民特征》，见互联网实验室，2003 年 4 月 20 日。

3. 孙正义：《软银将把投资重点转向移动互联网》，飞象网 2011 年 4 月 16 日。

4. 胡锦涛：《胡锦涛主持中央政治局第三十八次集体学习的讲话》，新华社，2007 年 1 月 25 日。

5. 中国互联网信息中心：《1986—1993 年互联网大事记》。

6. 中国互联网信息中心：《1994—1996 年互联网大事记》。

7. 张卫华：《卡斯特访谈录》。

8. 教育部：《教育部关于加强高等学校思想政治教育进网络工作的若干意见》（教社政〔2000〕10 号），2000 年 9 月 22 日。

附　　录

大学生网民群体网上活动情况的调查问卷

亲爱的同学：

　　您好！非常感谢您抽出宝贵的时间填写这份调查问卷，本问卷的目的旨在了解大学生网民群体网络活动情况，希望有助于大学生网络思想政治教育研究。调查所获得的资料和数据只用于学术研究。本问卷采取匿名方式进行，不涉您个人的隐私，您提供的资料都将得到严格保密。您给出的选择（除关于年龄外，其他题目请直接在选择项划"√"即可）均无对、错、好、坏、优、劣之分，您根据自己实际情况真实回答相关问题即可。非常感谢您的帮助与支持！

第一部分

1. 您的性别：

A. 男　　　　　　　　　　　　　　　　B. 女

2. 您的年龄（　　）周岁。

3. 您来自：

A. 农村　　　　　B. 中小城镇　　　　C. 省会城市　　　　D. 直辖市

4. 您所在的学历层次：

A. 专科生（专一、专二、专三）

B. 本科生（本一、本二、本三、本四、本五）

C. 硕士研究生（硕一、硕二、硕三）

D. 博士研究生（博一、博二、博三）

5. 您的网龄：

A. 1 年以下　　　B. 1—2 年　　　　C. 3—4 年　　　　D. 5—6 年

E. 7—8 年　　　　F. 8 年以上

6. 您每天上网的时间：

A. 不足 1 小时　　　　　　B. 1—2 小时　　　C. 2—3 小时

D. 3—4 小时　　　　　　　E. 4 小时以上

7. 您上网的主要地点：

A. 寝室　　　　　B. 网吧　　　　C. 公用机房

D. 其他（请注明）_____

8. 您上网的主要时段是：

A. 早上　　　　　B. 中午　　　　C. 晚上

D. 不确定，视具体情况而论

9. 平时生活中您对上网的依赖程度：

A. 很轻只是为了娱乐　　　　B. 更多是因为学习需要

C. 有一定的依赖，一段时间要上一次

D. 相当沉迷，一两天不上网就会感觉异样

E. 其他（请注明）_____

10. 您觉得上网对您的学习有没有影响：

A. 影响很大　　B. 有一定的影响　　C. 没有影响

11. 上网时使用的主要聊天工具（可多选）：

A. QQ　　　　　B. 微博　　　C. BBS　　　　D. SKYPE

E. MSN

F. 其他聊天工具（请注明）_____

12. 上网目的（可多选）：

A. 下载学习资料　　　　　　B. 浏览新闻　　　C. 收发邮件

D. QQ 或 MSN 等即时通信　　　E. 影音　　　　　　F. 网络游戏

G. 网上购物　　　　　　　　　　H. 其他（请注明）_____

第二部分

1. 您参加网络群组的个数：

A. 无　　　　　　B. 1—2 个　　　C. 3—4 个　　　D. 5—6 个

E. 7—8 个　　　F. 8 个以上

2. 您参加网络群组的性质（限选 3 项）：

A. 大学社团群　B. 班级群　　　C. 自己感兴趣的群　D. 游戏群

E. 通过网络认识的网友群　　　　F. 现实生活中的朋友群

G. 其他（请注明）_____

3. 您所在的群组的成员主要来源于（限选 3 项）：

A. 同学　　　　　B. 朋友　　　　C. 网友　　　　D. 老师

E. 亲友

F. 其他（请注明）_____

4. 您所在的群组是否经常开展相关的活动：

A. 经常　　　　　B. 偶尔　　　　C. 没有

5. 您是否经常参加群组讨论：

A. 经常　　　　　B. 偶尔　　　　C. 不参与讨论

6. 您在群组活动中起的作用：

A. 话题的发起者　　　　　　　　B. 话题的积极参与者

C. 旁观者　　　　　　　　　　　D. 拍砖者

7. 群组活动讨论的话题（可选多项）：

A. 时政类话题　B. 经济类话题　C. 军事类话题

D. 学习类话题　E. 游戏类话题　F. 闲聊

G. 其他（请注明）_____

8. 您参加的群组是否具有明确的规范：

A. 有详细的规范　　　　　B. 有较简单的规范　C. 没有规范

9. 群组内是否存在影响群内意见的领袖人物：

A. 存在　　　　　B. 不存在

10. 您认为群内意见领袖人物之所以被群组成员认同，是因为（可选多项）：

A. 对事物的深刻的洞察能力　　　B. 独到而令人信服的见解

C. 丰富的知识　D. 幽默的语言　E. 亲和力　　　　F. 人格魅力

G. 其他

11. 群组内意见领袖对群内成员的影响：

A. 很强　　　　B. 较强　　　　C. 一般　　　　　D. 不影响

12. 在群组讨论过程中您是否感觉到群内意见对您产生了压力：

A. 有很大的压力　　　　　　B. 有但是压力很小　C. 完全没有压力

13. 在群体讨论中您是否会附和群内主流意见：

A. 附和　　　　B. 保持中立　　C. 反对

14. 您参与的群组是否因为意见不同而产生激烈的冲突：

A. 会　　　　　B. 不会

15. 如果群组观点与您的观点不一致时，您怎么办：

A. 跟随主流观点　　　　　B. 坚持自己的观点

C. 修正自己的观点　　　　D. 退出该群

16. 群组对个人意见的宽容度：

A. 很宽容　　　B. 宽容　　　C. 一般　　　　D. 不宽容

17. 群组讨论中对少数持不同意见的人采取什么态度：

A. 尊重他人发言的自由　　B. 漠视他人的不同意见

C. 使用语言暴力打压他们的意见

D. 进行人身攻击甚至限制他人发言

18. 您参与的群组之间是否存在着交流：

A. 存在　　　　B. 偶尔　　　C. 不存在

19. 您对大学生网民群体的看法：

A. 很有存在的必要　　　　B. 无所谓

C. 没有存在的必要

20. 您觉得网络群组的存在对您的意义：

A. 满足了归属的需要   B. 拓展了社交的圈子

C. 方便了彼此间的沟通   D. 密切了相互间的联系

E. 其他（请注明）_____

本问卷到此结束，请您再次检查是否遗漏了题目，避免产生废卷，再次感谢您的参与和支持！

后 记

光阴似箭，日月如梭。转眼间，我博士毕业已经接近七年了！虽然我于2014年顺利地晋升为教授，2017年被评为博士生导师，但是博士论文一直没有付梓，实属人生憾事！博士论文的写作是我学术生涯的一个重要里程碑，为了它，我洒下过无数汗水，熬过了多少不眠之夜；也因为它，我牺牲了多少与家人团聚的日子，睽违了多少亲朋好友。可以说它承载着我太多的希望与梦想，也带给我巨大的压力与动力。总之，我需要给它画上一个圆满句号，也需要给那些关心、爱护我的老师、同事和亲人们一个交代！借本书的出版，感谢那些为我的论文写作提供过帮助的恩人和贵人。

感谢我的恩师胡树祥教授。是他立意高远，以哲学家的深邃和睿智帮我选择了论文的题目，是他从大纲的拟定再到具体的写作，无不给我以关心和指导。在他的鼓励下，我能够最终坚持下来一步一步地完成这篇论文，也是他把我引上了做研究、搞学术的人间正道。恩师为人正直真诚、襟怀坦荡；做事认真，坚持不懈，追求卓越；治学严谨、思想深刻，文风朴实。在我眼里，恩师在为人、做事、做学问，乃至日常生活的方方面面无一不是我学习的楷模，能够得到恩师的指点，让我终身受益无穷。在此，请允许我说一声："胡老师，您辛苦了！您的恩德，弟子将永远铭记于心！"

感谢武汉大学马克思主义学院的佘双好教授、中央财经大学马克思主义学院的冯秀军教授和四川大学马克思主义学院的阎钢教授，他们在百忙之中评阅了我的博士论文并且提出了十分宝贵的建议，正是因为他们给予我博士论文的优秀评语从而坚定了我的学术自信。同时，也要感谢电子科技大学马克思主义学院的邓淑华教授、吴满意教授、戴钢书教授和王让新教授以及给予过我帮助和支持的其他老师和同门师弟师妹们。

感谢人民出版社新学科分社的孔延来先生为本书的出版付出了辛勤的劳动！

最后，我还要感谢我的爱人王连琴和儿子曹灏，没有他们在精神上的鼓励和支持，在家务劳动中自觉主动地承担，我是很难完成这篇论文的。还要感谢我的父母，是他们生育了我并把我抚养成人，但是由于忙于学业，我都有好几个春节没有回去探望他们，虽然我自感内疚但他们却能够给予我理解和支持。谢谢我亲爱的家人！你们是我人生道路上永续前行的不竭动力，激励着我不断奋进，砥砺前行。

曹银忠

2019 年 6 月 3 日于成电花园